目　次

謝辞

以下の著作権資料の各版元に対し、本書での資料の利用を許可していただいたことに感謝を申し上げる。あらゆる努力を払ったが、すべての著作権資料の出典の同定や、すべての著作権所有者の確定はできていない。遺漏があればお知らせいただきたい。再版時、あるいはデジタル版の改訂時に謝辞に入れさせていただきたい。

【写真】

Cover photography by Klaus Vedfelt/DigitalVision/Getty Images.

【文章】

John Wiley & Sons Inc. for the text on p. 6 from *Student Engagement Techniques: A Handbook for College Faculty* by Elizabeth F. Barkley. Copyright © 2010 John Wiley & Sons Inc. Reproduced with permission of Copyright Clearance Center on behalf of John Wiley & Sons Inc.; Shelley Hill for the text on pp. 16–17. Copyright © Shelley Hill. Reproduced with kind permission; Ofsted for the text on p. 25 from 'Inspection report: Redhill Academy', https://reports.ofsted.gov.uk/provider/23/136361. Copyright © 2013 Crown Copyright and the Open Government License v3.0; The Redhill Academy for the text on pp. 25–26 from 'The Redhill Academy Pledge System'. Copyright © The Redhill Academy. Reproduced with kind permission; Crown House Publishing Limited for the text on p. 41 from *The Perfect Teacher Coach* by Jackie Beere and Terri Broughton. Copyright © 2013 Independent Thinking Press. Reproduced with kind permission of Crown House Publishing Limited on behalf of Independent Thinking Press; Prufrock Press for the text on p. 45 from *Mindsets in the Classroom: Building a Growth Mindset Learning Community (Updated ed.)* by M. C. Ricci. Copyright © 2017 Prufrock Press. Reproduced with kind permission; Oxford University Press for the text on p. 71 from *Classroom Dynamics* by Jill Hadfield.

アルク
選書

外 国 語 学 習 者 エ ン ゲ ー ジ メ ン ト

主 体 的 学 び を 引 き 出 す 英 語 授 業

サラ・マーサー／ゾルタン・ドルニェイ・著、鈴木章能／和田 玲・訳

謝意

本書の執筆をサポートし続けてくれたケンブリッジ大学出版局の素晴らしい編集チームに心より御礼申し上げる。中でも、カレン・モンバー、ジョー・タイムリック、グラハム・スケリットには特に感謝申し上げたい。また、出版までのあらゆる段階において建設的で有益なフィードバックをくださったピア・レビュアーの皆さんにも感謝申し上げたい。直接的であれ間接的であれ、本書のどのページも、同僚ならびに世界中からやってきた学生たちとの会話や経験の共有から生まれたものである。私たちのコミュニティーの特長である意見交換と学びの文化に感謝する。

まえがき

　これまで言語教師たちと行ってきた共同研究、ならびに自身の授業実践から、私たちは、すでになじみ深いモチベーションの概念が、いまの教師の必要性を満たしていないことに気がついた。学びにモチベーションがいまも重要なのは誰もが認めるものの、さまざまな娯楽があふれている21世紀の生活の中で、学習者の関心を学校に向けさせたり、彼らをタスクにエンゲージ（engage）させたりするには、モチベーションだけでは不十分だという意識もあった。「他の」何かが必要だと思っていたのだ。そのような思いが本書の種をまき、「他の」何かの探求が始まった。既存のモチベーション理論を足場にして、現代の教室で学習者をエンゲージさせるのに最も良い方法を理解することに取り組み始めたのだ。

　それは大局を見渡し、さまざまな領域と分野の見地を融合することを意味した。そのため、本書の執筆は幅広い分野の文献を渉猟しながら進められた。多様な視点から言語学習とエンゲージメントについて考察した本書は、私たちの成長の過程でもある。多岐に渡る文献のエッセンスを抽出して、扱いやすく、今日的意義をもった、理解しやすい構成にまとめられたと思う。特に、(a) 教師を学習体験のデザイナーとして認識する、(b) そのデザイン過程の中心に学習者と彼らの学習を置く重要性を強調するといった基本的な2点から私たち自身の教育実践について再考してみた。

　私たちはまず、教師を指導デザイナー（instructional designers）として概念化することへと考えを改めた。指導デザイナーという概念は新しいものではなく、ガニエ、ブリッグズ、ウェージャー（Gagne, Briggs and Wager 1974）がすでに、心理学の知見を基にして学習をデザインする方法の原則を考案している。指導デザインが大きく進展し始めたのはその影響であり、テクノロジーが発達した現在、教育者はEラーニングの文脈で指導デザイナーという考えに再注目し始めている。しかしながら、デザインの原則は、テクノロジー関連のみならず、教師が教える

すべての環境、ならびに教師が学習者と連携するために選ぶ学習法のすべてに関係する。この理由により、テクノロジーが私たちの提案する原則と行動の多くを実現させる点に疑いはないものの、本書ではエンゲージメントに関するテクノロジーの可能性については詳述しなかった。むしろ、私たちは、デジタルであれアナログであれさまざまなツールやリソースを用いながら、学習者をエンゲージさせるための普遍的な原則と行動を提案していこうと考えている。

　次に私たちは、上記のことに関連して、学習者中心の指導法の概念の見直しを行った。学習者中心の考え方は、以前からコミュニカティブ・ランゲージ・ティーチング（communicative language teaching）の核心部分となってきた。だが、私たちはいま、学習者を教師による指導の中心に置くのではなく、学習者自身の学習過程の中心に置くように提案する。家庭での自主学習だけでなく、教室の中でも、学習者が自分の学びの方法を形作るための重要な機会を設けるということだ。単なる言葉の用い方の違いにすぎないと考える向きもあるかもしれないが、この強調点の移行は、小さくても私たちには決定的な意味がある。

　本書の執筆を通じて、私たちは非常に多くのことを学んだ。それゆえ、以前より思慮に富むようになったと感じているし、また力のある教育者になれたのではないかと思っている。一方で、本書の執筆を通じて、学習について知識を得たり考えたりすることには終わりがないということも明白になった。実際、指導と学習についての理解が絶え間なく進化するからこそ、教師という専門職に刺激と面白さを感じるのだと、私たちは強く思う。日々顔を合わせる学習者の言語学習を最大限に高め、できる限り楽しく、満足感の得られる、効果的な学びを実現させたいと考える読者諸氏にとって、本書が有益な支援となることを願っている。

序論

本書で扱う事柄と
本書の構成

Contents

本書で扱う事柄と本書の構成

　言語を学ぶ理想の授業を思い浮かべてみよう。そこにはどのような学習者がい
るだろうか。彼らはどう行動するだろうか。私たち——サラとゾルタン——は自
分自身に問いかけてみた。私たちが思い描く「夢」の教室は、活動を通じて活気
に満ちている教室という点で一致した。学習者が言語に関連したタスクに積極的
に取り組み、いま行っている事柄に明らかに集中し、感情的にも満足し、学習内
容にも意義を感じている、そんな教室であってほしいと私たちは願っている。そ
のような積極的関与状態を、教育心理学では「学習者エンゲージメント」(student
engagement) と呼び、『学習者エンゲージメント研究ハンドブック』(*Handbook
of Research on Student Engagement*) では、「教師や教室での学習機会との相互作
用を通じた、努力に基づく学び」と説明されている (Christenson, Reschly and
Wylie, 2012: vi)。このテーマに特化したジャーナル、『教育心理学者』(*Educational
Psychologist*) の最近の特集号では、エンゲージメントの特徴を「学習の聖杯」と
呼んでいる (Sinatra, Heddy and Lombardi 2015: 1)。

> エンゲージメントは、教育心理学の分野で最も注目されている研究テーマの一つ
> である。学習者が自分自身の学習に積極的に取り組むと、モチベーションや成果の
> 向上が期待できるなど、多面的な効果が得られることが研究で明らかになっている。
>
> (Sinatra et al. 2015)

　ときに、教室が、集中力と情熱をもって学習に取り組む学習者で満たされると
いう夢のようなシナリオが実現することがある。そうした恵まれた状況は、教師
のキャリアの中で最も思い出深く、最も充実したものとなるだろう。しかし現実
の教室は厳しく、学習者の心が離れていたり、注意がそがれていたり、学習にエ
ンゲージできなかったりする状況に陥る場合もある。ペクラン、ゲッツ、ダニエル
ズ、スタプニツキー、ペリー (Pekrun, Goetz, Daniels, Stupnisky and Perry 2010)
は、学習者が学校で最も多く経験する感情は退屈だと報告しているが、これはか
なり切実な問題だ。シェーノフ、チクセントミハイ、シュナイダー、シェーノフ (Shernoff,
Csikszentmihalyi, Schneider and Shernoff 2003: 159) は、こう説明している。

研究では、かなりの数の学習者が倦怠感や疎外感を抱き、学校教育に壁を作っていることが明らかになっている。とりわけ高校生は、退屈で、教室の窓から外をじっと眺め、チャイムが鳴るのをひたすら待ち、学習にエンゲージできない状態が顕著だと研究は指摘している。

　このような学習者の望ましくない参加状況が、驚くほど一般化している。たとえば、シェーノフら（Shernoff et al. 2003）はある調査で、50％の学習者が授業は退屈だと評価したことを報告し、この推定値は3300校以上の公立学校の学習者約90万人を対象に行われたアメリカのギャラップ（Gallup 2015）による調査によって確認された。調査の結果、学校の活動にエンゲージしている学習者は半数のみであるのに対し、29％が学校の活動にあまり積極的な姿勢を示しておらず、21％はまったく関与していない状態であることが明らかとなった。さらに、学年別にデータを分けてみると、学年が上がるにつれてエンゲージメントに一貫した減少傾向が見られた。5年生（10〜11歳学年）の段階ではエンゲージできない学習者は約4分の1にとどまっているのに対し、11年生（16〜17歳学年）に至る頃にはその割合が3分の2にまで増加しているのである。

　一体、何が起こっているのか。なぜそれほど多くの学校が、これほど多くの学習者をエンゲージさせることができないでいるのだろうか。なぜ学習者の中には積極的に活動できる者と、そうでない者がいるのか。どのようにしたら、状況を改善し、全員ではないにしても、より多くの学習者をエンゲージさせることができるのだろうか。理想的な教室の実現に向けて、私たち教師はどのような努力ができるのだろうか。これらの疑問に答えることが、本書を執筆した主な動機である。本論へ入る準備段階として、この序章では、4つの事柄について述べる。(a) エンゲージメント（engagement）とは何か、また、何がエンゲージメントではないのか、(b) なぜ語学の授業では、学習者エンゲージメントが特に重要なのか、(c) モチベーションや自己調整といった他の関連概念ではなく、エンゲージメントに注目するのには、どのような利点があるのか、(d) そして最後に、本書は何をどのように伝えたいのか（本書の内容と構成）、についてである。

「学習者エンゲージメント」とは何か

　「学習者エンゲージメント」とは何か。この問いに対する答えは、「人によって異なる意味をもつ」と述べたバークレー（Barkley 2010: 4）の言葉がおそらく最も妥当だと言えるだろう。この意味のばらつきは、*engage*という語とその派生語（例：*engagement*、*engaging*）が日常表現としても学術用語としても用いられているのが原因の一つであり、受け入れられる意味の範囲が広いという事実を物語っている。この概念の本質は、一見すると、そう難しいものでもないように思われる。ある活動に**積極的に参加すること**（active participation）、あるいは特定の行動に**関与すること**（involvement）だ。学習者エンゲージメントといった場合には、学校に関連する活動や学業的な課題に対して、夢中になって取り組んでいる状態を意味する。

　ただし、学習者のエンゲージメントという概念が、外的な側面と内的な側面から成り立っているという事実が事を複雑にしている。前者は観察可能な行動を通じて学習者が見せる実際の学習行動の量（外的側面）に相当し、後者は学習者の認知的・感情的なエンゲージメントといった内的側面に関連するものである。この両者が同時にうまく機能している状態が理想的なシナリオだ。しかし、よく知られているように、人は単に「その動作を行う」ことも可能である。つまり、思考や感情のレベルで夢中になっていなくても、一見、積極的に参加しているように見せることができる。実際、学びに意義を感じながら没頭している状態でなくても、期待される規範に従って、それらしい素ぶりを見せるのがうまい学習者もいる。そうした「うわべだけの」エンゲージメント（'shallow' engagement）は、外的性質が内的性質によって強化されていないことを意味する。この不均衡のために、学習活動から得られる学びの可能性は著しく低下してしまう。

　このように、エンゲージメントには必ずしも両立するわけではない異なる次元があることがわかり、研究者たちは、エンゲージメントの概念を多面的に定義するようになった。この20年の間にさまざまな分類方法が提案されてきたが、一般的には、行動的、認知的、感情的、社会的な側面に分けられている（Finn and Zimmer 2012 参照）。このようにエンゲージメントに異なるレベルと次元がある

のは明らかだが、「エンゲージメントの最も核となる構成要素は教室での行動的参加にある」というスキナー、ファーラー、マルシャン、キンダーマン（Skinner, Furrer, Marchand and Kindermann 2008: 778）の説に私たちは同意している。この定義にある行動的参加という積極的側面は、私たちにとって、とりわけ語学の教室にとって、何より魅力的である。また、私たちの目からすると、モチベーションや自己調整（学習に関する考えや感情や行動を学習者自身が管理し方向づけること）といった他の関連概念以上の構成要素として捉えるべき特質の一つである。したがって、本書では「エンゲージメント」を、認知的・感情的関与といった内的側面と組み合わさった**行動**（action）と捉えることにする。

> 行動的エンゲージメントは、参加という概念に基づいている。それは、学業や社会活動、あるいは課外活動への積極的関与を意味し、ポジティブな学業成果の達成にも、中途脱落の防止にも、極めて有効なものと考えられる。
> （Fredricks, Blumenfeld and Paris 2004: 60）

なぜ語学の授業では学習者エンゲージメントが重要なのか

　この20年間、エンゲージメントという概念が、なぜ教育心理学の世界にこれほど大きなインパクトを与えてきたのかということを理解するのは、そう難しくない。なぜなら、エンゲージメントとは、教室での活動や学校生活への積極的参加を通じて、学習者に有意義な学びを約束するものだからだ。積極的な課題への取り組みを強調することは、第二言語を学ぶ教室でも、同じく重要だ。実際、言語教育では、学習者の積極的関与が他の教科よりもはるかに重要だとうったえる者もいる。第二言語の自動化には、継続的な練習期間が必要だからだ。これは、教習所に通う学生が運転技術を身につけるのに多くの路上訓練を経験する必要があるのと変わらない。

　言語教育者であれば、大半が、コミュニケーション能力の習得には、広範なコミュニケーション練習への参加が欠かせないという考えに同意するだろう。これには学習者の意欲的なエンゲージメントが必要であり、メンツを傷つけられる可能性やストレスを伴う活動（たとえば、限られた言語資源しかない外国語でのや

り取り）であっても、「リスクをいとわぬ」積極的な参加が望まれる。したがって、コミュニカティブな言語指導（communicative language teaching）、とりわけタスク中心言語学習（task-based language learning）では、「やりながら学ぶ」（learning-through doing）という考え方が重要視されている。タスク中心の学習とは、やり取りを必要とする課題を通じて、学習者が第二言語で有意義なインタラクションに参加する経験を前提としたアプローチである。つまり、学習者がやり取りのプロセスに積極的に参加することなく、成果をもたらす言語指導法はあり得ないということだ。

　エンゲージメントという用語は、最近では、第二言語習得（Second Language Acquisition: SLA）や言語教授法の論文の中でも頻繁に見られるようになってきた。この概念を応用言語学の分野で初めて体系的に論じたのは、スヴォルベリ（Svalberg 2009）の「言語へのエンゲージメント」（engagement with language）という論文であった。この論文のタイトルが示しているように、彼女が採用したのは言語意識の視点（engaging with the 'language'、つまり「言語」への関与）であったわけだが、本書が概念化しようしているのはモチベーションの側面についてである（engaging with 'language learning'、つまり「言語学習」への関与）。最近の概説（Svalberg 2018）の中で彼女は、「言語への関与」（engagement with language）という意味合いで用いていることを再確認し、本書が適用している意味合いとは異なることを認めている。しかし、学習へのエンゲージメント（engagement with learning）という概念は、第二言語習得論の領域でも、徐々に学術的に注目されるようになってきている（Philp and Duchesne 2016; Quint Oga-Baldwin and Nakata 2017; Stroud 2017; Snyder and Alperer-Tatli 2007）。

> 「私は教えたのに、生徒がそれを学ばなかっただけだ」と言うのは、「私は車を売ったのに、彼らがそれを買わなかっただけだ」と言うのと同じだ。(Barkley 2010: 16)

現代の第二言語の教室でエンゲージメントに注目する利点とは何か

　ほとんどの教師が、エンゲージメントの重要性について同意するだろう。しかし、教室での指導をいざ改善しようとする際に、エンゲージメントに注目するの

が本当に最善だと言えるのだろうか。実際、教授法や教育心理学の研究者たちはこれまで、教室でのパフォーマンスや学習者の達成度合いに関して他のさまざまな要因を検証することで高い成果を上げてきた。私たち自身も、たとえば、モチベーション、メタ認知（metacognition）、自己調整（self-regulation）、自己概念（self-concept）、学習者信念（learner belief）、マインドセット、集団力学（group dynamics）といった事柄に焦点を当てた研究を行ってきて（Dörnyei 2009; Dörnyei and Ryan 2015; Mercer 2011; Mercer, Ryan and William 2012; William, Mercer and Ryan 2015など）、そうした努力が、研究や実践に携わる人々にこれまで有益な示唆をもたらしてきたはずだと肯定的に考えている。

　一方、第二言語の学習や教育に関する文献の中で、エンゲージメントに関する議論は、まだほとんど見られない。これは、教師が、授業に夢中になって取り組む学習者の姿に関心をもっていないからではない。実際、前にも述べたように、コミュニカティブな言語指導を効果的に行うためには、学習者の積極的参加が、他教科以上に重要だ。にもかかわらず、エンゲージメントという概念が無視されてきた背景には、第二言語習得の心理的側面に注目してきた専門家のほとんどが、学習者の全般的な学業への取り組みや、言語学習のプロセスや文脈に対する態度について議論する際、**モチベーション**というもう一つの術語に目を向けてきたという事実が関係している。

　第二言語のモチベーション（L2 motivation）研究は50年の歴史があり、理論面についても実践面についてもかなり多くの洞察をもたらしてきた（Dörnyei and Ushioda 2011 参照）。モチベーションは学習者の成功・失敗を説明するのに極めて有益な指針となってきたため、この研究は応用言語学における一つのサクセス・ストーリーとなっている（Boo, Dörnyei and Ryan 2015参照）。結果として、モチベーションへの高い関心が「話題をさらった」と言っても過言ではなく、エンゲージメントという概念から注意をそらす結果となってしまった。しかも、第二言語習得論では、心理学分野での「没頭」に関連した、認知的・行動的な要素についての活発な研究、とりわけ学習ストラテジーや自己調整に関する研究が、すでに行われている（e.g. Cohen 2011; Cohen and Macaro 2007; Griffiths 2013; Oxford 2011）。このように、第二言語習得の分野には、すでに学習者のパフォーマンスを検証するための強力で建設的な研究ルートが存在する。となると、この

事実は、なぜ私たちが既存の道からそれて、本書の中で**エンゲージメント**を中心とした新たな道をわざわざ切り開こうとするのかという疑問を提起することになる。エンゲージメントに着目することは、具体的にどのような利点をもたらすのか。また、このようなアプローチは、どのような点で、これまで検証されてきた他の要因よりも有益だと期待できるのか。

　これらの問いに対する私たちの答えは、エンゲージメントという概念がもつ、**アクティブ**で、**プラクティカル**で、**ホリスティック**な、3つの主要な性質に関連している。そこで、私たちは以下の内容に言及しようと考える。(a) エンゲージメントという用語が強調する積極的（アクティブ）な参加という特性は現代の教室に見られる性質の変化に見事にマッチしている、(b) エンゲージメントは、言語学習の成功に寄与するさまざまな要因をダイナミックかつ包括的（ホリスティック）に検討すべきだとする近年の第二言語習得論の考え方とも一致している、(c) エンゲージメントは、学習者を学習に巻き込むための、理屈抜きに魅力的で、教師フレンドリーで、実践的（プラクティカル）なアプローチを示唆する、という点だ。これら3つのポイントについて、もう少し詳しく見ていこう。

エンゲージメントは、現代の教室に適した積極的参加を含む

　「エンゲージメント」という概念は、モチベーションや他の学習者特性を上回る重要な利点をもたらす。エンゲージメントは、21世紀のめまぐるしい現実の中で効果的な指導を実践するために欠かせない要素であり、教室における具体的な行動に直結すると私たちは考えている。学習者特性の多くは、学習者の行動に直接的にではなく、間接的にしか現れない。また、これらは、学習に成功する可能性を示唆するだけで、実際にその可能性がどのように実現されていくのかを示してくれるわけではない。エンゲージメントに最も密接に関連する概念であるモチベーションについて考えてみよう。モチベーションの高い学習者ほど学校の成績も良くなる可能性は高いが、それを当然のことと考えるのは、いまでは明らかに難しくなっている。かなり強いモチベーションをもって学習に取り組んでいたとしても、その行為を消し去るさまざまな阻害要因が存在するからだ。グローバル化が進んだデジタル時代を生きる若者たちは、さまざまなチャンネルの存在によって、常に大量の情報とコミュニケーションの機会にさらされている。そのす

べてが、若者たちの注意を引きつけることを狙っている。また、ソーシャルメディアの影響によって、社会生活のペースはかつてないほど加速している。その結果、学習者の心にはいついかなるときでも複数の影響が競合し合っていて、教育者や心理学者が考察を加えなくてはならないようなまったく新しい状況を生み出している。

> 国中のあらゆる教育機関で指導にあたっている教師たちが、いま、授業が非常に難しくなっていると漏らしている。現代メディアの「トゥイッチスピード」*1のようなペースと配信手段の多層化は、講義という情報伝達手段を信じられないほど遅く、退屈なものに感じさせるのかもしれない。(中略)グローバル化と情報への自由なアクセスによって、教室は目がくらむほど多様な背景と学力を備えた学習者で埋め尽くされるようになった。そのため、教師はコミュニティー感覚を生み出すためのとっかかりや共通点を見つけるのに非常に苦労している。(中略)学習者の注意を引きつけ、有意義な学習にエンゲージさせることは、いま教える仕事に携わっている我々が直面している深遠なる課題である。　　　(Barkley 2010: xi-xii)

　したがって、教室の状況が教育的にも社会的にも変化している現代においては、(従来推奨されてきたような)促進的な学習環境を作るだけでは十分でないように思われる。学習者のポジティブな性質が、他の気を引きつける阻害要因に乗っ取られることなく、行動の中で実現されることを保障する必要がある。確かに、「取引を準備する」——行動を生み出す——のにモチベーションが必要なのは間違いないが、取引を成立させるには、積極的な行動が不可欠だ。チャン、リーブ、デシ(Jang, Reeve and Deci 2010: 588)が結論づけているように、「教室環境では、エンゲージメントがとりわけ重要である。なぜなら、エンゲージメントは、モチベーションがその後に引き出す学習やスキル・成績の向上に寄与する、行動的経路として機能するから」だ。

　こうした考えに基づいて、私たちはモチベーションよりもエンゲージメントという概念を探究したい。その利点は、動機(motive)とそれを活性化させる要因(activation)を、一つの概念として同時に取り扱うことが可能となる点にある。学習者が何かにエンゲージしているとき、彼らは必ず行動を方向づける何らかの

---

*1　トゥイッチスピード(twitch speed):ゲームをする際の素早い反応速度のこと。

モチベーションに刺激を受けている。そして、学習者がエンゲージしているという事実は、このモチベーションの原動力が周囲にある無数の阻害要因や誘惑に屈しなかったことを意味する。つまり、エンゲージメントに着目することは、一石二鳥を実現するのに等しいのだ。なぜなら、学習者をエンゲージさせるとは、学習者のモチベーションを喚起し、同時にそのモチベーションを実現するということにほかならないからである。

エンゲージメントは言語学習の成功要因を総合的に考えるのに適している

　先に述べた「エンゲージメント」の統合的な性質は、第2の、またおそらく予想外の利点をもたらす。この統合的性質が、エンゲージメントという概念と、近年第二言語習得論の分野で注目を集めている複雑系ダイナミックシステム[*2]との互換性を高めている。複雑系ダイナミックシステムとは、複数の構成要素から成っており、すべてが相互に作用し合う一つの体系だ。このようなシステムには創発的な性質があり、このシステム全体の性質は、単なる構成要素の総体以上の意味合いをもっている。言い換えるならば、このシステムは、構成要素の相互作用によって独自の発展を遂げるのである。

　研究者や教師が以前から理解しているように、言語学習の成功には、特定の学習状況に関連する多くのさまざまな要素・条件の組み合わせや相互作用が必要だ。ここ20年で、応用言語学のいくつかの分野では、このような動的で包括的な観点をより良く説明するために、複雑系ダイナミックシステムの原理を適用する方向へとパラダイムの転換が起きている（Larsen-Freeman 2012; Verspoor, de Bot and Lowie 2011 参照）。このアプローチは、言語学習心理学の研究、とりわけ第二言語のモチベーション分野において顕著なものとなっている（Dörnyei, MacIntyre and Henry 2015参照）。

　学習者の特性を包括的かつ動的な視点から概念化し直す試みの一環として、ドルニェイ（Dörnyei 2009）は、人間の心を構成する3つの基本的な要素——認知

---

*2　複雑系ダイナミックシステム (complex dynamic system)：環境・状況・個人特性・人間関係など、人間の心理に影響を与える多様な要因と、その影響を受けて変化する心理的反応との関係性を捉えようとする理論のこと。

（思考）・モチベーション・情意（感情）——の相互作用に注目すべきだと提案し、また学習者の特性はすべてこれらの要素の動的な相互作用から現れると考えるべきだとも提言している。このことを背景にして考えてみると、エンゲージメントという概念がもつ特別な価値が理解できる。前述のドルニェイ（Dörnyei 2009）の提言と合致して、エンゲージメントは間違いなく認知・モチベーション・情意の相互作用から生じ、それらに付随する**行動**にも作用する。この意味で、フレデリクスら（Fredricks et al. 2004: 60）が「エンゲージメントは『メタ』概念として考えられる」と結論づけたのは正しいと言える。言い換えるならば、エンゲージメントは、動的に作用し合う要素の単純な総和以上のものなのだ。

> エンゲージメントという考えのもとで、行動・感情・認知の融合に価値があると言えるのは、これら3つの要素が個人の内部で動的に相互関連しているためである。つまり、この3つの要素は決して個別に処理されるものではない。研究の強固な体系は各構成要素を個別に検証するものだが、エンゲージメントを多次元的な構成要素から成るものだと考えるならば、行動と感情と認知を引き出す要因とその結果を、同時に、かつダイナミックに（変化を追いながら）調査し、相加的・相乗的効果を検証することが求められる。 （Fredricks et al. 2004: 61）

エンゲージメントは学習者を学習に巻き込む実践的なアプローチを提供する

先に述べたように、現代の教室で学習者を授業へ活発に参加させようとするとき、多くの教師が困難に直面することが——おそらくこれまで以上に——増えてきている。そのため、エンゲージメントという概念がもつダイナミックで行動志向的な性質は、分野や文脈を越えて、教育者の心を引きつけるものとなるだろう。さらに、実践的な観点からエンゲージメントを魅力的なものにしている重要な特徴が2つある。それは教師フレンドリーな性質と可塑性[*3]である。

● **教師フレンドリネス**（teacher-friendliness）。私たちが本書を執筆しようと考えるきっかけとなったのは、教師との議論の中で「学習者のエンゲージメントを高める」（engaging students）という言葉が出てくるたびに、教師が強い反応を示し、モチベーションという一般的な言葉よりもずっと大きな関心を

[*3] 可塑性：変形できる固体の性質。ここでは、教師の働きかけによって学習者のエンゲージメントを高めたり弱めたりすることが可能だということ。

寄せているように見えたからである。もちろん、モチベーションも関連性があって重要ではあるが、目下教師たちが抱いている関心は、単に学習者のモチベーションを高めるだけにとどまらず、さまざまなタスクやアクティビティーに・エ・ン・ゲ・ー・ジ・さ・せ・た・い・ということであった。エンゲージメントがこれほど強く教師たちの心を捉えているという事実は、この概念のもつ教育的即時性（educational immediacy）について先に引用した議論と完全に一致している。

● **可塑性**（malleable quality）。教師は、「学習者のエンゲージメントを引き出す」という考え方が、今日の状況に関連があり重要であるだけでなく、教室での応用可能性が高いことも認識している。教師の基本的な役割は、学習者を可能な限り授業へ参加させることにあるため、この問題にどう取り組むかを前面に押し出したアプローチは、教室の実践家たちにとって理屈抜きに魅力的なものだ。「学習者のモチベーションを高める」といった抽象的な考え方をしてしまうと、この課題の責任は誰にあるのかといった疑問が生じるかもしれないが、エンゲージメントは、教師が実行可能な行動やストラテジーを強調している点でより明快である。つまり、学習者エンゲージメントは、教師が積極的に影響を与え、高められるものであるということだ。ただし、当然のことながら、教師がコントロールできる範疇を超えた多くの原因によって、学習者がまったく乗ってこないという場合もあるだろう。しかし、ヤンら（Jang et al. 2010: 588）が正しく指摘しているように、学習者が教室での学習にエンゲージしているときには、「ほとんどの場合、教師の行動の中に、エンゲージメントの喚起と調整の役割を果たす何らかの側面が存在する」。ファム（Pham 2019）は、多くの人々が知っている例えに捻りを加えた見事な表現で、次のように説明している。「確かに教師は馬を水場に連れて行くことはできるが、水を飲ませることはできない。しかし、喉が渇く状態は作れるのだ！」と。このように、エンゲージメントに着目することは、教師の性質や行動が非常に重要だという事実を強調することでもある。

エンゲージメントに対する関心が高まっているもう一つの理由は、可塑性があると考えられている点にある。学習者エンゲージメントに至る道は、社会的・学問的なものかもしれない。つまり、学校や教室での参加、対人関係、知的努力を要する機会に由来するのかもしれない。学校風土の改善や、カリキュラムおよび基準の改

変といった多くの取り組みは、現在、明確に、あるいは暗黙のうちに、学びの増進や落ちこぼれの減少への道筋として、エンゲージメントに焦点を当てたものとなっている。 (Fredricks et al. 2004: 61)

本書の内容と構成

ここまで概略を述べてきた通り、エンゲージメントは多くの要因の相互作用から生じるものであるため、総合的な観点から理解するのが最善だ。そこで私たちは第1章で、学習者エンゲージメントが、言語、社会、学校、家庭状況といったさまざまなレベルの文脈的要因（contextual factors）によってどのような影響を受けるのかに目を向ける。後に続く章では、教師が直接、学習者エンゲージメントに影響を与えることが可能な側面について論じる。第2章・第3章・第4章では、どうすれば学習者がエンゲージするための土台（the foundations of engagement）を構築できるかについて考える。特に注目したいのが、学習者のマインドセット（learner mindset）、教師と学習者の信頼関係（teacher-student rapport）、そして教室力学と教室文化（classroom dynamics and culture）だ。その後、第5章・第6章では、教室で用いられるタスクに焦点を当て、学習者のエンゲージメントを喚起し、維持するタスク・デザインの方法について検討する。

第2章から第6章の基本構成は、学習者エンゲージメントを促進する一連の原則と行動のポイントから成っている。この構成の背景には、多くの原則を抽出できる意見や考えからスタートするという考えがある。その後、それらの原則に基づく、教室で実行可能な教師の具体的行動について提案する。原則は、行動ポイントと必ずしも一対一で呼応しているわけではなく、複数の原則が一つの行動ポイントに反映されている場合もある。この構成によって、教師が原則の背後にある理論的根拠を振り返り、具体的な行動を取り上げて、教室で実践してくれるようになればと願っている。さらに、本書で示す原則を活用して独自の行動ポイントを考案していただけたら、なお幸いである。

私たちはなるべく実践的でありたいと考えている。杓子定規にならず、第二言語を指導するさまざまな教室で有効なストラテジーやアプローチに重きを置いて

いる。それゆえ、既存の心理学研究や言語教育研究の理論的根拠を踏まえた上で、引用やリフレクション・タスクを通じて例証する教室実践（classroom practices）の観点から、さまざまな考えを議論する応用的なアプローチをとろうと考えている。ただし、強調しておきたいのは、本書は指導技術の「レシピ本」ではないという点だ。私たちは、世界中の言語学習者や指導環境は非常に多様であることをよく知っているし、一つの規格がすべての形状に当てはまるわけではないことも理解している。学習者の集中力の持続時間は、以前よりもずっと短くなり、視覚的な刺激も、デジタルデバイスを用いた指導も、もはや真新しいものではなく、モチベーションをかき立てるものでもなくなっている。そのため、私たちが本書で提供したいと考えているのは、そのような学習者を指導しなくてはならない時代に対処する指針となる考えと原則だ。

　そのようなことから、本書では特定のツールを使えとか、それはやるな、といった考えを押し付けるのではなく、教師が自ら選択できる一連の行動を提案している。それらはどれも、教師、学習者、利用可能なリソース、指導目的に見合ったやり方で実行できる行動だ。言語教育者に「エンゲージメント」の構成概念の全体像を紹介すれば、学習者が（教師自身にとっても）積極的に取り組めるような指導を実践するにはどうしたらよいかを考える一助となるだろう。先にも述べたように、私たちが「エンゲージメント」に注目したのは、実際に報告された教師たちのニーズに刺激されたからにほかならない。言語教育の分野におけるこの新しいアジェンダは、新たな可能性を開く希望であると同時に、いまこそ議論すべき課題でもあるのだ。

第1章

学習者エンゲージメント
を取り巻くもの

Contents

01

学習者エンゲージメントを取り巻くもの

> 人間は、誰も孤島ではない。
> （ジョン・ダン）

　本書で注目したいのは、主に、教室の中で学習者エンゲージメントを高めるために教師が直接影響を与えることが可能な要因についてである。しかしながら、語学の教室は孤島ではない。どの教室も広い意味での文脈・文化の中にあり、教師の指導も成果もその影響を受けている。ここから、学習者エンゲージメントを引き出す上で、２つの重要な示唆が得られる。１つ目は、学習者エンゲージメントを促進するために、教師は教室の外からの支えによって力を得ることができるということだ。一方、環境的な阻害要因も存在する。教師が学習者のエンゲージメントを高めようと努力してもうまくいかないとき、教師の手に負えない外的な要因が存在すると考えられる。これが２つ目の示唆である。教育実践を左右する外部の力の存在を考えると、最初に少し、語学の教室を取り巻く環境について概観し、社会や文化が言語教育の指導にどう影響するのか、そして学習者エンゲージメントにどう関わってくるのか、認識を高める必要があるだろう。

社会的文脈に関する原則

　学習者と学校を取り巻く環境全体——学習者エンゲージメントの促進に関係のあるすべての人々、また保護者、学校の管理者、教育政策担当者を含むすべての利害関係者——が学習者のエンゲージメントの支援に組織的に深く関与するようになるのが理想的な状況だ。これほど広範囲の合意が必要な理由は、学習者エンゲージメントが語学の教室だけの問題ではなく、学習者の生活のあらゆる面が相互に影響し合うことによって生じるものだからである。もっとも、上のすべての環境要素がうまくまとまっているというシナリオは、やはり理想にとどまるケースが多いかもしれない。

本章ではまず、学習者エンゲージメントを取り巻く環境がどのように学習者の行動に影響を与えるのかということについて、5つの原則を考察していく。ここで示す原則は、教師個人にはどうすることもできない問題であるため、教師のとるべき具体的な行動案は、他の章とは異なり、本章では示さない。代わりに、関連する諸問題に目を向けることで、教師を含む広大な教育環境の特定の層がもつ意味を考える一助となること、また、（直接的であれ間接的であれ）よりエンゲージングな第二言語学習の環境作りの一助となることを願っている。どういったことが重要な問題であるのかが理解できれば、地域や国レベルで組織的かつ体系的な行動を引き起こせるかもしれないと考える。

リフレクション・タスク 1

　自分の仕事の背後にある事柄について考えてみよう。所属機関とその方針、地域社会、文化、自分が用いる言語、国の方針、世界の流れ、指導言語を取り巻くもっと大きな社会政治的要因など、これらの環境的要因によって、あなたの授業はどのような影響を受けているだろうか。その中で、あなたに最も大きな影響を及ぼすのは、どれだろうか。

原則 1　言語には社会文化的地位と社会資本があることを認識する

　私たちが教えている第二言語は、教室の外部からの影響を受けやすい。どの言語も世界の政治や経済の予期せぬ動向から影響を受ける意味やイメージが付与されている。学習者が抱く第二言語の印象を決定づける要因は、その言語が学校でどのように教えられているかといったことに加えて、メディアや友人・家族から受け取る第二言語およびその話者を巡るさまざまなメッセージであることが多い。つまり、言語は決して中立的なものではなく、その国の中で確固とした社会政治的地位を有しており、その地位が言語の学習と使用に影響を与えるのだ。実際、ロバート・ガードナー（Robert Gardner）は、そのような認識に至ったからこそ、1950年代の終わり頃、言語学習のモチベーション理解を巡る草分け的な研究方法を生み出すことができた。彼はモントリオールで調査を行ったのだが、社会的問題を意識しなければ、同地域でのフランス語と英語のバイリンガル教育における言語教育の特徴を理解することなど不可能だと認識したのだった。

もちろん、第二言語学習の根底にある社会的な問題は、カナダに限られた話ではない。たとえばブリティシュ・カウンシルは、ブレグジット（欧州連合［EU］離脱）後にイギリスで必要となる10の重要言語について最新の報告を行った（Tinsley and Board 2017）。2013年以降、トップ5はスペイン語、中国語、フランス語、アラビア語、ドイツ語で変わりないが、ロシア語、ポルトガル語、トルコ語の重要度は落ちている。「この変化は、ブレグジットの影響ではなくロシア、トルコ、ブラジルの経済や政治の状況によって生じたものである」（Tinsley and Board 2017: 4）。ランヴァーズ、ダウティ、トンプソン（Lanvers, Doughty and Thompson 2018）も、言語学習に政治的な要素がついてまわることは避けられないため、否定的な発言が出てきたときに備えて、教師は自分が指導する第二言語がいかに政治的影響を受けているのか、よく理解しておく必要があると述べている。世界中のさまざまな力が私たちの教室の中に、また学習者の行動や感じ方にまで及んでいることは紛れもない事実だ。したがって、教師がこのような問題について意識を向け、理解を深めることには大きな意義がある。

> 他の社会の言語を学びたいというモチベーションは、単に個人的な関心から生じるのではなく、むしろ学ぼうとしている言語の社会や、目標言語が背負っている社会的・文化的な「荷物」に対して、学習者の所属するコミュニティーでどのような社会的態度が優勢か、といったことと強く関係している。
>
> （Dörnyei, Csizér and Németh 2006: xi）。

　言語に関して社会的に生み出されるイメージには、その言語の評判や有用性だけでなく、もっと興味深い特徴も含まれている。たとえば、ウィリアムズ、バーデン、ランヴァーズは「フランス語は愛の言語」（French is the language of love and stuff）という魅力的なタイトルの研究論文（Williams, Burden and Lanvers 2002）の中で、イギリスの中等学校の生徒が外国語を学んでみたいと考えるとき、その意思（willingness to engage）を決定づける、外国語に対する特徴的な認識があることを報告している。男子がフランス語よりドイツ語を学びたがる理由は、フランス語に女性らしさを連想する一方で、ドイツ語には男性らしさを感じるからだという。そうであるとすれば、私たちが教える学習者も、第二言語に対してある種の先入観をもって教室に来ていると考えられる。それが、学習への積極的取り組みを後押しすることもあれば、阻害要因となることもある。そこで第二言

語学習のモチベーション研究では以前から、言語に対する肯定的な態度を育み、学習者にとって非生産的な信念を解消するストラテジーが提唱されてきた（下の一覧を参照）。実際、学習者が教室に持ち込む「第二言語の社会的・文化的『荷物』」を調査すれば、無益な誤解を一掃できることがこれまで幾度となく証明されてきた。また、第二言語にまつわるイメージや連想に注目した研究も、第二言語を教えるにあたって、学習者により豊かな根拠を与える一助となるだろう（言語の肯定的イメージを生み出す詳しい方法については、Dörnyei and Kubanyiova 2014 を参照）。

学習者の言語価値観を高めるストラテジー

第二言語とその話者、および異質性に対する肯定的で受容的な心を育み、「統合的」価値（integrative values）を促進する。

- 言語教育のカリキュラムに社会的・文化的な要素を組み込む。
- 言語学習について、影響力のある著名人の肯定的な見解を引用する。
- 学習中の第二言語話者のコミュニティーを（たとえば、インターネットを使って）調査させる。
- 第二言語の話者や文化との接触を促す。
- 第二言語の習得に関わる道具的価値（instrumental values）の認識を促進する。
- 目標言語の習得が、学習者にとって重要な目標を達成するのに役立つことを常に意識させる。
- 目標言語の世界的な役割を繰り返し述べて、学習者自身だけでなく、そのコミュニティーにとってもいかに有用であるかを強調する。
- 学習者に、実生活で第二言語を用いるよう奨励する。

(Dörnyei 2001: 139–140)

　学習者の中には、各地域のさまざまな事情で故郷を後にしたり、移住を余儀なくされたりして、特定の第二言語の学習を「強いられている」と考えている人もいるだろう。そうした人は個人の経験に絡む複雑な思いを抱えているかもしれないが、言語を学ぶことによって、新しい社会での社会的・経済的・個人的地位が変化することも事実である。アーリング（Erling 2017: 11）が述べるように、「最終的に、社会に溶け込んで経済的に安定するには、受け入れ国の言語知識が欠か

せない」。第一言語以外の言語が（たいていは英語だが）橋渡し役となって「人間は言葉や国の境界を越えてつながっていく」。そうした機能をもつ言語をリンガ・フランカ（lingua francas）と呼ぶ。ただし、その機能は諸刃の剣でもある。英語は、グローバリズムだけでなく、植民地主義に絡む複雑な過去をもっており、他の言語を滅ぼす脅威をもはらんでいるからだ（Pennycook 2017など）。

　要するに、一つの言語を学び用いれば、言語を取り巻く世界的課題や社会的問題に結びつくということを認識して、指導に臨むことが重要である。私たちは教育者として、学習者の感受性を磨き、言語使用や言語政策、言語教育がはらむ社会的地位、政治、権力、不平等に対して、健全な批評精神を育んでいくことができる。周知の通り、言語を通してより高次の批判的思考を鍛えるのは、とりわけエンゲージングなアプローチである（第6章を参照）。したがって、どの言語を学習するにしても現実的で適切なトピックなので、注意と敬意を怠らずに授業で積極的に取り上げるとよい。英語音声の映画やテレビ番組のために多様な文化や言語に与えられる影響の良しあし、他言語で用いられる英語からの借用語の数、少数民族の言語や継承語の現況などについては意見が分かれることだろう。

> 言語学習と言語教育の社会的文脈は、その国の政治がある特定の（あるいは複数の）言語に対して、特別な地位を与えるときに大きく影響を受ける。この場合の特別な地位は、その言語が国の公用語に指定されるか、あるいは外国語としての学習が義務化され優先されることによって確定する。　　　（McKay and Rubdy 2009: 10）

原則2　教室内での言語学習を教室外の生活に結びつける

　この20年で、学習者が教室外で目標言語を使用する機会は大幅に増え、バーチャルな言語空間へのアクセスもかなり容易になった。私たちが言語指導を始めた頃は、現実感のある第二言語教材の入手はかなり難しかったが、いまではインターネット上に、バーチャルリアリティーの技術を用いたリソースが膨大に存在する。そのため、たとえば、スウェーデンでは、ヘンリー、スンドクヴィスト、トールセン（Henry, Sundqvist and Thorsen 2019: 28-29）が説明するように、英語の役割が新しい性格を帯び、それがより一般的な傾向となっている。

ここ20年でグローバル化が進み、特に高速モバイル通信網を用いたコミュニケーションが広がったことによって、英語習得のプロセスと英語教育法は大きく変化した。（中略）自由時間の多くをオンライン環境で過ごす若者たちにとって、英語は彼らの生活の中に溶け込み、第二言語の枠を超えて彼らのアイデンティティーに影響するほどにまでなっている。

　ただし、こうした新たな現実が、期待通りプラスの結果をもたらすとは限らない。下の「事例1」に示すように、教室内と教室外の言語学習は別物だと区別されることがかなり増えてきているためだ。確かに、コミュニカティブ・ランゲージ・ティーチング（communicative language teaching）の登場によって、教室外での第二言語使用の重要性が強調されるようにはなった（Nunan 2014）が、学校のカリキュラムと教室外での活動の溝を埋めることはそう簡単ではない。言語教師の側ではカリキュラム外のデジタル世界を豊かなリソースとしてうまく開拓できそうだと考えるかもしれないが、学習者の側では、プライベートでの言語使用と学校での語学の授業をまったく別物と考えている可能性がある。ともすれば、プライベートな領域に教師が入り込んでくると、腹を立てる学習者もいるかもしれない。このように、学校のカリキュラム内容と実生活との間に関連性をもたせることはなかなか難しい。それでもやはり、教育カリキュラム内外の橋渡しができれば、強力な後押しとなって、多くの学習者が言語を現実世界に則して理解し、個々の状況に応じて用いることができるようになるだろう。

事例 1 ：変わりゆくスウェーデンの英語学習状況

　ヘンリーら（Henry et al. 2019: 28–32）は、スウェーデンで見られるようになってきた言語学習の状況を説明する中で、「自由時間の英語（＝情緒的共通語）と学校で習う英語（＝学問的共通語と文化的共通語）」を完全に区別する意識の高まりを指摘する。多くの学習者がデジタルメディアに触れながら余暇の大部分を過ごしている。デジタルメディアの使用は、それほど魅力的なのだ。特に、デジタルゲームや高いレベルの創作力を必要とするファン・フィクション[*4]にのめりこむ若者たちは、「個に応じた文脈で英語と出会う」わけだが、ヘンリーらは、ここに21世紀の言語教育が直面する大きな試練の一つがあると指摘する。「学校外

＊4　ファン・フィクション：お気に入りのテレビドラマやアニメ、漫画などのキャラクターを使ってファンが書いた独自のストーリー。

で触れる英語の方が、学校で習う英語よりも『本物』らしく感じるということだ。そのため学習者は教室内での活動がオーセンティックでないと感じ（中略）モチベーションに悪影響を与えてしまう」。言い換えれば、学校で習う英語は、グローバル化したデジタル世界で経験する英語よりも質が劣ると感じられることが多く、この差が授業での動機減退要因になる可能性がある、ということだ。

　授業を教室外の空間と結びつけるには、「交流課題」（contact assignment）が有効だ。交流課題とは、第二言語を用いて学校外の人々と確かな交流を実現させることを目的とした課題のことである（Nunan 2014）。形式や活動領域はさまざまで、たとえば地域の人々へのインタビューから海外研修旅行まで幅広い。また、2人1組で行うEラーニング（tandem e-learning partnership）、スタディー・ビレッジ（他国の言語だけを使って生活する国内の短期合宿施設）など、第二言語話者との接触を増やすように設計されたプロジェクトもいろいろある。特に海外研修旅行や交換留学は、学習者に長期的な効果と忘れがたい思い出を残し（Mercer 2011）、言語発達の面だけでなく、社会的、文化的、人間的成長の面でも、人生において大切な「節目」（Steinwidder 2016: 18）となるだろう。

> 学校で意欲的になれない学習者であっても、学校外であれば感情面でも行動面でも積極性を発揮してエンゲージする（後略）。2つの文脈でエンゲージメントの仕方が異なる理由は、大きな疑問だ。彼らにとって、学校はなぜ夢中になれない場所なのか。なぜ同じ学習者が、学校外であれば、かなり積極的な行動を見せるのだろうか。
> (Fredricks 2014: 65)

　ホスト環境での言語学習（たとえばパリでのフランス語学習）なら、学習者が第二言語話者と接触する機会はいくらでもあると思われがちだが、そのような機会でも教師からの指導が必要な場合が多いようだ。イギリスに留学していても、英語コミュニティーに関わりをもてなければ、学習の場は教室に限られてしまう（Zahran 2005などを参照）。これはイギリスに限った話ではないことが「事例2」からもわかるだろう。もっとも、シェリー・ヒルがバンクーバーで行ったこの魅力あふれる事例は、教師が集中的に介入すれば、英語コミュニティーへの関わりを大幅に強化できるという、ポジティブな報告になっている。

事例 2：カナダにおける交流課題の事例研究

シェリー・ヒルは、カナダのバンクーバーでアカデミック英語コースを担当している。学生は主にアジアと南アフリカの出身だ。シェリーは、せっかく英語環境にいるというのに、多くの学生が、毎日 8 時30分から12時30分まで授業に出席した後、家に戻ってテレビゲームばかりしていることに気がついた。つまり、彼らはクラスメートとも大学とも地域コミュニティーとも関わっていなかったのだ。シェリーは、この状況を変えようと思い立ち、これら 3 つのカテゴリー（クラスメート、大学、地域コミュニティー）のそれぞれと関わる「交流課題」を出した。課題説明とアドバイスを載せたワークシートを配布し、2 週間に 1 回ずつ活動して最終的に 3 つのカテゴリーすべてと交流するよう求めた。学生の作業負担が大きかったため、課題はかなりシンプルなものにし、自分の経験をオンライン上の掲示板に 2 ～ 3 文でまとめて、状況説明のための写真や動画を載せる程度にとどめた。この取り組みの結果をシェリーは以下のように述べている。

「反応は驚くべきものでした！ 学生たちは、未知の場所へ出掛けたり、大学開催の研究発表に参加したり、助け合って宿題に取り組んだりしました。また、個々の経験をクラス（のウェブサイト）で共有することでクラスメートたちの取り組みを知り、そこから新たにすべきことのアイデアを得ていました。研究発表への参加はとても有意義だったようで、今後ももっと参加したいと書いていました。また、地域の行事にも参加して新しい出会いを経験したり、バンクーバー探索なども始めていました。こうしたことを知って私はとてもワクワクしました！ 最後に、ワークシートを配ってプロジェクトを振り返ってもらったところ、95％の学生が肯定的な評価を示してくれました。先生のおかげで新たな経験ができました、と感謝してくれた学生もいたほどでした。否定的なコメントは、ただ一つ。手間がかかりすぎる、というものでした。学生たちはこれまでに見たことがないほどエンゲージしていました。これは紛れもない事実です！」（2019年 2 月14日の私信より）

社会奉仕プロジェクトも、人々への貢献を通して、地域社会に関与できる。言語を用いる例としては、視覚障害者のための本の朗読、募金活動の実施（Muir 2020などを参照）、低学年児童への学習サポート、高齢者のための演劇上演、地域社会の「隠れた英雄」についての取材といったものがある。学習者が社会奉仕の必要性を自覚してプロジェクトを自ら企画立案して進めれば、エンゲージメントの面でも、より効果的な取り組みとなるだろう。言語指導の観点から言えば、こうしたプロジェクトの企画立案は第二言語の環境にいればそれほど難しくないが、たとえそうした環境にいなくても、オンラインを用いれば、地球上のどこかのコミュニティーとつながって、同じようなプロジェクトを実施することができよう。たとえば、支援を必要とする人々への手紙やグリーティングカードの送付（UNHCR n.d.を参照）、貧困者支援をはじめとする国際社会の取り組みへの参加、オンラインマガジンの作成、第二言語話者の観光客へのオンライン・サービスの提供などが挙げられる。つまり、グローバル化した現代は、目を凝らせば、多くの可能性に満ちているということだ。学習者がこのことに気づけば、自分に見合ったものを探し出すことができるだろう。どのようなプロジェクトでも、正しく方向づけることが極めて重要である。このことに関して、「事例3」は、同じ学習者が、自分の学ぶ2つの外国語に対してまったく異なる意見や行動を見せる例である。

 事例 3：英語とスウェーデン語の学習で異なるエンゲージメントを示すフィンランドの学習者

カラジャ、アラネン、ポールヴィエイネン、ダヴァ（Kalaja, Alanen, Palviainen and Dufva 2011）は、フィンランド語を第一言語とする学習者が、いま学んでいる外国語——英語とスウェーデン語——に対して、教室外でどのように関わっているかを調査した。学習者たちは、スウェーデン語の学習リソースやメディアの方がはるかに入手しやすいにもかかわらず、英語を使う機会の方をより積極的に求めていた。カラジャらは、学習者の主体性にこのような違いをもたらす理由として考えられることを考察した結果、英語の人気や有用性に関する学習者の信念や態度が教室外で言語使用の機会を求める積極性に影響を与えていることがわかった。そして、それぞれの言語に対する社会的言説（スウェーデン語は「必修」だ、などといった社会の捉え方）が学習者の信念に影響を及ぼし、その後の

行動に影響を与えると結論づけている。つまり、学習者が教室外で目標言語に積極的に触れようとする姿勢や理由は、その言語を用いる機会の有無だけでなく、学習者の信念や態度にも大きく結びついているということである。

原則3　家庭は学習者エンゲージメントの貴重なリソースである

　ハッティ（Hattie 2009: 61）が言うように、「家庭は学習者の学習成果を育む場所であることもあれば、学習に対する期待が低く、支持的でない場所であることもある」。学習者の家庭生活には、教室でのエンゲージメントに影響を与え得るさまざまな側面がある。たとえば、学習や言語についての考え方、パソコンやスマートフォンの使用時間についての考え方、家庭内で読んだり書いたりするものの内容、自律や学習への支援の程度などが挙げられる（Arzubiaga, Rueda and Monzó 2002; Fan and Williams 2010; Mo and Singh 2008）。また、親や家族の習慣や手本となる行動が、子どもの学習意欲の形成に決定的な役割を果たしていることも明らかになっている（Pomerantz, Grolnick and Price 2007）。そのため、第二言語のモチベーション研究では以前から、親からの支援や家族からの影響を、独立変数として、あるいはより幅広い次元の変数の一部（L2 義務自己[*5]）として、研究尺度の中に含めてきた（Dörnyei and Ushioda 2011: 276–277を参照）。なお、ここでいう「親」とは、学校外で子どもの面倒を見る人（保護者）のことを指す（Cowley 2009などを参照）。当然、大人の学習者にとっても、支援や励ましをどの程度得られるかという点で、家庭環境は重要である（Castles 2004; Flynn and Harris 2016; Park and Choi 2009を参照）。

> ……親の関与の仕方として、子どもや学校に直接働きかけてもあまり大きな影響はなかったが、親が家で読書を楽しんでいたら、子どもも本を読むのが楽しいと思うようになった。これは国や家庭の収入の違いを超えて、共通する傾向であった。子どもは、親が大切にしているものをいつも目にしており、それが彼らにとっては、口で言われること以上に重要な意味をもっていた。　　　　　　　（Ripley 2013: 111）

---

*5　L2 義務自己(the ought-to L2 self): 他者の期待に応じて「そうならなければならない」とする自己(促進)、または「悪い結果を招かないようにしよう」とする自己(防止)。

学校生活への関与も、親が学習者のエンゲージメントに影響を及ぼす重要な要因の一つである（Fan and Chen 2001; Hill and Tyson 2009; Jeynes 2007）。具体的には、保護者の懇親会・クラスの保護者会・学校行事への参加や、有志の保護者による学校関係のボランティア活動などが挙げられる。ただし、グドールとモンゴメリー（Goodall and Montgomery 2014）は、親が学校に関与することと、子どもの学習に関与することは別だと説明している。グドールらによれば、いかに学校支援に親を関わらせるかということよりも、いかに子どもの学びが家庭と学校との関係の中心になるように親を関与させるか、またいかに子どもの学校生活への関わり方や進歩に積極的な関心を親にもってもらうようにするのかということの方が重要である。そのとき、子どもが管理や監視をされていると感じないように注意する必要がある。大切なのは、自律を支援するように行うことである。そうでなければ、子どもはモチベーションを下げ、自己概念を傷つける場合がある（Fan and Williams 2010; Hattie 2009）。

　このように、地域社会とのつながりを通して学校と親の協力関係を積極的に築き、学校と家庭のコミュニケーションの道を意識的に切り開くことによって、学習者エンゲージメントは促進される。最大限に親の関与を引き出すには、学校が親の選択肢を増やし、親と学校が接する機会を幅広く設けることが求められる。たとえば、働く親に配慮して多様な日程を組んだり、学校に足を運ぶことなく学校や子どもの学びにアクセスできる複数のチャンネル——たとえば保護者限定のオンラインツールを用いて学校生活を体感してもらうなど——を提供したりすることが勧められる（Gonzalez-DeHass, Willems and Holbein 2005）。

　最後に、学校や教師は、子どもに問題があるときだけでなく、ポジティブな出来事があったときにも、親に連絡を取るべきだ。学習者の発表などがある際にも、同様の心構えで親を学校へ（あるいはオンラインで）招待するべきである。また、学校の改善や、子どもたちの課外活動を支援するアイデアを求めるパートナーとして声をかけるのもいいだろう。要するに、学校が保護者に敬意を払い、パートナーシップの精神をもって接すれば、学習者の学校エンゲージメントにも効果があるということだ。

> 親が、学校との関わりをもちながら子どもの教育に興味を抱くと、子どもは達成目標志向となり、やりがいのある課題を求め、たゆまず学び続け、学校での勉強に満足する可能性が高まっていく。　　　　　(Gonzalez-DeHass et al. 2005: 117–118)

第
1
章

原則 4　学校での優先度、カリキュラム内容との自己関連性、テストの方針がエンゲージメントに影響を与える

　全国的なカリキュラムや教育機関が、各言語を教科としてどれくらい優先的に扱うかという程度に応じて、学習者は、学校や大学で自分が学ぶ第二言語の社会的地位に関する重要な間接的メッセージを受け取ることになる。残念ながら、カリキュラムや科目の設定を巡って、教師はなかなか強い発言権をもてないのが実情だ。そのため、所属機関やカリキュラムの方針が教師の仕事を妨げたり、学習者のエンゲージメントを弱めたりすることがある。実際、第二言語科目に割り当てられた授業時間はもちろん、必修科目であれ選択科目であれ、カリキュラム全体における第二言語科目の地位は、学習者（とその親）がその科目に取り組む真剣さに影響する（McKay and Rubdy 2009）。

　だが、そうしたマクロな要因だけが学習者の態度を左右するわけではなく、もっとミクロな要因からも影響は生じる。たとえば、イギリスの中等学校の中には、公式に「専門言語アカデミー」として指定された学校がある。これは、多くの場合、言語学習の促進に関心があることを示すための形式的な名称でしかないが、この名称の有無が心理的な違いをもたらす。私たち筆者が個人的に知っているある学校が、校名から「専門言語アカデミー」の名称を外したのだが、カリキュラムの改変に伴う変更であったわけではないにもかかわらず、同校の現代語の教科は、わずか数年後には、以前ほど重視されなくなってしまった。

　それでは、言語教育の社会的地位と価値を高めるために教育機関には何ができるだろうか。対応可能な範囲は広く、たとえば、以下のようなものが考えられる。

―― さまざまな言語を真摯に受け止め、言語の多様性を尊重し、受け入れていることを、直接的にも間接的にも、学習者や保護者や地域社会に発信する。

第 1 章　学習者エンゲージメントを取り巻くもの　　35

――遠足、交流会、言語関連のプロジェクトを支援する。

――劇など、第二言語での活動を支援する時間とリソースを提供する。

――さまざまな第二言語コミュニティーの人々を学校や大学に招き、彼らの言語や文化のいろいろな面を知ってもらう「言語デー」（languages day）のようなイベントを行う。

――図書館に第二言語を用いた本や映画を充実させる。

オーストリアのある学校では「言語ウィーク」を設け、この週は外部から招いたゲストとともに、学習者も教師も語学の授業とプロジェクトワークだけにどっぷり漬かって1週間を過ごしている。これは通常、教育カリキュラム外のイベントとして行われ、学習者はその1週間、他の授業を受けなくてもよいことになっている。

 リフレクション・タスク2

自分が所属する機関の言語ポリシーについて振り返ってみてほしい。どれくらい明確に言語の多様性を支持しているだろうか。外国語教育のために、所属機関が支援する課外活動には、どのようなものがあるだろうか。あなたの所属機関は、いままでに言語ウィークを実施したことがあるか。言語ウィークは、あなたの働く環境でうまくいくと思うか。なぜか。うまくいかないとしたら、それはなぜか。

2つ目のポイントは、学習者が、授業内容を、自分にとって有用で、関連性があり、大切だと認識するかどうかという問題だ。これが学習者エンゲージメントにとても重要な意味をもつ（Shernoff 2013）。つまり、学習者のエンゲージメントは、教師の教え方のみならず、教師が教える内容にも依存しているということだ。たとえば、オルトナー、ジョーンズ＝サンペイ、アコス、ローズ（Orthner, Jones-Sanpei, Akos and Rose 2013）の研究は、学校全体のカリキュラムが職業に結びついたものに改定されると、学習者は学校での教育に価値を感じるようになり、エンゲージメントが非常に高くなることを発見した。

学習者のモチベーションとエンゲージメントに顕著な影響を与えたカリキュラム改革の最も良い例は、おそらく欧州連合（EU）がヨーロッパの言語教育を活性

化するために率先して導入してきたCLIL（Content and Language Integrated Learning、内容言語統合型学習）であろう（Genesee and Hamayan 2016; Lasagabaster 2011などを参照）。CLILには、ある環境ではうまくいき、別の環境では期待通りにいかないという光と影の歴史があるが、この指導法を導入して、学校の一般科目を第二言語で教えるようになると、自己関連性の幅が広がり、実生活における応用性の高い言語教育を実現できるようになった。このような関連性の高さが、学習者のエンゲージメントを高めるのは間違いない（自己関連性がいかに重要な要素であるかについては、第5章と第6章でタスクの自己関連性について述べる際に再び触れる）。しかし、CLILが大きな影響力をもつようになった一因は、政府や学校から与えられるお墨付きにある。このお墨付きゆえに、さまざまな面で有利になるということで、教師が飛びついたのだ（詳しくはHüttner, Dalton-Puffer and Smit 2013を参照）。

　成人の学習者に関して言えば、その言語を学ぶ動機にもよるが、CLILは彼らの仕事や個人の生活に直結するため、有用な学び方であるとはっきり認識されるだろう。

> 学校改革の取り組みで強調される多くの指導ストラテジーの一つに、カリキュラムと学習者の自己関連性を高めようという試みがある。学習者がいま学んでいる内容と自分の生活環境や将来予想されることとの間に関連性を見いだせるようにするためだ。
> (Orthner et al. 2013: 27)

　最後に、教育カリキュラムが及ぼす学習者エンゲージメントへの影響をきちんと議論するためには、ハイステークス・テスト[*6]への言及を避けては通れない。教育におけるテストの役割については、もちろん、これまで多くの研究者が論文を通して活発に議論してきたが、いまその見解をまとめることは、本章の目的からそれてしまうため、ここではエンゲージメントに関連したいくつかの重要事項だけに注意を向けたい。オー（Au 2007）が複数の研究を統合して明らかにしたように、ハイステークス・テストは概して、教師中心の授業を増やし、教授内容の焦点を狭め、テストに照準を合わせて内容を断片化してしまう。それらはいず

---

*6　ハイステークス・テスト：入学許可の判定など「大変なものがかかっているテスト」のこと。

れも、学習者エンゲージメントを低下させる要因として知られている（Shernoff 2013）。事実、モーラ（Mora 2011）は、アメリカでの事例研究で、そのようなテスト文化とテスト中心主義が、教師を講義形式や模擬試験形式の授業に向かわせ、グループワークやプロジェクトワークの機会を少なくし、学習者を退屈させる傾向があることを明らかにした。

　授業の焦点が、テストの結果、すなわち、内容の習得にではなく「テストのために教える」ことに置かれるようになると、エンゲージメントは大幅に力を失う（第2章参照）。ところが、内容習得型のアプローチ（たとえば、個別型アプローチ、足場かけ学習、個別進度による繰り返し学習、形成的評価[*7]。第2章、第5章、第6章を参照）を採用している学校では、最終的に学習者が標準テストの基準点に到達するのだ。これは注目に値する事実である（Guskey 2010; Zimmerman and Dibenedetto 2008）。

> 誰もが天才である。だが、もし魚を木に登る能力で評価すると、魚は一生自分を無能だと思って生きることになるだろう。　　　（アルバート・アインシュタインの言葉）

原則5　学校全体の文化が学習者エンゲージメントに影響を与える

　最後の原則は、どの教室も例外なく学校文化の中に埋め込まれており、この学校文化が学習者や教師が学校での自分の取り組みをどのように感じるのかを決定づけているという事実に関することである。学習者の学びに対する姿勢は、正門を通るとき、すなわち、語学の教室に辿り着く前から大方決まっている。学校文化は、学校の組織、方針、規範、物理的空間だけでなく、信念や感情など形がなく目に見えない次元からも生まれてくる。それらが、学校全体に行き渡る精神を生み出し、教員の集団としての行動に影響を及ぼしていく。健全で支持的な雰囲気の学校では、学習者は学校に対して肯定的な意識、つまり帰属意識（a sense of belonging）を感じやすくなり、その結果、学校での生活に、より積極的に関与する傾向がある（Cemalcilar 2010; Osterman 2000）。バウマイスターとリアリー（Baumeister and Leary 1995: 497）は、帰属の欲求を「強く安定した対人関係を

---

*7　形成的評価（formative assessment）：学習者を評価するときに単に得点をつけるだけでなく、一人ひとりの達成度に応じて定期的に正のフィードバックを行い、学力の向上を目指すもの。

形成し、維持する必要性」と定義している。したがって、学校への帰属意識は、学習者がつながりを感じ、安心できるコミュニティー意識をどれだけ育めるかによって左右されるものである。これは、大人が言語学習のために通う民間の語学学校や公的機関が運営する語学教室にも当てはまる。

　学校が、学習者のコミュニティー意識を育て、エンゲージメントを高めるためにとれる手段はたくさんある。まず、学習者の学校への民主的な参加度合いを高めることが挙げられる。多くの国において、教育カリキュラム全体で育む中心的な生活技能*8は、シチズンシップと社会的責任である。これらを鍛えるのに最も良い方法は、学習者に民主的な組織や意志決定の場への積極的な参加を促すことだ。学校は、そのようなスキルを身につけ、力を発揮させるのに最適な場である(Hoskins, Janmaat and Villalba 2012)。学校における民主的参加のレベルは、小規模なものから、A・S・ニールのサマーヒル・スクール（Summerhill School、ウェブサイト参照）のような学校全体にわたる大規模のものまで、さまざまある。一般的には、学習者を学校の方針決定に参加させたり、各種委員会の代表生徒を決める選挙をさせたり、学習者主導の多様な行事を奨励したりして、できるだけ多くの学習者を学校での活動に参加させることができる。こうした民主的な仕組みやさまざまな活動への関与の機会は、自分たちが尊重されている、自分たちの声にきちんと耳を傾けてくれる、自分たちの意見が大切にされているといった極めて重要なメッセージを学習者たちに届けることになるはずだ（第4章と第5章を参照）。

　学校の雰囲気に影響を与える別の要因としては、行動管理に関する学校全体の方針がある。これは、教師が日々の授業で行っているミクロレベルの介入を超え、学習者が互いを敬い、建設的に行動し、安心して過ごせるようにするための、学校全体の指導体制に関わるものだ。その目的は、いじめを減らし、親交を深め、良い関係を築き、一人ひとりが行動の主体者だと認識できるようにしながら、教育上の問題点にも注意を払い続けることにある。このような体制を整えると、学習者が明確で堅実な展望をもてるようになるのはもちろん、教師にとっても、同僚からの支援や学校全体の明確な行動管理方針を頼りにすることができるため、

---

*8　生活技能(life skill)：日常生活における多種多様な問題や要求に、建設的かつ効果的に対応する際に必要とされる能力。

ストレスの軽減につながることが知られている（Rogers 2007）。学校全体が、前向きな行動を奨励し、すべての学習者が安心できる学校の雰囲気作りに注力するようになると、学習者のエンゲージメントが高まると同時に、全体的な成果も向上し、規律を乱す問題は減少する（Luiselli, Putnam, Handler and Feinberg 2005など）。

行動管理に対する学校全体でのアプローチの特徴

- 教師、学習者、保護者が、学校の方針と、その背後にある論拠、土台をなす価値基準を理解している。
- 学習者が、行動結果だけでなく、自分の権利、責任、ルール、将来展望を認識している。
- 理想としては、学習者と保護者が方針作りに参加できる。
- 教師が良い実践例を共有し、協力して知識のデータベースを作っている。その結果、教師同士が互いに矛盾した行動をとらなくなる。
- 建設的な行為を積極的に促進・支援している。
- 教師の自信が増し、ストレスが減る。

（Rogers 2007より抜粋）

　学習者エンゲージメントと学校の雰囲気に影響を与えるもう一つの学校全体の方針として、学校がどのように教師の幸福（well-being）を支援するかということが挙げられる。教師が学校で幸せだと感じられれば、独創的で効果的な授業を実践でき、結果として、学習者の学業レベルもおのずから高くなる（Bajorek, Gulliford and Taskila 2014; Day and Gu 2009; Klusmann, Kunter, Trautwein, Lüdtke and Baumert 2008）。オーストリアの言語教師の幸福度を調査するあるプロジェクトで興味深いのは、ささいな事柄が大きな違いを生むという教師側の指摘だ。たとえば、職員室にまともなコーヒーメーカーが置かれている、職員用トイレが清潔に保たれている、個人用デスクスペースが適度に広い、などといったことによって、自分たちは尊重され、配慮されているのだと思えるという。

> 幸福度の高い教師は、成功する教師（successful teachers）になる可能性が高い。自分の言語教育実践にエンゲージし、途中で起こる問題にもうまく対処できるからだ。いまこそ我々は、状況や時代に関係なく、どのようなリソースが（心理学的な要因に限らず）、言語教師を最も輝かせるのかを、しっかり理解するときだ。
>
> (Talbot and Mercer 2018: 427)

　最後に、学校エンゲージメントの重要な決定因子は、学習者がどれだけカリキュラム化されていない学校外の活動に参加しているかにあるということに触れておこう。これまでの研究によると、課外活動への参加は、成果、エンゲージメント、自己肯定感、幸福感を向上させ、大学に進学して勉強を続けようとする意欲も高めることがわかっている（Feldman and Matjasko 2005; Kort-Butler and Hagewen 2011）。たとえば、ドッタラー、マクヘイル、クラウダー（Dotterer, McHale and Crouter 2007: 399）は、課外活動とエンゲージメントとの関係について、140人のアフリカ系アメリカ人の若者を調査し、次のように結論づけた。「きちんと構造化されたカリキュラム外のアクティビティーは、学校エンゲージメントにとって、特に学習者の学校での自己肯定感と帰属意識にとって、非常に重要だと言える」。第4章で見ていくように、カリキュラム外のアクティビティーは、学習者たちのまとまりを強化することによって教室力学（クラスルーム・ダイナミクス）にプラスの役割を果たす。修学旅行や遠足もまた、学校全体のレベルでプラスの影響を与える。

> 教育者の中には、スポーツや芸術などの活動を単なる「おまけ」、楽しみや気晴らし程度のものでしかないと考える者もいる。また、カリキュラム外の活動への参加は、学習者の時間と集中力を奪い、宿題に使えるはずの時間まで奪ってしまうという思い込みもある。（中略）だが、これは神話にすぎない。スポーツや芸術など、知識を系統的に身につける授業以外の活動があるからこそ、学校に登校し、留まり、作業に取り組む学習者もいるのが現実だ。カリキュラム外のプログラムをなくしてしまったら、そのような学習者にとって、学校は希望のない場所となってしまうだろう。
>
> (Fredricks 2014: 62)

ポジティブな事例：ノッティンガム州レッドヒル・アカデミーの公約制度

　学校文化の重要性を巡る議論を締めくくるにあたって、イギリスのレッドヒル・アカデミーという学校の事例に触れておきたい。レッドヒル・アカデミーは、本書執筆者の一人ゾルタンの住まいと職場からそう遠くないところにある。この学校は、学校の雰囲気と精神^{エートス}を変え、学習者エンゲージメントを高めることによって、優れた学校文化の実現に成功した。本節の議論と特に関連するのは、こうした変化を促す手段として同校が導入した「公約制度」（pledge system）である。

　レッドヒル・アカデミーはノッティンガム州北部の中等学校だ。2013年のノッティンガム地方教育局（LEA）は、全英151局の地方教育局ランキングで144位だった。それにもかかわらず、レッドヒル・アカデミーは、ノッティンガムの中等学校として初めて、教育の質で全英トップレベルの評価（2008年）を獲得し、以来その座を維持し続けている。政府が公式発表した最新のレッドヒル・アカデミーへの評価から、ここでの議論に関連するコメントを３つ引用する（Ofsted 2013）。

> 「授業が卓越している。どの教師も、生徒をエンゲージさせ、チャレンジ意欲を引き出す授業をデザインしている。学習内容が生徒のニーズによくマッチしている」（p. 1）

> 「視察した授業は、一貫して、生徒の関心を捉え、エンゲージさせるのに効果的なものであった」（p. 5）

> 「すべての生徒が、学校にいる間、さまざまな精神的、倫理的、社会的、文化的活動に取り組むという宣誓書にサインをしている」（p. 7）

　教育水準局（Ofsted）[9]のこの報告で強調されているように、レッドヒル・アカデミーの公約制度（下記の「10の公約」を参照）は、学校の再生に重要な役割を果たしてきた。同校の公式な説明書には以下のように記されている。

---

*9　教育水準局（Ofsted=The Office for Standards in Education, Children's Services and Skills）：イギリスの学校評価機関。数人の視学官が学校を訪問し、授業の視察などを通して評価を行う。

本校の精神（エートス）をさらに発展させ、すべての生徒に積極的に学校活動へ参加してもらうことを期待して、本校では「公約（プレッジ）」と呼ばれるエキサイティングなプログラムを採り入れております。学校生活でさまざまな貢献をしてくれた生徒を表彰します。公約のテーマは学校の各所に掲示されており、教員も常に、公約達成の機会と意義を生徒たちに知らせるよう努めています。(中略) この公約のおかげで、生徒たちは校内のさまざまな機会や行事に、今後もますます積極的に参加してくれるものと私たちは期待しております。(レッドヒル・アカデミーのウェブサイト)

レッドヒル・アカデミーの10の公約

1. 宿泊行事に進んで参加し、期間中も常に学校の精神、価値観、規範を体現する。
2. スポーツでアカデミーの見本となる、あるいはアカデミー舞台芸術の行事に貢献する。
3. 毎年いろいろな小説を読み、1学期に最低1編の書評を書く。
4. 最低3つの異なる集会に参加するか、チューター活動やイベントの企画に貢献する。
5. 最低3回の募金活動を企画するか、募金活動に積極的に参加する。
6. 最低10の異なる行事で本校代表となる。教師はそれを生徒の「パスポート」に記録する。
7. 地域社会のプロジェクトに参加する。
8. 校内の他の生徒を支援する活動に参加する。例：相談にのる、コーチ役をする、手ほどきをする、選択肢を提示する、ペア・リーディングをする。
9. 本校以外の芸術祭やスポーツイベントに参加する。
10. 個人の誓い：チューターと生徒が共に定める。

(https://www.theredhillacademy.org.uk/mod/resource/view.php?id=13781)

　本書の観点からは、この制度の4つの面が、特に注目に値する。(a) 教師が、適宜公約の重要性を伝え、生徒が自分の公約を実現する機会を見つけられるよう惜しみなく支援していること。(b) 各生徒が自分の「公約パスポート」を持っていること。(c) 公約が校内のいたる所に掲示されていること。(d) 学校行事の中で、定期的に生徒の公約達成を祝っていること。つまり、この学校は、単なる口約束をしているのではない。一連の具体的な公約を導入し、生徒に同意させることで、

彼らを能動的に関わらせているのだ。さらに、公約を一般公開して公式に保証し、教員たちが時間を割いてその実現に力を注ぐことで、取り組みを明示している。

　生徒の側では、個々の公約目標を設定し、その実践をおのおのの「公約パスポート」に記録し、定期的に公約の実現を祝うことによって、公約が単なる口約束でないことを自覚していく。レッドヒル・アカデミーの実践で最も注目すべきなのは、公約が学力の向上ではなく、学校中の生徒のエンゲージメントを高めることにつながっており、そうすることによって学力向上の基盤を強化することに目的が置かれている点にある。非常によく考えられ、独創的で現実的な公約制度を導入し、エンゲージメントを高めるプログラムを体系化することで、同校は、豊かな社会教育資源を構築し、それまでぱっとしなかった学校を、たった10年で他校の見本となる学校へと変革することに成功したのだ。

まとめ

　本章では、学習者エンゲージメントに影響を与える、言語教育の教室を取り巻く環境について簡単に考えてみた。学習者は、決して孤島ではない。したがって、教師である我々にとって、学習者の生活のさまざまな文脈や層を理解し、それらがもたらす意味、価値観、感じ方、期待について振り返ることは有益だ。そうすることによって、私たちは、学習者が普段どのように勉強に力を注いでいるのか、とりわけ言語学習にどのように取り組んでいるのかといったことについて理解を深め、敏感でいられる。社会や学校の仕組みは、学習者が自分の学校に対してもつ帰属意識だけでなく、言語学習に付随する価値や地位にも大きな影響を与える。学習者の言語学習意識をさらに高める第二言語の使用機会は世界中に数多く存在するが、たいていの場合、それは身近なところにも多くあるものだ。そのような教室外の場面と教室内での学びを意識的に結びつけることができれば、学習者の自律や自信、エンゲージメントの向上をかなり期待することができるだろう（Nunan and Richards 2015）。

　以下の章では、教室内の日常に目を向け、学習者をエンゲージさせる言語学習の機会をデザインするために、教師に何ができるのか、さまざまな視点から考え

ていく。それに先駆けて本章では、語学の教室はより大きな文脈の中に埋め込まれており、学習者に自律性、関係性、有能性、さらには言語の価値に関して伝えられることの多くが、実際の第二言語の授業に大きな影響を及ぼすということを再認識してもらおうと考えた。

 本章のポイント
授業における学習者エンゲージメントは、学習者と教室の両方に影響を与える多くの文脈的要因に由来する感情や信念と関連している。

 さらに理解を深めるために
Benson, P. and Reinders, H. (eds.). (2011). *Beyond the Language Classroom.* Basingstoke: Palgrave Macmillan.（教室外で言語をどのように使わせるか、その方法について多くの研究を集めた論文集）

Crehan, L. (2016). *Cleverlands.* London: Unbound.（行き詰まりを感じたある教師が、世界をリードする教育制度を視察し、肯定的な要素と否定的な要素を批判的に検証している）

Ripley, A. (2013). *The Smartest Kids in the World: And How They Got That Way.* New York, NY: Simon and Schuster.（世界中の多様な教育制度について批判的に考えさせてくれる示唆に富んだ教育書）

Sahlberg, P. (2015). *Finnish Lessons 2.0.* New York, NY: Teachers College Press.（フィンランドの教育制度を包括的な視点で眺め、同制度のどの部分がどのようにその成功に寄与しているのかを論じている。世界をリードする教育制度についての興味深い洞察に満ちた一冊）

第2章

学習者の促進的
マインドセット

Contents

02 学習者の促進的マインドセット

リフレクション・タスク 1

あなたの生徒または学生を思い浮かべてみてほしい。積極的な学習者にはどのような特徴があるだろうか。彼らはどのような行動をするか。自分や自分の学びをどのように捉えているか。彼らは、自発性の低い消極的な学習者と、どのような点で異なっているだろうか。

学習者が利用可能な言語学習の機会に積極的に手を伸ばすかどうかは、その機会の性質（たとえば、面白そう、ためになりそうといった性質）だけでなく、学習者の内面的な要因（intrapersonal factors、しばしば個人内要因といわれる個人の特性）や、他者との社会的関係に関する要因（interpersonal factors、対人関係要因）にも左右される。そのような内面的要因と社会的要因が、教室の内外で言語学習に積極的に取り組もうとする学習者の意志（willingness to engage）を生み出す条件を整えることもあれば、逆に、教師がどれだけ頑張ってエンゲージングな学習環境を作り出そうとしても、その努力をまったく報われないものにしてしまうこともあり、学習者エンゲージメントの促進に大きな違いを生じさせる。

> 私たちは理性と感情の生き物である。したがって両者が連動すると、がぜん学び始める。
> (VanDeWeghe 2009: 249)

第2〜4章では、そうした内面的要因と社会的要因について、学習者エンゲージメントを支える3つの柱（学習者の心理状態、教師との関係、仲間［ピア］との関係）の観点から考えていく。本章では、まず学習者の心理に注目し、彼らに——人間という一般的な立場から、また言語学習者という特殊な立場から——学習に積極的に取り組む価値があると感じるようにさせる信念（belief）や感情はどのようなものか考える。たとえば、言語学習に自信がない学習者を、教室でタスクや教材にエンゲージさせるのはなかなか難しい。そこで学習者の立場に立って、彼らが思い悩む理由がどこにあるのか、考えてみよう。彼らが立ち向かわなくてはな

らないものは何か。それはネガティブな考え方にほかならない。教師は学習者に、誰でも力を伸ばすことができるということ、その方法はあるということ、そしてあきらめずに続けていけば努力はきっと報われ、目標を達成できるということを信じさせる必要がある。

理論的根拠

「できると思えばできる、できないと思えばできない」。この格言はこれまで幾度となく引用されてきたが、それには理由がある。物事に取り組む際に私たちが信じることがいかに重要であるかを物語っているからだ。基本的に、人がある活動にエンゲージするか否かは、その活動に対する自分の能力を信じられるか否かによる。言い換えれば、この有能感――より一般的な言い方をすれば、自己イメージの感覚――が、エンゲージメントを決定づける要因であるということだ。このような理由から、「自分ならできる」という信念が多くのモチベーション理論の核心を成してきた。たとえばデシとライアン（Deci and Ryan 1985; Ryan and Deci 2017）の自己決定理論（「有能性の欲求」という重要な要素として示されている）、バンデューラ（Bandura 1977）の自己効力感理論、ドゥエック（Dweck 2006）のマインドセット理論などがある。学習者は、どのようなタスクであれ、自分でやり遂げられると思えなければ、積極的に取り組もうとはしない。つまり、タスクにエンゲージするのは、学習者自身が結果に作用し、目的をきちんと達成できると思えるときである。こうした思いが「促進的マインドセット」（facilitative mindset）――エンゲージメントに関連する学習者の内的要因の総称として私たちが選んだ用語――の重要な要素であり、困難に直面したときの支援の求め方や対応方法に関するストラテジーを用いて、学習者が上のような前向きな気持ちをもてるようにする必要がある。

促進的マインドセットを作り出すもう一つの重要な特徴は、デシとライアン（Deci and Ryan 1985）の言う「自律性の欲求」に関連することである。自律性の欲求とは、学習者が自分で責任を負っているという感覚、つまり、自分の学びを自己管理し、結果に一定の責任をもてるという感覚のことである。したがって、学習者が教師からの教えをただ受動的に頭に入れるのではなく、自分には「主体性」

第**2**章

があり、学習の機会や過程を自分で計画し、具体化できると確信しているときに、自律性の欲求の充足が最も期待できると多くの教育心理学者が口を揃えて言っている（Reeve and Tseng 2011 など）。実際、教師が学習者を学習にエンゲージするよう一生懸命促したとしても、行動を起こすか否かの最終判断は常に学習者個人に委ねられている。

リフレクション・タスク 2

あなたが得意だと思う仕事、あるいは趣味について思い浮かべてほしい。有能感はどこから生まれるのか。なぜ「自分ならできる」という感覚をもてるのか。その自信は行動にどう影響しているか。また、活動の自由度はどれくらいあるのか。そのことはモチベーションにどう影響しているだろうか。

> 「自分ならできる、目標を達成できる」と信じることができれば、行動を自らコントロールし、責任をもとうとし、実際に責任を取れるようになる。
>
> （Williams et at. 2015: 45）

促進的マインドセットのための原則

　これまで論じてきたように、学習者の促進的マインドセットを培うためには、広い意味での有能感と自律性の向上を支援する必要がある。また、言語学習はマラソンであって、短距離走ではないため、学習者が有能感と自律性を維持しながら、長期にわたって積極的に学び続けるスタミナと粘り強さを身につける必要がある。では、実際の指導実践の中でこれらを実現するには、どうすればよいか。以下では、まず、学習者が学びに没頭するためのレディネスと意欲を促進する5つの原理について検証し、その後それらを具現化するのに有効な教師の行動を5つ提案する。追々明らかになるが、5つの原則——有能感、成長マインドセット（growth mindset）、当事者意識、積極性、グリット（grit）の促進——は、互いに関連し合っていることであり、ポジティブで促進的なマインドの諸側面を表している。

原則 1　有能感を高める

　「君ならできる！」「私ならやれる！」といった言葉はさまざまな場面で用いられる。こうした言葉は、成功を信じるモチベーションの力をよく表している。まさにこの前向きな信念こそ、私たちが学習者の中に生み出したいものにほかならない。つまり、私たちはいつでも学習者に、課題——教室内での特定の活動、広義では外国語をマスターすること——を自分でやり遂げられるという感覚をもってほしいと願っている。このような感覚がいかに重要であるかは前項でも強調したことなので、ここでは、この重要な感覚について考察する上で最も有効だと考えられている「自己効力感」（self-efficacy）という概念に光を当てていこう。自己効力感とは、ある状況である特定の課題をうまくやり遂げられるかどうかを巡る個人の信念と定義される（Bandura 1997）。つまり「与えられた状況下・条件下で、自分はこの課題をやり遂げられると思うか」という問いに対する学習者自身の答えに等しい。学習者がいま取り組んでいる課題を途中で投げ出さずにやり遂げられるかどうかだけでなく、彼らがどのような課題を選ぶのかに関しても、自己効力感によって左右されるということが過去30年にわたる研究で十分に証明されてきた。

> 自己効力感があれば、学びにより積極的に関与し、没頭する。その結果、学びが促進され、より高い成果が生まれる。そして、この影響が時間の経過とともに自己効力感となって返ってくる。つまり、学習者がより積極的に取り組み、より多くを学び、より高い成果を残せば、自己効力感もさらに高まるということだ。
>
> (Linnenbrink and Pintrich 2003: 123)

　では、自己効力感を高めるにはどうしたらよいのだろうか。大きく分けて4つの方法がある。それは、成功体験をもつ、重要な他者から肯定的で建設的で励ましとなるようなフィードバックをもらう、自分と似た力をもっている人の成功例を見る、自分の感情の状態と体験への反応を分析することである（Bandura 1977を参照）。

成功体験（success）：学習者が有能感を高めるのに最も効果的な方法は、おそらく成功体験を得ることであろう。周知の通り「成功は次の成功を生む」ものだが、ここで強調しておきたいのは、自分の努力で獲得した真の成功でなければ意味は

なく、自信はつかないということだ。ろくに努力もせず楽に成功を手にしても、有能感は得られない。一生懸命に取り組み、努力の結果として成果を得れば、学習者にとってこの上なく価値ある経験となるだろう。

> 有能感は、学習者が自分の力にふさわしい最適の課題に挑戦し、それを十分にやりこなせているときに生じる。簡単なことができても有能感は生じない。なぜなら、有能感は目標達成に向けて努力しているときにのみ生じる感覚だからだ。(中略) 最優秀者や一番になったり、「A」の成績を取ったりしなくてもよい。大切なことは、自分にとって意味のある挑戦をし、全力を注ぐことだけだ。 (Deci and Flaste 1995: 66)

フィードバックと足場かけ[*10](feedback and scaffolding)：フィードバックは、学習意欲の向上の面でも指導の面でも有効な教育手法である。フィードバックは学習者のパフォーマンスの2つの局面、すなわち・す・でに達成されていることと、・ま・だ達成されていないことを際立たせることができる。エンゲージメントの観点からは、特に前者のタイプのフィードバック——通常「プログレス・フィードバック」（progress feedback）と呼ばれるもの——が重要である。学習者の進歩を肯定的に評価することで（肯定的な形成的評価）、彼らは目標に近づいている、やり遂げることができるという実感が湧き、よりいっそう努力するようになる。この種のフィードバックと、教師の意識的な「足場かけ」の努力——たとえば、タスクを細分化して扱いやすくする、徐々に課題を減らしていく仕組みを提示する、タスクをやり遂げる方法を示す、詳しい指示やガイドを与える、学習者を相互支援的なグループで協働させる、指導や励ましが必要な場合には学習者からいつでも頼りにしてもらえるようにしておくなど——が結びつくとき、学習者の自己効力感が特に高まる。

ロールモデルと代理学習（role modeling and vicarious leaning）：バンデューラ（Bandura 1997）は、「ロールモデル」が学習意欲にかなりプラスの影響を与えると強調する。「自分と似た立場の人がうまくやっているところを見たり、思い描いたりすると、通常、自己効力感が高まり、自分にも同様の能力があるのでは

＊10　足場かけ (scaffolding)：学習者が新しいスキルを身につける際、教員（もしくはすでにスキルを身につけている仲間）が手助けや支援を与えること。

ないかと強く思えるようになるのだ」（Bandura 1997: 87）。実際に、他の人たち
を観察し、その人たちの体験を通して学ぶ「代理学習」（vicarious learning）は、
間接的な学びの一形態として知られ、課題をやり遂げることができるという信念
を強化する力をもっている。第二言語習得の文脈では、年齢・職業・身分などの
「立場の近いロールモデル」（near peer role models）が、特にモチベーションを
高めることが実証されている（Dörnyei and Murphey 2003; Murphey and Arao
2001）。学習者とロールモデルとの間に類似性が認識できれば、モデルの成功例
を自身の状況に置き換えやすくなるからだ。

感情調整（emotional regulation）：学習者の有能感がどれほどかは感情からもう
かがい知れる。タスクに喜びを感じ、そこから意欲が増したり、楽しさや自尊心
を感じたりすることがあれば、それは自己効力感につながる可能性が高い。この
ような肯定的感情は、当然のことながら、授業デザインに負うところが大きい（第
5、6章で述べる）のと同時に、学習者自身の自律感からも生じる。対照的に、
授業で不安や心配、恥ずかしさを感じると、有能感は目に見えてぐらついてしま
う。このことから、促進的なマインドセットの状態とは、思考の状態だけでなく、
感情の状態でもあると言えるようだ。

> 情緒を育てることなしに知性を育てても、それは決して教育とは言えない。
> （アリストテレスの言葉とされる）

原則 2　成長マインドセットを育む

リフレクション・タスク 3

あなたは、自分の担当する学習者が皆、言語学習スキルを伸ばすことが
できると信じているだろうか。「絶望的」だと思われる学習者はいるだ
ろうか。言語の才能に恵まれた人間にしか、言語の学習能力は獲得でき
ないのだろうか。あなたの答えの根底にある信念は、言語学習に関する
あなたのマインドセットを表しており、言語指導の仕方や学習者への期
待に影響を与えることであろう。

アメリカの心理学者キャロル・ドゥエック（Dweck 2006）は、人間の能力の

認識に関する興味深い見解を示している。彼女によれば、知能などの能力は生まれたときから一定でその量は変わらないという信念（「固定マインドセット［fixed mindset］」）と、人は皆、潜在能力を開花させ、その能力を「伸ばし」、個人の特性を変化させることができるという対極的な信念（「成長マインドセット［growth mindset］」）があり、この2つの信念のいずれか一方、あるいは一方に近いものとして人間の能力は捉えられている。この2つの対照的な信念は教育のあらゆる面で極めて重要な役割を担うことから、ドゥエックのマインドセット理論が教育心理学の領域で注目されるようになっている。

生まれながらにして「知力」のある子どももいれば、物理や歴史などの難しい概念を理解する「頭」がない子どももいるといった思い込みを私たち教師が捨てようとしなければ、どれだけ現状を変える必要性を感じたとしても、とり得る選択肢は限られてしまう。一方、知力は身につけられるものだという考えを教師がもっていれば、まったく異なる教育的可能性が見えてくる。(Lucas and Claxton 2010: 8)

マインドセット理論を言語学習に当てはめて考えた場合、固定マインドセットをもっているということは、言語学習能力はあらかじめ固定されていると信じていることを意味する。つまり、はじめから言語学習能力を備えた人とそうでない人がいると判断しているということである。こうした信念は、たとえば、この人は複数の言語を習得できる「持って生まれた素質」があるとか、あの人はそもそも「言語の才能がある人」ではないという言い方に確認できる。それとは対照的に、成長マインドセットをもっている人であれば、言語学習能力は適切な方略を用いて努力を重ねることで伸ばすことができ、誰もが自分の基本的な能力を向上させられると信じているはずだ。もちろん全員が同じように究極の習熟レベルに到達できると言っているわけではなく、意志と機会と正しい方法が揃えば、誰でも現状のレベルから能力を高めることが可能だということだ。学習者が成長マインドセットをもち、向上する能力があると信じることがいかに重要かはすぐにわかるはずだ。しかも、嬉しいことに、学習者の非生産的なマインドセットは再教育可能であることが、これまでの研究で明らかになっている。つまり、学習者の思考を固定マインドセットから成長マインドセットへと変える方法があるのだ！

> 固定マインドセットは学習の妨げになるかもしれないが、成長マインドセットは学習者のモチベーション、目標設定、言語習得につきものの挫折や「失敗」——それらは言語学習にとって非常に重要なプロセスだが——への対処の仕方に影響を与える強力なエネルギー源として機能するはずだ。　　(Williams et al. 2015: 71)

 成長マインドセットを育む方法

ガーション（Gershon 2016）は、学習者の成長マインドセットを育むために使える一連のアクティビティーやタスクを提案している。彼の包括的な枠組みに基づいて、学習者の成長マインドセットを育てるための重要な領域と方法を示すならば、以下のようになる。

- 言葉を正しく使う——能力、間違い、才能、努力についての話し方を考える。
- 間違いに対する学習者の考え方を変える——間違いを歓迎する。
- 学習者の努力の的を絞る——目標と目的をもって努力させる。
- 適切なフィードバックを与える。
- 自分が何をどう考えているのかを観察させる——学習者が言語学習にどのように取り組むべきか、また言語学習についてどのように考えているかについて話し合う。
- 挑戦する文化を作る——挑戦はリスクではなく、成長のチャンスである。
- 学習の成果ではなく、学習のプロセスにフォーカスする。

原則 3　学習者の当事者意識と自己統制感を高める

　社会心理学のアズゼン（Ajzen 1988）の「計画的行動理論」（theory of planned behaviour）という有名な理論の中に、**「行動統制感」**（perceived behavioural control）という概念がある。これは、自分の行動を後押ししたり妨害したりする外的要因の存在を巡る個人の信念を説明する概念だ。この統制感覚が低いと、エンゲージメントが妨げられる。自分のコントロールの下で成果を出すことができないと感じてしまうからだ（たとえば、組織の腐敗がもたらした投機事業や、暑さで集中できない試験など）。この点で、行動統制感は自己効力感に似ている。どちらも、与えられた状況下で活動遂行を制約する要因の有無に関することである。もっとも、自己効力感は内的な能力に関与するものであるのに対して、行動

統制感は主に外的な要因に関与するものであるという点で異なる（ただし、アズ
ゼン［Ajzen 2002］は、これら2つの要因は実際には重なり合う部分が多いと述
べている）。

　計画的行動理論に従えば、エンゲージメントが生じるのは、学習者が自分自身
の学習をある程度コントロールし、当事者意識を感じているときだ。確かに「当
事者意識」という概念はかなり曖昧なものだが、教師ならたいていは直感的に認
識できるはずだ。当事者意識の原語であるオーナーシップ（ownership）とは、
一般に、人がものに対して抱く意識である。しかし、人は、考えや話題や趣味と
いった内面的要素についても、当事者として所有の意識をもつ。そして、人は何
かを「わがものとしている（own）」とき、それに対して強い感情を抱く傾向が
ある。そのため、その対象への行動や反応も大きく変化する。言語教育に関して
言えば、私たち教師は、学習者に自分たちの学習や言語そのものに対して当事者
意識をもってほしいと願っている。すなわち、学習者には言語学習に励み、学習
を「自分のもの」にしてほしいと思っているものだ。

　成長マインドセットと有能感は、学習者の統制感覚に資する重要な要素だが、
モチベーション研究の中で確立された「学習者の原因帰属（learner attributions）」
（Weiner 1992）という3つ目の概念も同じく重要な要素だ。学習者の原因帰属
とは、学習者が過去の成功、特に過去の失敗を説明する際の解釈のことである。
それはかなり主観的なものであり、ある学習者にとっての失敗が、別の学習者の
目には、見事な成果に映る場合もある。学習者が失敗の原因を「健全に」推測す
ると、つまり、自分の手で変えられる失敗要因を的確に捉えて改めることができ
ると、タスクに積極的に取り組もうとする意欲が高まることが研究で明らかになっ
ている。すなわち、学習者が学習の結果をある程度自分でコントロールできてい
ると感じていればその先のエンゲージメントは高まり、失敗を自分の能力不足と
いった固定的で変えられない要因に帰属させてしまえば意欲は高まらないという
ことだ。たとえば、テストで失敗した後、「努力が足りなかった」（今後改められ
る）と健全に考えることもできれば、「テストが難しすぎた」「不得意な問題だっ
た」と不健全に考えることもできる。

リフレクション・タスク 4

あなた自身の原因帰属について考えてみてほしい。授業がうまくいかない場合、あなたならその理由としてどのようなことを挙げるだろうか。その中で、改められるのはどのようなことか。そのことを改めることによって、今後どのように授業に取り組んでいきたいと思うか。自分自身にコントロールできないことのせいで、授業が頓挫してしまったら、あなたはどう感じるだろうか。

> 自己コントロール感の低い学習者は、いくら努力しても成績が上がるわけがないと思い込み、不出来なパフォーマンスを授業の難しさや教師の不公平さ、不運など、自分ではコントロールできないもののせいにしてしまう。こうした心理的特徴をもった学習者にどれだけ効果的な教え方をしても、期待感が弱く、感情が否定的で、モチベーションが低く、成績もふるわない。簡単に言えば、傷つきやすく、失敗する傾向のある学習者が最も「リスク」が高く、効果的な指導など充実した教育が必要なのだが、そのような教育環境にあれば通常得られるはずの学力的恩恵を、彼らのような学習者は得ることができない。
>
> (Haynes, Perry, Stupnisky and Daniels 2009: 230)

原則 4　積極性を育てる

積極性はいま、仕事の場で欠かせない資質と考えられており、組織心理学の研究分野で注目されている。積極性のある人は、リソースを最大限に活用し、自ら活躍の場を求め、仕事や学習の環境をより良くするために、既存の環境を進んで改善しようとする（Fuller and Marler 2009など）。同様に、積極的な学習者は、常に関心をもち、学びに対してオープンで、率先して発言し、他人との関係を意欲的に築く傾向がある。そして、これらすべてが、さらにポジティブな結果をもたらす（Wang, Zhang, Thomas, Lu and Spitzmueller 2017）。つまり、このような学習者は、自ら行動を起こし、自己統制し、物事を実現させていくのだ。

ここで指摘しておきたいのは、積極性は単なる性格的特徴ではないということである。確かに、中には他者と比べて生まれつき積極的で行動的に見える人もいるが、それも環境次第だ。人が積極的であるためには、自分が支持されているという思いと安心感が欠かせない。それらがあれば、人は自発的に行動を起こすこ

とにリスクを感じない。つまり、教師が学習者の自由な発言と行動を快く受け入れ、認めるような教室環境であれば、学習者はより積極的になり、自分の学びに当事者意識をもち、学習をコントロールできるようになるということだ（Parker and Wu 2014）。言い換えれば、積極的な性格とは持って生まれた特性ではない。人は支持的な環境があればそこで力を得て、どんどん積極的になっていくものなのだ。適切な支持的環境を巡っては第3、4章で、教師と学習者の関係、ならびに学習者同士の人間関係の観点に焦点を当てて論じようと思う。

リフレクション・タスク 5

あなたが積極的な性格だと思う人を一人、思い浮かべてみよう。そう特徴づける理由は何か。自分の生徒や学生の中に積極性があると思える者はいるだろうか。彼らはどのような場面で活躍するだろうか。そして、教師のあなたからどのような支援を必要としているだろうか。

　文献では、積極性は「主体性（エージェンシー）」の項目の中で、個人の行動の意志や能力と関連づけて議論されることがある（Gao 2010）。それらの文献が示す提案と、本書で先に述べた内容は、ほとんど変わらない。学習者が主体的だと感じるためには、彼らが学習体験を自ら積極的に積んでいく能力、また感情的反応を管理する能力をもっていると認識する必要がある（Bown 2009）。クリアリーとジマーマン（Cleary and Zimmerman 2012）は、主体性を伴うエンゲージメントが生じるには、学習者が積極的に物事に取り組む「意志」（will）と「スキル」（skill）の両方の要素が不可欠で、どちらも自己調整学習（self-regulated learning）を通して伸ばすことができると主張している。自己調整学習とは一般に「思考と感情と行動を自ら引き起こし、自分の目標を達成するために、それらを組織的かつ計画的に用いていく」学習と定義される（Zimmerman and Cleary 2009: 247）。その実現には、自分の強みと弱みの認識、適切な目標設定、学習を方向づけるストラテジーの知識、ならびに自分自身のパフォーマンスを基にフィードバックを繰り返しもらうことで、自分の進歩の感覚が裏づけられることが必要である。学習者が自分自身の学習をコントロールし、方向づけを行い、調整できるという感覚が重要なのだ。

> 自己調整学習は、教室でタスクをやり遂げられるという自己効力感や、教室での
> タスクは面白く、学ぶ価値があるという学習者の信念と密接に関連するものである。
> しかしながら、動機づけに関する信念だけあっても、成績が向上するとは限らない。
> どうやら自己調整学習の構成要素は、パフォーマンスに直結する部分があるようだ。
> 学習者が教室での学習で成果を出すためには、「意志」(will) と「スキル」(skill) の
> 両方が必要なのだ。 (Pintrich and De Groot 1990: 38)

原則 5　粘り強さを育てる

> 粘り強いとは、一歩ずつでも前進し続けていることだ。粘り強いとは、関心と目的
> のあるゴールに向かって、あきらめずにやり続けていることだ。粘り強いとは、決
> して楽ではない修練を、何日も、何カ月も、何年も意欲をもって続けていることだ。
> 粘り強いとは、7回転んでも8回起きることだ。 (Duckworth 2016: 275)

　長期にわたって努力を続ける外国語学習は、よくマラソンに例えられる。その
長い学習過程においては、実際に身についたものや進歩を把握することが難しく、
途中で逃げ出したくなってしまうときも多々ある。外国語をマスターするための
近道や高速道路のようなものはない。それゆえ、途中で挫折してしまうのも無理
はない。したがって、教師は、長い道のりを耐えられるよう、学習者に準備させ
る必要がある。つまり、言語学習における「グリット」を育む必要がある。グリッ
トという概念と教育におけるその価値は、ダックワース (Duckworth 2016) によっ
て世に知られるところとなった。グリットとは、長期目標に向かって進み続ける
際の熱意と忍耐と回復力（レジリエンス）と自信を合わせた概念だ。単に努力するだけでなく、た
とえ困難に直面しても、最後までずっと勉強をやり抜く根気（スタミナ）と決意をもっている
ことを意味する。

> 何かに取りかかっても、すぐにやめる人が実に多い。1日だけ努力を注ぐよりもずっ
> と大切なことは、次の日も、また次の日も、目を覚ましたらランニングマシンに乗っ
> て走り続けることである。 (Duckworth 2016: 50)

　幸い、グリットは、身につけ、向上させることができる。これまでに議論した
多くの要素はグリットの発達に寄与するものだが、まだ注目していない重要な要
素がある。それは、学習者の**セルフコントロール** (self-control) だ。この要素は、

各種デジタル機器やインターネット、その他集中力をかき乱すさまざまな阻害要因に囲まれている現代において極めて重要である。なぜなら、セルフコントロールという要素には、誘惑に直面しても課題に取り組み続けるための注意力や感情、行動を制御する能力が含まれているからだ。有名なマシュマロ実験をご存じの読者も少なくないだろう。子どもにマシュマロを1つ与え、15分間食べるのを我慢できたら、もう1つ与えるというものだ（Baumeister and Tierney 2011; Mischel 2014）。当然のことかもしれないが、目先の報酬の誘惑に抵抗する戦略を駆使して、満足感を後に延ばすことができた子どもの方が、長期的には学力の面でも成功するという結果が出た。

　セルフコントロール能力は、前向きな行動パターンと行動習慣を発達させることができれば、あえて努力しなくても、効果的に高めることができる。また、そうすることによって、学習者の自制心を酷使せずに済み（Baumeister and Tierney 2011）、周囲の環境から誘惑の要因を取り除きさえすれば、忍耐を強いることなく、セルフコントロール能力を強化できる。学習者に、頭の中で「もし〜なら」といった計画（if-thenプランニング）を立てるように促すのも効果的だ（Hattie and Yates 2014）。これは、たとえば、「もし電話が鳴ったら、相手が誰であろうと、午後5時まではやらねばならないことがあり、5時以降にかけ直してもらうよう伝える」といった具合に、具体的な言葉を用意して対処できるようにしておくことをいう。このように、気が散るような場面に対処する具体的で明確な計画を練っておくことは、誘惑に負けないための極めて効果的な手段であることが証明されている（Gollwitzer and Oettingen 2012などを参照）。

　長期的な目標を達成するためには、セルフコントロール能力が重要だ。この能力は、他人を思いやり、相互に助け合う関係を築くのに必要な自制心と共感的理解の力を発達させるためにも欠かせない。セルフコントロールができれば、人生の初期段階で挫折することも、学校を中退することも、後先を考えない行動をとることも、嫌いな仕事で行き詰まったりすることもなくなるであろう。　　　　　（Mischel 2014: 6）

教師の行動

　これまで概観してきた原則は、教室内外にある学習の機会に積極的に関与する行動を促す最適な学習者マインドセットを生み出すために私たちが目指すべき「全体像」の要約だ。ここまでの議論の中ですでに実践的な事柄にも触れてはきたが、力点は主としてさまざまな関連概念の特徴を説明することにあった。これ以降は、学習者の最適なマインドセットを生み出すための教師の5つの具体的な行動領域について見ていく。

行動 1　コーチのように考え、行動する

　最初の行動のポイントである「コーチのように考え、行動する」は、本書の中で示す他の多くの行動の基礎となるため、その意味を少し詳しく説明しておきたい。まず、「コーチング」とは何を意味するのか、またそれは言語教育とどのように関連しているのか。「コーチング」という用語は、現在、スポーツのコーチといった昔から用いられている意味の範囲を超え、一般に、学びとその発達を促進する特定の方法を意味する言葉として用いられるようになっている。しかし、個人のパフォーマンスを高めること、言い換えれば、学習者や訓練生が何かを知ることより、何かをすることに関与する点で、コーチングという言葉には、スポーツや音楽など、技能中心の活動に関連する響きがいまもある（Barber and Foord 2014）。このような技能中心の立場は言語教育と無関係ではない。というのも、たいていの学習者は、目標言語の知識を身につけるのではなく、目標言語でコミュニケーションがとれるようになることを第一の目的としているからだ。

　第二言語習得をはじめ、教育の分野でコーチングのマインドセットを重視するのは、通常、教師が学習者を、教育の受動的な受益者ではなく、学習の積極的な設計者であるとみなしているからだ。ビーアとブロートン（Beere and Broughton 2013: 228/1738）がコーチングのエッセンスを簡潔にまとめているように、「コーチングは、人が目標に向かって進んでいくのを支援する力強いプロセス」だ（傍点による強調は筆者）。この支援は、ビーアとブロートンが強調しているように、問題解決に焦点を当てたプロセスであり、多くの点で、メンタリングやカウンセリングに関連した概念である以上に、パフォーマンスに特化したものである。

強調しておかねばならないのは、コーチングのマインドセットを採用し、学び
の責任を学習者にもたせるのは、決して私たちが教える役割を放棄することでは
ないということだ。むしろ、その逆である。コーチングの場面では、学習者が教
師の支援を必要とするが、この場合の支援とはあくまでも、学ぶ努力を自ら方向
づける力を育むサポートのことである。第1章でも述べたように、第二言語に触
れる機会はいまやどこにでもあり、教室や学校以外にも広く存在する。したがっ
て、学習者が目覚ましい進歩を望むのであれば、そのような幅広い学習機会の存
在を認識し、そうした環境の中で学習活動を自己調整する方法を知っておく必要
がある。言語学習の名コーチなら、まさにそれを実現してくれるだろう。もちろ
ん、多くの教師にとって、そのようなコーチングのマインドセットは、優れた教
育実践の一部でしかないかもしれない。しかし、コーチのように考えることの意
味を積極的に思い出すことは、学習者が自分の学習に責任をもち、自らの学習を
方向づける主体となることを追求し続けていく上で、非常に有益であることを、
私たち筆者は自分たち自身の授業を通して強く実感している。

 ## ティーチングとコーチングの焦点の違い

昔ながらのティーチングの焦点	コーチングの焦点
学習の責任は教師にある。	学習の責任は学習者にある。
学習者に向けて語る。	学習者と対話する。
学習者は学習の方向づけをすべて教師に依存している。	学習者は教師がどのように彼らの学びを支援してくれるのかを知っている。
教師は学習者に何をすべきか語る。	教師は学習者に自分で目標を定めるように導き、挑戦させる。
教師が学習者のためにしてあげることを重視する。	学習者が自分で起こす行動を重視する。
教師は知識を評価するために質問する。	教師は考えさせるために質問をする。
言語能力の向上に焦点を当てる。	第二言語学習を促進するマインドセットの発達に焦点を当てる。

（Barber and Foord 2014 をもとに作成）

コーチングの重要な特徴は、コーチが学習者たちの言語運用だけでなく心理状況をも心に留める点にある（Barber and Foord 2014）。これが、促進的マインドセットを軸に展開する本章の鍵である。実際、コーチは、学習者に効果的な自己調整の習慣を確立させたり、個人的に意味のある現実的な目標を設定させたり、学習への積極的関与をうまく引き出せるようにマインドセットの最適化に努めたりすることで、学習者が言語能力を高めるスキルを身につけられるよう努めている。ここで、この中心的原理を、別の言い方で繰り返しておくことは有意義であろう。コーチとして考え、行動するということは、学習者が望む言語学習の成果の実現に向けて彼らとともに励むだけでなく、先の5つの原則で概観した促進的マインドセットを生み出す役割も負っているということである。つまり、学習者を、指導や対話を通じてサポートできる、心理的ニーズや意欲を有する一人の人間として捉えるということである。

従来の教師の役割に別れを告げようとするならば、ここが重要なポイントとなる。教師の多くはこれまで、知識をインプットし吸収させるための効果的な方法ばかりを考えてきた。たとえば、教師は、自分の務めがモチベーションの高い学習者を増やすことなのか、学習者に短期的な課題目標を達成させることだけに集中すべきなのか、悩むことが多い。一方、コーチは、モチベーションを高めるのが自分たちの主な務めだと知っている。実際、ほぼすべてのオリンピック選手のコーチングプランには、「イメージ・トレーニング」が当たり前のように含まれている。スポーツにたとえるならば、昔ながらのトレーナーはアスリートの技術を磨く指導に徹してきたが、コーチはアスリートが勝つためのマインドセットも育むことで、より広範囲な役割を果たしている。

要約すると、コーチのように考えるとは、学習者をディレクターの椅子に座らせることだ。大事なのは、考えることは学習者の仕事であり、コーチの仕事は学習者を促し、導くだけだということである。そのためには、オープンで、かつ思慮深い質問をし、学習者の応答に熱心に耳を傾け、彼らの考えを尊重し、その結果として、指導法を個々の学習者の価値観と目標に応じた最適なものに調整していくことが重要だ（Downey 2014などを参照）。コーチングは、関係する人々や、コーチと学習者の関係性に左右されるものであるため、良いコーチングに唯一無二の方法は存在しない。

具体的に言えば、コーチングとは以下のような1回もしくは一連の話し合い、あるいは狙いを定めた対話のことを意味する。その内容は次の通りである。
・学習者のモチベーションを大きく向上させる。
・ポイントを押さえた質問をして問題点を明らかにする。
・学習者の学びと取り組みを促進する。
・学習者が自分の行動と結果に責任をもつようにする。
・話し合いの内容と目的を選ばせる。
・問題に対する創造的な解決策を引き出す。
・学習者に明確な目標を立てさせ、目標達成のために教師と合意した行動指針にきちんと取り組ませる。
・人格とスキルの両方を発達させる。　　　　　　(Beere and Broughton 2013: 236/1738)

　現在、最もよく知られているコーチングのモデルは、間違いなく、GROWモデル（Whitmore 2017）であろう。これは、コーチの支援のもとで目標（goal）を設定し、自分の現状（reality）を省察し、目標や求める成果を得るための選択肢（options）を考え、目標に向かって前進し続けるために具体的にやってみよう（will）と考える事柄を計画する、という考え方だ（以下のリストに、これら4つの側面を簡単な質問にしてまとめたので、参照していただきたい）。つまり、GROWモデルとは、学習者が短期的・長期的な目標を設定し、自分の強みと弱みをメタ認知的に認識すると同時に、選択肢を評価する方法を知るために目の前のタスクの性質や自分が置かれている状況について理解を深めるコーチングのプロセスを意味する。学習者は学習方法を知り、可能なストラテジーと進むべき道を熟知している必要がある。また、途中で繰り返しその効果を評価し、必要に応じてやり方を調整する必要がある。もちろん、これらの要素は、一般的な自己調整学習の特徴を想起させるが、コーチングの比喩を用いることで、それらの特徴に一貫性と具体性が加わると私たち筆者は考える。

 ### GROWモデル：4つの質問による要約
1．目標（Goal）は何か。
2．現状（Reality）はどうか。
3．選択肢（Options）は何か。
4．何をする（Will）か。

リフレクション・タスク 6

これまでの議論に照らして考えると、あなたは、学習者と交流したり、指導をしたりするとき、どの程度コーチのような考え方をしているだろうか。さらに改良できそうな部分はあるだろうか（あなたがコーチなら、この質問に対する答えは常に「はい」なのだろうが……）。問いを投げて、学習者を誘導する機会は十分にあるだろうか。実践するに当たって、コーチングの考え方には限界があると思うか。

行動 2　学習の進歩を可視化する

　学習者のやる気を鼓舞して、学びにエンゲージするように動機づけるために、教師にできる最も実践的な取り組みの一つは、学習者の進歩を目に見えるようにすることだ。言語学習は、徐々に前進していくものであるため、教師にも学習者にも、その成果は把握しにくい。学習者の有能感を高めるには、学習者が自分の進歩を目で見て、自分の努力は報われていると認識できるようにする必要がある。これを実現する一つの方法は、測定可能な目標を設定し、学習者がその目標を達成したら、自分ですぐに確認できるようにすることだ。第二言語の教科書の中には、各ユニットの末尾に「Can-Do」リストを設けて進歩の可視化を行っているものもある。毎回の授業で同様のことがしたければ、授業の最後に学習者が簡単な質問に答える「イグジット・チケット」（exit tickets）を集めるという方法もある。

　長期的なものであれば、年間を通じて**自分の取り組みを記録するポートフォリオ**の作成も勧められる。いまある教科書の中には、学習者の進歩を記録したり、作品例を残したりするための言語ポートフォリオが付いているものもある。しかし、ポートフォリオは、本来、長期間にわたって学習者の作品を集めて、学習成果の証明書類やアーカイブ資料を作るためのものだ。紙媒体の場合もあれば、電子媒体で作成されるものもあるが、いずれにせよ、そのようなポートフォリオを学習者が意識的に見直し、成果を振り返れば、1 年を通して何ができるようになったのか認識することができる。つまり、自分の言語能力が、複雑さ、創造性、流暢さ、正確性において、どれくらい進歩したかを知ることができる。ポートフォリオは、単純に、学習者がどれだけ多くの課題に取り組んできたのかについても可視化してくれる。

教科書自体も、学習者が進歩を実感するための効果的な可視化の手だてを提供してくれる。新年度の初めに学習者に最後の単元を見せ、内容をどれくらい理解できるか、またすでに知っているものはあるかを確認してみると面白い。その際、クラス全員が最終的に、最後の単元までやりこなせるようになると伝え、学年末にそのことを思い出させれば、当時不可能だと思っていたことが、いまでは十分できるようになっているという事実を学習者に示す究極の証拠となる。

　よく用いられる形成的評価の手法に、**修正記録**（correction logs）がある。学習者が、繰り返し行う必要のある課題を分類し、記録していくものである。学習者は、課題を戻されるたびに記録を開き、訂正された間違いを、関連するカテゴリーに書き加える。これは、学習者が自分の問題点に注意を向け、フィードバックされた事柄を積極的に吸収するように導く方法として用いられる。修正記録は、その名が示す通り、言語運用上の間違いやうまくいかない事柄にフォーカスするものだ。しかし、学習者が自分の強みを認識し、それを伸ばしていくことを積極的に支援することも重要だ。このように、修正記録は、学習者が特にうまくできたことを記録する強みの記録として活用することもできる。間違いの修正と、うまくできたところの両方を書き込む「学習記録」（learning log）として利用すれば、学習者は自分の能力についてバランスのとれた見方ができるようにもなるし、ある特定のスキルがどのような能力で構成されているのかに気づくこともできるだろう。たとえば、文章に一貫性をもたせるためにつなぎ語を正しく用いるとか、口頭発表でディスコースマーカーを適切に使用するといったことに気づけるようになるということだ。

　最後に、よく用いられるもう一つの手法として、**イグジット・チケット**の使用について述べておこう（Lemov 2015などを参照）。これは、短い簡潔な質問がいくつか並べられたもので、学習者が授業の学習目標をどの程度達成したかを明らかにするためのものである。イグジット・チケットは、ある特定の質問を書いて作ってもいいし、一般に公開されている誰でも自由に利用できるフォーマットを活用してもいいだろう。学習者の名前は、目的や形式に応じて、匿名にしてもいいし、書かせてもいい。これは、テストではないし、また、そのようなものと受け取られないようにしたい。イグジット・チケットを利用するにあたって、すべての学習者が少なくとも1つはポジティブな回答を書けるようにするのが理想だ。

イグジット・チケットは、基本的に2つの目的で役に立つ。(1) 学習者に、いまできること、まだできないことについて現状を把握させることができる。(2) 教師に、もっと時間をかけて行う必要のある点や、学習者が楽しんでいる場面、そうでない場面について、貴重な情報を与えてくれる。もっとも、これらの機能が一度にすべて果たされなくてもよい。ヴィルデン（Wilden 2017）によれば、学習者の回答に直ちにフィードバックをする必要があるのならば、オンライン調査やチャット・グループなど、デジタル環境でイグジット・チケットを使うと特に効果がある。

イグジット・チケットの例
- 今日学んだこと：＿＿＿＿＿＿＿＿＿＿＿＿＿＿＿＿
- どれくらい自信をもってこれができると思っているか：
- まったく自信がない／あまり自信がない／まあまあ自信がある／
  とても自信がある／自信たっぷりである
- まだよくわからないこと：＿＿＿＿＿＿＿＿＿＿＿＿＿＿
- 特に楽しかったこと：＿＿＿＿＿＿＿＿＿＿＿＿＿＿

リフレクション・タスク7
どれくらい意識的に、自分の強みに注目するように学習者を促しているだろうか。あなたのクラスの学習者には、進歩の感覚がどれくらい可視化されているだろうか。どのようにすれば、短期的・長期的な学習の進歩を、もっと可視化することができるだろうか。

行動3 信念について明示的に話し合う

マインドセットに関しては（本章の別の節で示したように）多くのストラテジーがあるが、時には最も直接的な方法、つまり学習者の信念について明示的に話し合うのがこの上なく効果的な場合もある。「信念」について語るとき、問うべき最初の質問はもちろん、「何についての信念か」である。この点で、ショマー（Schommer 1990）の草分け的な研究が参考になるだろう。彼女は科学用語としての「ビリーフ」（信念）を、知識の性質と知識の獲得に関して抱く個人的な信念と結びつけて考えている。この理論的枠組みでは、明示的な信念と暗示的な信

第2章

念に分けて考えるのが便利だ（この議論については、Dörnyei and Ryan 2015な
どを参照）。明示的信念とは、私たちが自覚していて、理知的にきちんと言語化
できる信念のことを指す。信念は、明示的かつ批判的に議論すれば、有害な信念
を変化させ、建設的な信念を生み出すことができると、多くの文献が述べている。
（Williams et al. 2015の第4章などを参照）。もっとも、ここでの議論に関係があ
るのは、マインドセットの信念と同じ範疇にある暗示的な信念の方だ。

　マインドセットの信念は、暗示的な性質が強く、必ずしも自覚されるものでは
ないため、心に深く根づいたこの信念を変えるのは容易なことではない。しかし、
学習者が少しずつ「成長マインドセット」を身につけることは可能であり、教室
の全員が成長マインドセットを強化することはできる。成長マインドセットを育
むための主なアプローチの一つとして、マインドセットの信念を、暗示的な領域
から明示的な領域に移すという方法がある。そのための具体的な方法は、人間の
脳には使い方次第で絶えず自らを変化させる性質（＝脳の可塑性）があることを
教えるというものだ。このことが、能力や知性に関する固定マインドセットを変
える手だてになる。ドゥエックら（Blackwell Trzesniewski and Dweck 2007）は、
脳は筋肉のように、伸ばしたり、鍛錬したり、強化したりすることができるとい
うことを子どもたちに教えるプログラムを開発した。脳について理解し、成長マ
インドセットの正しさをその理由とともに理解すると、そのこと自体がやる気を
引き出す大きな原動力となり、学習者は以前より一生懸命に課題に取り組み、没
頭するようになる。脳は変えられるものであり、ある種の訓練や学習を通してよ
り強くなる可能性があることを理解すれば、学習者の信念は刷新されるはずだ。
関連資料として、「神経可塑性」（neuroplasticity）という脳の変化する性質の映
像やワークシートがオンラインで入手できるので、教師はそれらを利用するとよい。
クラクストン、チェインバース、パウエル、ルーカス（Claxton, Chambers, Powell and
Lucas 2011: 31）が説明するように、学習者には教室での作業や活動を「知能の
ジムのようなもの」だと考えてもらいたい。「各レッスンで、内容やアクティビティー
を利用して、楽しく負荷がかかる知的"トレーニング"を行う」からである。

> 学習者に脳のことを教えるのは有意義だ。(中略) といっても、単に脳についての授業を何回か行えばいいということではない。折に触れて教え、積み重ねていくことが必要だ。知能は変化するものだということを学習者に明示的に教え、定期的にそれを繰り返してほしい。そうすれば学習者は、やがて、知能は通知表に記録されるような不変の数値ではないことが理解できるだろう。知能とは、努力と粘り強さと意欲を基盤にして、絶えず変化するものであると理解するべきだ。なぜなら知能は使えば使うほど成長し、使わねば衰えるものだからだ。(Ricci 2017: 22)

教科書、引用句、映画、文学作品を用いて、成長マインドセットを体現しているロールモデルを見いだし、その特徴を考えながらマインドセットについての考えを議論するように学習者に促すのも有効な方法だ。成長マインドセットの例は、インターネット上や地域社会の中で探すことができるし、マインドセットについての信念を表す言葉を分析したり、学習者たちが時間の推移とともに自分たちのマインドセットの記録（mindset logs）をつけたりしてもよい（Ricci 2017; Williams, Puchta and Mercer［近刊］などを参照)。記録をつけるときは、自分のマインドセットを確認するために意見を加えたり、アンケートの質問に対して賛成・反対を選んだりして、自分の意見や反応が学習へのアプローチにどのような影響を与えているのか検討することもできる。ただし、この段階で注意しておかなくてはならないのは、学習者のマインドセットが固定的なものであったとしても、決して批判しないことが重要だということである。代わりに、そうした学習者には、自分の言語学習能力は変えられないという思い込みを疑わせ、問い直す証拠を探す手助けをするといいだろう。

 リフレクション・タスク 8

指導を巡る自分の信念について考えてほしい。以下に自問すべき問いをいくつか示す。学習者の意欲にどれくらい自分は影響を及ぼしていると思うか。どうしたら学習者は思いの丈を遠慮なく、適切に書けるようになるか。学習者が授業中に発言するよう促す方法として、最も効果的なのは何か。学習者の宿題に対する姿勢に最も強い影響を与えるのは何か。それらの信念が正しいと裏づける証拠はあるだろうか。あなたなら、どのように、それらの信念を問い直せるだろうか。

> 人のマインドセットは、小手先のテクニックで変えられるようなものではない。マインドセットが変化するということは、ものごとの見方が根本的に変化するということだ。成長マインドセットになると（中略）、評価する者と評価される者という関係から、学ぶ者と学びを助ける者という関係に変わってくる。そして、成長という共通の目標をめざすようになるが、成長するためには十分な時間と努力と支えあいがどうしても欠かせない。
>
> (Dweck 2006: 238)

行動 4　選択や意見を取り入れる

　学習者の行為の主体感（sense of agency）を高めるには、可能な限り、学習者に選択させ、意見を言えるようにすることが重要な鍵となる。これをどこまで実現できるかは、状況的な制約や授業の性質、あるいは我々教師がどの程度この考え方に理解を示せるかによる。選択肢を示し、学習者の主体的行動を引き出すための、ちょっとした方法はいくつもある。中でも一番簡単だと思われるのは、学習の「方法」に関するもの（the 'how' of their learning）である。たとえば、2つのタスクのうちどちらをやりたいか、どの相手とパートナーになりたいか、グループを作るなら何人くらいのグループにしたいかを決めさせるといったことが挙げられる。また、タスクにかかる時間を学習者に考えさせたり、アウトプットのやり方や形式を選ばせたりすることもできる。どのタスクを教室で行い、どれを家庭でやるかを選ばせてもいいだろう。どのような形式であれ、きちんとした対話や交渉を行えば、学習者は自分の学習条件を整える権限を――たとえそれがわずかなものであったとしても――自分がもっていると感じられるようになる。

> 原則として、学習者に学習のあらゆる面を自分でコントロールするように奨励し、また実際に自分でマネージさせる実践は、自律性を促進する手段と考えることができる。
>
> (Benson 2001: 109)

　学習者が「何を」学ぶのか（'what' students learn）ということについて学習者と話し合う機会が設けられることはまずない。カリキュラムで決められていることだからだ。しかし、時々、どのテキストが読みたいか、どのような映画が見たいかなど、学習者の意思を問う機会を設けてもいいだろう。また、学習内容を学習者の個人的興味と関連づけられるようにタスクを工夫することもできるし、いくつかの設定の中で**プロジェクトワーク**を組んで、学習者に活動を選ばせるこ

とも可能だ。プロジェクトには、学習者グループがみんなで特定の話題やタスクに集中できる活動が必要だが、大事なのは、プロジェクト自体を学習者に決定させ、彼らに主体的な役割を担ってもらうことに尽きる。結果として、それは授業で学習者が最もエンゲージできる活動形式となり、学習者にとって何年たっても忘れられない学校の思い出となることが多い（Dörnyei, Henry and Muir 2016の第9章などを参照）。

プロジェクトデザインの必須要素

ラマー、マージェンドラー、ボス（Larmer, Mergendoller and Boss 2015: 34）は「最も標準的な課題解決型学習」に導く条件を7つ挙げている。
1. チャレンジングな課題、問いかけ
2. 持続的な探究
3. 真実味があること
4. 学習者の意見と選択
5. 振り返り
6. 批評と改善
7. 成果の公表

　ここで、「ジーニアスアワー」（genius hour）（第6章も参照）という興味深いアプローチについて紹介しておきたい。これは、もともとグーグル社で導入されたアイデアで、従業員が勤務時間の20％を自分の好きなプロジェクトに費やすことができるというものだ。この取り組みは、社員に情熱や興味のあるものに取り組む自由を与えることが、ひいては全社的な生産性の向上につながるであろうという考えに基づいている。語学の授業の場合、学習者が十分に成熟していて、まとまりがある教室であれば、このような取り組みはうまくいくであろう（第4章を参照）。というのも、学習者が自分の好きな作業に使う時間は、事実上、授業時間から捻出しなければならず、無駄なく使わなくてはならないからだ（なお、ジーニアスアワーはもともと20％：80％に時間を分けるという発想だが、この比率は適宜変更してもいいだろう）。グループでも個人でも、学習者は自ら取り組みたい問いを選び、具体的な期限を設定して調査を行い、自分たちが選んで決めた形式で成果を仲間たちと共有するとよい。教師は授業中、時間をとって、必要に応じて学習者を手引きし作業が順調に進められるようにしておくが、プロジェ

クトの推進役であり、デザイナーであり、ディレクターである存在は、あくまで
も学習者たちである。

> 学習者に学校を卒業した後の人生を見据えさせたいと思うならば、自分の好きな
> ことのために使う20%の時間（20% Time）と探究的な学習が欠かせない。学習者は、
> 解答用紙の空欄を埋め尽くす必要などない。彼らには、自分自身や世界の人々にとっ
> て、価値ある何かを生み出す時間が与えられるべきだ。
>
> (Juliani 2015: 19)

リフレクション・タスク 9
あなたの環境では、何を（what）どのように（how）学ぶかについて学
習者自身に選ばせて意見を言わせる機会はあるだろうか。カリキュラム
の求めに応じながら、実施可能なプロジェクトを考えるとしたら、どの
ようなことができるだろうか。

行動 5 学び方を教える

　学習者にとって、エンゲージしようとする「意志」と「スキル」は不可分のも
のであることは先に述べた。学習者が、学び方についてきちんと理解していれば、
実際に学習に積極的に取り組む可能性は高くなる。学習方法の指導は、範囲の広
い分野だが、学習者が必要な「スキル」を身につけるためには、少なくとも3つ
の種類の知識が必要だ。(a) 学習者としての自己認識、(b) 与えられるタスク、(c)
学び方、に関する知識である (Flavell 1979)。

　学習者としての自己認識を深めるには、リフレクションと自己評価のスキルを
磨く必要がある。しかし、これは「言うは易く行うは難し」である。筆者の一人
であるサラは、大学で学ぶ学生たちが「振り返り」という概念やその言葉自体に
さえ抵抗感を示すことに気がついた。しかし、思考を促すための問いやさまざま
なフレームワークを用いた系統的なアプローチを適用し、「振り返り」という表
現をやめて「クリティカル・エバリュエーション」(critical evaluation)（この「ク
リティカル」という言葉にネガティブな意味はない）という言葉を用いたところ、
学生たちはすんなりと受け入れるようになり、効果が上がった。研究者の中には、
「リフレクションを意識した対話」を、学習者と教師、あるいは学習アドバイザー

との間で行うことを勧める者もいる（Kato and Mynard 2016: 6）。その際、よく推奨される方法として、学習記録や学習日記をつけることが挙げられる。思考を掘り下げるための質問（probing questions）やフレームワークによって学習者の執筆をサポートすることもできるし、記録をもとに教師や仲間と話し合うこともできる。もちろん、それは本人が開示してもよいと思える範囲に限った話であるが。

自分のパフォーマンスの評価を教師だけに頼る学習者には危うさがある。また、教師が、学習者を彼ら自身の学習経験の評価者として信頼できないとしたら、彼らは自分の活動を振り返る習慣も技術も身につけることができないだろう。したがって、自分で自分を伸ばしていけるようにはならない。我々が目標とすべきところは、教師に頼らずとも、自ら振り返り、自己評価できる自信と能力をもった学習者を育てることであるべきだ。学習者が自信をもって自分の経験から学ぶことができるようになれば、教師のもとを巣立った後も、彼らは学び続けるだろう。そうなって初めて、学習者は「リフレクティブな実践家」となるのである。（Petty 2014: 315）

2つ目のタイプの知識は、**学習タスク**に関するものだ。その趣旨は、学習者が「なぜ」を理解できるようにすること、つまり、ある特定の活動に参加する目的を学習者が理解できるように導くことである。学習者の中には、授業に出席することが、軍隊にいるように感じてしまう者もいる。理由や根拠も知らされず、ただやみくもに指示に従わされる場合が多いからだ。しかし、課題を達成するのに必要なステップの概要とともに、明確な指針とわかりやすい学習目標が示されれば、彼らの学びとエンゲージメントは著しく促進されるだろう。

3つ目のタイプは、**学び方**についての知識である。これは、教室の中で用いられる**言語学習ストラテジー**を通じて教えられるのが一般的だ。ストラテジーとは、学習する際に、より早く、より効率的に学習するために学習者が意識的に取り入れる行動のことである。かつて、私たち筆者は、たとえば試験準備を始める前などに、学習者間の「共有セッション」を設けたことがある。すると、学習者たちは、いつも目を見張るような創造力を働かせて、学習プロセスを自分に見合った、実行可能なものに作り変える工夫をした。学習ストラテジーを「指導する」には、次のような経験的なアプローチをとるのが一般的だ（Gregersen and MacIntyre 2014; Griffiths 2013; Mercer 2005; Oxford 2017などを参照）。はじめに、教師が学習者にさまざまなストラテジーを提示する。あるいは、アンケートや先に述べ

た共有セッションのようなものを通じて示すやり方もある。ここで強調しておかねばならないのは、ストラテジー自体に良しあしはなく、一人ひとりがニーズ、目標、スタイルに合わせて、適切なストラテジーを見つける必要があるということである。次に、学習者は、一定期間新しいストラテジーを試し、記録をつけ、そのストラテジーを用いてどう思ったか、またどのような効果があったかを評価する。そうすれば、学習者は、そのストラテジーを採用するか、今後の課題に向けて修正を加えるか、異なるストラテジーを試してみるかを決めることができるようになるだろう。

> もし学習者が、自分にはその言語を身につけられると強く思うことができ、積極的に学ぶ意欲と意志をもっているのであれば、次に彼らに必要なのは、その言語を身につけるためにどのような行動をとるべきかを知ることである。
>
> (Williams et al. 2015: 121)

まとめ

　本章ではまず、教室の内外にあるさまざまな第二言語学習の機会に学習者を積極的に参加させるには、学習者が最適な促進的マインドセットを備えておく必要があるというところから議論を始めた。次に、そうした心理状態を作り出す主要な要素に光を当て、5つの原則として提示した。(1) 有能感、(2) 成長マインドセット、(3) 当事者意識と学習のプロセスに対する自己統制感覚、(4) 積極的に取り組む意欲と自信、(5) グリットである。その後、これらの原則を具現化するための教師の行動を5つ取り上げた。

- コーチのように考え、行動する。学習者を、責任をもって学習目標の達成を目指すパートナーとして扱う。
- 学習の進歩を可視化する。学習者に進歩を実感させ、満足感と有能感を得られるようにする。
- 信念について明示的に話し合う。学習について、後ろ向きの考え方をやめさせ、健全な考え方を育む。
- 学習プロセスに学習者の選択や意見を組み込み、学びへの自律性と積極性を促進する。

- 学習者に学び方を教える。自分の学び方の特徴、学習課題の性質、効果的な学習ストラテジーへの意識を高める。

本章のポイント

学習者が自分の学習に対して有能感を抱き、自分の学習活動と成長に対して当事者意識とコントロール感覚を抱いているときには、言語学習にエンゲージする可能性が高くなる。

さらに理解を深めるために

Beere, J. and Broughton, T. (2013). *The Perfect Teacher Coach*. Carmarthen: Independent Thinking Press.（コーチングを教育に実践的に取り入れる方法の紹介と概論）

Dweck, C. S. (2006). Mindset: *The New Psychology of Success*. New York, NY: Ballantine Books.（ドゥエックのマインドセット理論を世に知らしめた書。学習のための成長マインドセットの重要性を深く理解できる、すべての教育者にとっての必読書）

McCombs, B. L. and Miller, L. (2007). *Learner-Centered Classroom Practices and Assessments: Maximizing Student Motivation, Learning, and Achievement*. Thousand Oaks, CA: Corwin Press.（本書は、学習者の成長と発達をサポートする一連の基本原理を提示し、エンゲージメントの基礎を築いてくれる）

Williams, M., Mercer, S. and Ryan, S. (2015). *Exploring Psychology in Language Learning and Teaching*. Oxford: Oxford University Press.（信念、主体性、ストラテジー、自己統制など、本章で触れた言語学習の背景にある多くの要素について説明している）

第3章

教師と学習者の
ラ　ポ　ー　ル
信頼関係

Contents

03.

教師と学習者の信頼関係<ruby>信頼関係<rt>ラ ポ ー ル</rt></ruby>

リフレクション・タスク1

あなたが学校に通っていた頃や教員研修を受けたときのことを思い出してほしい。自分が「活発になれた」授業を担当してくれたお気に入りの先生のことを覚えているだろうか。物語やドラマで刺激を受けた教師でもいい。彼らのような教師と学習者との関係をあなたならどのように説明するだろうか。彼らは教室で学習や学習へのエンゲージメントをどのように促進しているだろうか。

どのような学習者にとっても、学校生活におけるキーパーソンは教師である。読者諸氏も、私たち筆者と同様に、小道具や派手なテクニックに頼らずとも、自分たちを学習に引きつけてくれた教師たちのことを思い出すことができるだろう。逆に、活動のデザインや教材の用い方に関しては完璧であっても、人として惹かれず、教えてくれる教科にエンゲージすることもできなかった教師がいたのではないだろうか。実際、教師との関係性は、さまざまな場面で学習者の積極的行動のレベルを左右する重要な要素である。もし学習者が教師から大事にされ、支持してもらっていると感じれば、彼らはより深く教師と関わろうとするようになり、その結果、学習にもより積極的に取り組もうとする。本章では、この重要なエンゲージメントと、その土台となる教師と学習者の関係性に焦点を当てる。そして、この2つの事柄の関係がどのような性質のものかを探り、教師と学習者の良質な信頼関係<ruby>信頼関係<rt>ラ ポ ー ル</rt></ruby>を支える主な原則と行動について考察する。

> 学習者にとって、親しく思いやりのある教師との関係や質の高い仲間との関係が、勉学に関する自己認知、学校への積極的関与、意欲、学習、成績に非常に重要であることを、多くの研究が示している。　　　　　　　(Furrer, Skinner and Pitzer 2014: 102)

理論的根拠

　教育とは、人と人との関係性を基に紡がれるものだ。人が学校をはじめとする教育機関へ通うのは、他の人々と一緒にいるためであり、他の人々と一緒に学ぶためである。言語学習は、話す相手が必要であるという点で、おそらく他のどの教科にもまして、人との交流を必要とする科目だと言えるだろう。学習者の学びや教師の指導は、教育環境における周囲の人々——クラスメート、仲間、教師——との関係次第で、実りあるものにも不毛なものにもなる。どのような教育機関であれ、教師と学習者の両者にとって最も重要な関係は、教師と学習者の関係である。

 リフレクション・タスク 2

> 友人、同僚、パートナーなど、自分にとって大切な関係について考えてみよう。あなたが、そのような人間関係に求める特徴は、どのようなものだろうか。

　人が人間関係に望むものは、だいたい似ている。ロッフィ（Roffey 2011: 100）は良好な人間関係に欠かせない要素を以下のような一覧にしている。

- 互いの尊重
- 信頼と正直さ
- 互恵性——持ちつ持たれつの関係（give and take）
- 全人的な受容[11]
- オープンなコミュニケーション
- 平等性
- 温かさ
- 信頼性——良いときも悪いときもそばにいること
- 居心地の良さ、一緒にいることの楽しさ

---

[11]　全人的な受容：人間を身体・心・感情・精神の有機的統合体（＝「全人」：a whole person）として捉え、人間の潜在能力と自己成長能力を重視し、個を肯定的に受け入れること。

私たち教師は、つい教えるための事柄に気をとられてしまうことが多い。どの教材を用いるべきか、どの言語形式にフォーカスすべきかといったことや、テスト形式、教室管理などのことでいつも頭がいっぱいになりがちだ。それらのことは、職業上、もちろん避けては通れない大切なことではあるが、学習者との良質な信頼関係を心掛けながら、教案を練り、指導に臨むことも、同様に重要である。

> 教師次第で、子どもは学校が好きにも嫌いにもなる。すべては、子どもたちとの関係性によって決まる。
> (Bahman and Maffini 2008: 13)

　教師と学習者の良好な関係は、教育的配慮（Wentzel 1997）、信頼〔トラスト〕（Bryk and Schneider 2002; Tschannen-Moran 2014）、教師の関与〔インボルブメント〕（Skinner and Belmont 1993）、尊重〔リスペクト〕（Tomlinson 2011）、共感〔エンパシー〕（Cooper 2011; Gkonou and Mercer 2017）といった特徴によって定義される。また、学習者が私たち教師との関係に求めるものをよりよく理解するためには、**自己決定理論**（self-determination theory）と**愛着理論**（attachment theory）の２つの理論的枠組みが参考になると考えられる。

- **自己決定理論**（Ryan and Deci 2000）は、エンゲージメントの理解のためによく用いられる観点であり（Reeve 2012）、本書では特に社会的エンゲージメント（social engagement）[*12]について見ていく際にこの理論を用いている。自己決定理論によれば、人間の豊かさや幸福感は、**関係性**（relatedness）の欲求、**有能性**（competence）の欲求、**自律性**（autonomy）の欲求という３つの基本的欲求が満たされたと感じるときに生じる（Patrick, Knee, Canevello and Lonsbary 2007）。

—— **関係性**の欲求とは、「帰属欲求」（Baumeister and Leary 1995）にあたるもので、人がなぜ支持的で強い人間関係を求めたがるのかを説明する原理である。次の第4章では教室への帰属意識に影響を与えるプラスの集団力学〔グループ・ダイナミックス〕と学習者同士の関係の重要性について見ていくが、ここでは学習者と教師の関係性が学習者の帰属意識に大きな影響を与える重要な要素であることを指摘しておく。

[*12]　社会的エンゲージメント（social engagement）：他者との関わりを積極的に求める態度や行動。

―― **有能性**の欲求とは、自分には課題をうまくこなし、最後までやり遂げる能
力があると思いたいという欲求のことである。ここでは教師によるインプッ
トと、それによって生まれる学習の足場かけが、重要な要素となる。

―― **自律性**の欲求とは、学習者が自分の行動をコントロールし、方向づけたい
と思う感覚のことをいう。とはいえ、これは、誰の助けも借りない独立独
歩の精神を意味するのではなく、関係性の欲求と対立する心理でもない。
むしろ、学習者が日々の学習を積極的にコントロールしていると感じてい
れば、自律性は、人との関わりを大いに伴うものとなる（Murray 2014）。
もちろん、自分の意志で学びをコントロールしている感覚を学習者がもて
るか否かは、教師の姿勢に大きく左右される（これについては後で触れる）。

• **愛着理論**（Bowlby 1969）は、自分の世話をしてくれる重要な人物（通常は母親）
に対する子どもの愛着の特徴と機能を説明する理論である。世話をする者（こ
の場合、教師）が学習者に対して、思いやりをもって丁寧に接していると、安
定感や安心感のある関係が生まれる。その結果、学習者は物事を深く探究する
ようになり、困難に立ち向かうことをいとわず、創造性を発揮し、ひいては自
尊心と他者への信頼感を高めていく。学習者の側は、教師との信頼関係を強め、
必要なときに支援を受けられるという認識をもつ必要がある。その一方で、自
律的に行動するための自信も必要だ。愛着理論は主として教師と低年齢層の学
習者の関係性を理解するのに用いられるが（Wentzel 2009）、その本質は、大
人同士の関係性をはじめ、どのような関係にも当てはまる（Hazan and Shaver
1994）。

学習者が教師との関わりを深めるための原則

　学習者が教師との関係を深めるには、序章で述べた4つのエンゲージメント（社
会的、感情的、認知的、行動的）のすべての面で、教師とつながる必要がある。
まず、社会的・感情的な面を促進する原則について考えることから始めたい。続
いて、認知的・行動的な面をサポートする教師の行動について見ていく。

原則 1 近づきやすさ

　学習者が教師との関係を深めるには、教師がいつでも彼らを歓迎しているという感覚を与えなくてはならない。つまり、教師は、いつでも**近づきやすい存在**である必要がある。これを伝えるには、2つの段階がある。まず、教師が実際にそこに存在し、話しかけられる状態であることが何より大切だ。「オフィスアワー」のような機会を設けている教育機関も多く、学習者（と保護者）はその時間に教師のところへ行って質問や相談ができるのだが、たとえば、ある時間帯に定期的に学食で会うといったような、形式張らない機会の方がずっと喜ばれるかもしれない。最近では、ソーシャルメディア（WhatsApp、Facebookなど）やオンライン・プラットホーム（Moodle、Blackboardなど）を使って、学習者との距離を縮めようとしている教師もいる。デジタル時代にあって、近づきやすさを担保する現実的で有意義な方法だ。ただし、公私の別を明確にし、プライベートの時間を確保するためには、午後5時以降や週末は誰もソーシャルメディアで連絡を取らないようにするといった具合に、「行動規範」を設けておいた方がいいだろう。

　近づきやすさを伝える2つ目の段階は、教師としての一般的な**気質**に関することである。近づきやすさを伝えるには、直接的にも間接的にも、さまざまな手段があるが、中でも効果的なのが**自己開示**（self-disclosure）だ。言語教師は、コミュニケーション活動の一環として、学習者に彼らの好き嫌いや、希望や不安など、パーソナルな情報の共有を絶えず求めている。信頼関係を築くにあたっては、教師の方からも、自己開示をある程度することが重要である。研究結果によると、より多く自己開示する大学の教師は、学生たちからよりポジティブな評価を受け（Lannutti and Strauman 2006）、それが学生のモチベーションや興味関心の高さにもつながってくるという（Cayanus, Martin, and Goodboy 2009）。しかし、ここで一言注意しておきたいのは、何事もほどほどに、ということだ。個人情報の過剰な開示は、職業上、また現実的な意味でも、決して適切な行為とは言えない。したがって、くれぐれも注意が必要だ。

> 適切なレベルで自己開示ができると、開放的で、誠実な印象を与え、身構えていない姿勢が伝わる。さらに、相手を信頼する準備ができていることも伝わる。これは、親しくなるのに欠かせない大切な要素である。　　　　　　　（Fontana 1988: 294-295）

ユーモアも、教師の人間性を伝えながら、相手の情意フィルター（affective filter）を下げ、ポジティブな感情を生み出す方法として有効だ。言うまでもないことだが、ユーモアを用いる際にも注意が必要である。ワンザー、フライミア、アーウィン（Wanzer, Frymier and Irwin 2010）によれば、学習者は教師のユーモアのある説明やコメントを望んではいるが、それは学習内容から逸脱しておらず、ユーモアの形式が適切な場合に限られる。そのような条件が満たされて初めて、学習者はより深い認知プロセス、より良好な教師との関係、より効果的な学びに導かれる。

> ［コミュニケーションの専門家であるメリッサ・ワンザーによると］学習者は、必ずしも教師にジェリー・サインフェルド［アメリカのコメディアン］のようであってほしいと望んでいるわけではない。彼らが求めているのは、授業内容と関連があり、教室のムードを明るくし、教わった内容が容易に記憶に残るような適切なユーモアだ。
>
> (Stambor 2006)

原則 2 共感的な態度で応じる

学習者には、自分が理解され、感謝されているという実感が必要だ。あらゆる人間関係において、共感は重要な要素である。共感とは、他者の感情や思考の「内側に」入り込んで、理解を試み、他者にその理解を伝えようとすることと定義されている（Howe 2013: 9）。言い換えれば、他者の立場に立ち、他者の視点から世界を見ることができるという意味である。つまり、共感とは、他者に同意することではなく、他者を理解しようとすることにほかならない。そのために、他者の振る舞いだけでなく、言語や非言語コミュニケーションにも着目して、推察や解釈を行う。共感のスキルは、ボディーランゲージやジェスチャーを読み取る意識的な努力によって伸ばすことができる。あるいは、別の方法として、学習者の年齢層のことが書かれた文学作品（たとえば、学校であればヤングアダルト文学、移民の子どもたちに教えているのであれば移民文学など）を読んだり、判断を保留して傾聴したり（後述の「行動3」を参照）コミュニケーション・スキルの向上に励んだりするといったことも有効だ。また、そうしたスキルを意識的に伸ばして、学習者がいっそう共感的に物事に取り組むようにするために、教師が学習者と共感的にコミュニケーションをとって有意義なロールモデルを示すこともできる

（第３章も参照）。

> 学習における共感や感情の性質を誤解してはいけない。これは、感傷的で漠然と
> したアプローチではなく、人間同士がつながり、互いから学び合うのに必要なあら
> ゆる面の土台をなすものだ。　　　　　　　　　　　　　　　　　　（Cooper 2011: 3）

原則 3　学習者の個性を尊重する

　私たちが学習者間の違いに敏感であるかどうかは、まさに私たちがもつ共感の
スキルに関わっている。学習者は例外なく、教師に自分がどのような人間なのか
を理解してほしいと思っているし、個人として大事にしてくれていると思いたがっ
ている。そのため、学習者中心（learner-centeredness）の教育は、教室内での
様子や学びの状況について学習者の一人ひとりに注意を向ける重要な指導法となっ
ている（Brandes and Ginnis 1986; Nunan 1988などを参照）。学習者中心の教育
の定義としては、マッコームズとウィスラー（McCombs and Whisler 1997: 9）
のものがよくまとまっている。

> 「学習者中心」とは、個々の学習者の性質——彼らの持って生まれた特質、経験、
> ものの見方、生い立ち、才能、興味、能力、ニーズ——に着目するだけでなく、学
> びが発生するプロセスや、あらゆる学習者の意欲・学習・成果を最大限に引き出
> す教育実践の知識と融合した視点のことである。（傍点強調は筆者）

　この定義に関して、強調すべき点が２つある。個々の学習者の固有の特徴に注
目すること、そして、すべての学習者に学びを保証することである。前者は、個々
の児童・生徒・学生を、教室の外の世界にも生活の場がある一人の人間として、
あるいはすでに一定の知識と経験を備えた一人の学習者として理解することの大
切さを意味する。学習者が何をすでに知っているか、それを教師がどのようなこ
とに結びつけ、どのようなことを積み上げられるか、あるいは学習者が興味や意
味を感じ、重要だと思うことがどのようなことなのかを理解していなければ、効
果的な授業プランを立てることはできない。

> 学習者の現在のアイデンティティーに関することを理解するのは、(中略) 単に学習者の特性に合わせた言語タスクを作るためのニーズ分析を行う以上に意味があることだ。肝心なのは、教室にいる学習者たちがどのような人物なのか、また、彼らが教室に持ち込む独自の経験や夢や不安がどのようなものなのかを理解しようと、意識的に努力することである。　　　　　　　　　　　　　　(Dörnyei and Kubanyiova 2014: 39)

　学習者の理解に関して、彼ら一人ひとりと意思疎通を図り、信頼関係を深めるのには、さまざまな段階がある。一番の基本は、**学習者の名前を覚える**ことである。ボンウェルとアイソン (Bonwell and Eison 1991: 22) は、「教室内の雰囲気をより良いものとするために、教師にできる最も重要なことは、ただ一つ、学習者の名前を覚えることだ」と主張している。学習者が教師と異なる言語的背景をもつ場合には特に、彼らの名前を正しく言えるようにしておくことは、教師に求められる大切な努力となる。このような教師の小さな努力は、学習者にとって大きな意味をもつ。学習者が帰属意識を感じ、大事にされていると思えるからだ。言語教育者である私たちは、コミュニカティブなタスクを通じて学習者の日常や個性を知ることができ、その意味で学習者と個々に関係を構築することができる理想的な立場にある。また、教室外で第二言語を用いた経験やエピソードを学習者たちが共有する機会を設けることもできる。ルヴィエ=デイヴィス (Ruvie-Davies 2015: 174) が説明するように、「時間をかけて学習者を知り、受け入れ、能力を正しく評価することは、彼ら一人ひとりとの絆を深めるのに大いに役立つ」のだ。人によって関係構築が容易であったり、そうでなかったりすることもあるが、どの学習者も私たち教師に認識可能な長所と個性がある。

 ### 学習者と信頼関係（ラポール）を築くために

ドルニェイ (Dörnyei 2001) は、個々の学習者への関心を短時間で伝える方法を一覧にしている。以下はその一部である。

- あいさつを交わし、名前を覚える。
- 一人ひとりの学習者の個性を把握し、折に触れてそれを伝える。
- 趣味や学校外での生活について尋ねる。
- 誕生日を覚える。
- 授業内容を話し合うときに、個人的な話題や事例を含める。
- 欠席した学習者にメモや課題を伝達する。

マッコームズとウィスラー（McCombs and Whisler 1997）がまとめた学習者中心の定義の2つ目の部分では、すべての学習者を支援する必要性が強調されている。これは、個々の学習者が求めることとグループ全体のニーズのバランスを考慮することが重要であるという意味である（Williamsほか2015）。その実践として現在よく知られたアプローチに、**個別化教育**（第6章も参照）がある。原理的に言えば、個別化教育とは、すべての学習者がそれぞれに見合った異なる方法で、同じ目標を達成できるように授業をデザインすることである。個別化を図る方法としては、たとえば、タスクそのものや、学びのプロセス、学習者に求めるアウトプットの形式、あるいは作業形態（個別、ペア、グループ）などを変えてみるといったことが挙げられる（Petty 2014参照）。個別化を試みるのは、学び方の好みや興味、能力、発達段階に差があるためだ。ただし、能力面における配慮から指導の個別化を図る際には、注意が必要である。ともすれば、教師から見て能力が低いと思われる学習者に、あまりにも負荷の低い課題を与えてしまったり、大きな期待を抱かないようになってしまったりすることがある。そうなると、学習者のパフォーマンス・レベルが低くなっても許してしまい、彼らに学習の進歩や将来の展望に関する有意義なフィードバックをあまりしなくなる可能性がある（Rubie-Davies 2015）。個別化教育の目指すところは、そうではなく、すべての学習者が挑戦し、積極的に関与できる方法で、学びをデザインすることにある。

> 高い期待とは、すべての学習者に同じ期待を抱くことではない。高い期待という言い方は、学習者にとって相対的なものでしかない。真の意味での期待とは、すべての学習者がいままで以上の進歩を遂げられると信じることにほかならない。正確に言えば、期待に根ざした教室空間では、すべての学習者の学習曲線が、確実に上がっていくと信じることである。　　　　（Rubie-Davies 2015: 218. 傍点強調は筆者）

原則4　すべての学習者を信じる

すべての学習者に大きな期待をかけるときに大事なのは、磨けば光る潜在能力をすべての学習者がもっていると強く信じることである。つまり、教師は学習者の言語学習能力に関して成長マインドセットをもっている必要がある。言語教育では、「生まれつき言語の才能に恵まれた者」がいるという神話に抵抗しなければならない（Mercer 2012）。学習者の中には、人と比べて言語学習が容易であ

86

るように思われる者もいるかもしれないが、少なくとも、すべての学習者に進歩する能力がある。学習者も成長マインドセットを信じる必要があるが、それを促すためには、成長マインドセットを明示的に論じるだけでなく、行動を通じてマインドセットの重要性を示すシグナルを学習者に送ることも重要だ。たとえば、学習者がミスを犯すのを恐れないように促し、間違いは決して学習のプロセスにおける脅威ではないことを理解できるようにする必要がある（「行動2」を参照）。ガーション（Gershon 2016）は、授業中一度も間違わなければ、それは学んでいないか、あるいはまだ全力を出していないのだ、と学習者に説明し、「間違いノルマ」(mistake-quota)を割り当てる提案までしている。学習者が挫折してしまった場合は、目標を達成できると思えるように教師が支援する必要があるが、同時に、学習者が費やした時間や努力、用いた学習方略など、彼らがコントロールできる範囲内のことについて振り返らせる必要もあるだろう。重要なのは、才能は生まれながらに備わっているものではなく、練習によって培われるものだという見方を学習者がもつことである。(Subotnik, Olszewski-Kubilius and Worrell 2012)。

　ケアの仕方によっても、学習者の潜在能力を信じているというメッセージを送ることができる。教育現場でのケアには、情緒面での支援や学習者との関係構築への配慮はもちろんのこと、学習者の学びについて教師が示す行動や発言も含まれる（Davis, Summers, Miller 2012）。学習者は、教師が自分の学びや進歩を大切に思ってくれている、「気にかけて」くれているということを感じ取る必要がある。教材や授業準備、授業の構成に教師がどれだけ取り組むかは、学習者の学びに対してどれだけ真剣に責任を果たしているかを伝える重要な指標になる。実際に、ルーカスとクラクストン（Lucas and Claxton 2010: 163）は、まさに次のように強調している。「学習者は、教育機関の信念について述べたどのような公の言葉よりも、教師をはじめとする周囲の大人たちがどう行動するか、また学校が実際に学習者をどう扱うかといったことから、教育機関の価値を推測するものだ」。

研究によって非常に明らかになっていることがある。教師がケアリングな人（自分たちのことをよく考えてくれる存在）だと学習者が考えている場合、彼らは学習内容にますますエンゲージするようになり、わからないことがあれば調査等の知的冒険をし、たとえ失敗したとしても粘り強く学び続ける傾向があるのだ。

(Davis et al. 2012: 80)

原則 5　学習者の自律性を支援する

　先に述べたように、学習者がもつ基本的欲求の一つに、自律性の欲求がある。教育的な行為は、統制的な指導から自律支援的な指導へと途切れなく進んでいく行為だと捉えることができる（Deci, Schwarz, Scheinman and Ryan 1981）。実際には、教師は目的に応じて統制を強めたり自律支援に力を置いたりと二極間を行き来することが多い。たとえば、ドルニェイとマーフィー（Dörnyei and Murphey 2003）は、学習者グループの発達段階の違いによって、統制の度合いを変え、教師が決定・指示するスタイルから民主的なスタイルへと移行していくことが有効だと説いている。研究によると、教師との関係性を深めるという観点から見た場合、学習者の自律性を支援する指導が、最も効果的であることが明らかとなっている（Reeve 2006）。自律支援的な教師の多くは、自分たちはファシリテーターであると認識しており、学習のプロセスを通じて成果を挙げるのは学習者自身だと考えている。したがって、学習者の好奇心や内発的動機づけを支援することはあっても、決して抑制したりはしない。そのような教師は、学習者の多様性を認め、学習者が自分の学びをある程度自分で決められるように指導を組み立てていくものだ。鍵となる行動は、学習者に選択させてよい場面で選択できることを用意する、民主的なパートナーとして学習者と共に意思決定を行う、そして彼らに真に責任ある立場を与えることである。

　自律支援的なスタイルは、学習者の自律的動機づけと教室エンゲージメントを促進する人間関係の模範である。

(Reeve 2006: 234)

原則6　教師の情熱を示す

　最後のこの原則は、教師と学習者双方の幸福感（well-being）の中心をなすものである。重要なことは、学習者が教師との関わりを深め、彼らを教師が設ける学習機会に没入させたければ、教師自身が自分の仕事に夢中になって取り組み、楽しむ必要がある。実のところ、これまでの研究から、教師と学習者の心理状態は、表裏一体であることがわかっている（Dresel and Hall 2013; Frenzel and Stephens 2013などを参照）。基本的に、教師の生理学的状態と感情は、学習者に「伝染する」。簡単に言えば、教師が自分の授業やその他の仕事に没頭し、情熱を傾けていれば、学習者もそうなる可能性が高くなるのだ（Mifsud 2011; Skinner and Belmont 1993）。実際、言語学習におけるモチベーションに関して言えば、ドルニェイとウシオダ（Dörnyei and Ushioda 2011）が強調するように、学習者のモチベーションに影響を与える最も重要な要因の一つは、教師の情熱と学習者への関わりの深さにある。先に教師と学習者の心理状態は表裏一体であると述べたが、ドルニェイとウシオダも同じ結論に至っている。「教師が教えることに意欲的であれば、学習者も学ぶことに意欲的になるだろう」（p. 158）。

> もし、教室の前に立つ教師に、人並みのやる気すらなく、授業への熱意が感じられなければ、眠たげで注意散漫な学習者たちが、教師の計画した活動に熱心に取り組むことなどあり得ない。
> （Cavanagh 2016: 64）

　しかし、教師も人間だ。気分が乗らないときももちろんある。したがって、課題は、教えることへの情熱を長期的に維持し、何があっても常に立ち直ることだ。ベントレー＝デイヴィス（Bentley-Davies 2010: 243）が示唆する通り、「教育はマラソンであり、短距離走ではない」。だからこそ、教師も自分の総合的な幸福度というものに目を向ける必要がある。働きすぎたり、ひどく疲れたりしていれば、余力がなくなり、エネルギーが枯渇して指導に力を注げず、授業でやるべきことができなくなる。極めて単純なことだが、教師はリフレッシュしてやる気がみなぎっている方がいいに決まっている。教師が幸福を求めることは「甘えでもわがままでもない。それは回復力と素晴らしい授業実践のための重要な鍵にほかならない」（Roffey 2011: 133）。

リフレクション・タスク 3

この章で挙げた6つの原則は、学習者エンゲージメントを促進するために教師と学習者が信頼関係を築くことがいかに重要であるかを強調するものである。あなたは、どの程度、これらの原則を意識して指導にあたっているだろうか。あなたには、6つの原則のどれが容易で、どれが難しいと思われるだろうか。また、学習者と信頼関係を築く理由や方法について、他に付け加えたいと思うことはあるだろうか。

教師の行動

　上述の原則は、学習者が私たち教師との関わりを深めるために必要な基本的要件である。これを実現するための実践的な方法について、これまでいくつか触れてきたわけだが、それらは主に教師と学習者の関係性における社会的・感情的側面に関するものが中心であった。そこで今度は、認知的・行動的側面に力点を置き、学習者とのインタラクションを巡る具体的なストラテジーに目を向けていきたい。ここで注目したいのは、私たちがどのように学習者とのインタラクションを図るのかということである。というのも、教師が用いる言葉には、あらゆる関係構築に影響を与える力があり、語学の授業では特に中心的な位置を占める重要な働きがあるからだ。ナイト（Knight 2016: 3）が説明するように、「学校を改善するために最も重要で効果的な方法は、学習者とのインタラクションの方法を改善することだ」。

行動 1　話し方に気を配る

> 教師の言葉がもつ力を、どれだけ強調してもしすぎることはない。教師が学習者に対して日々用いる言葉は、学習者の自己の捉え方、あるいは教師、クラスメート、学習経験の捉え方に影響を与える。
> 　　　　　　　　　　　　　　　　　　　　　　　　　　　　　（Denton 2007: 31）

　教室での学習者への話し方、特に言語学習についての話し方には、学習者の自己認識や言語学習を巡る信念だけでなく、教師との関係性にも影響を与える力がある。そこで、学習者とのやり取りについて、検討すべきことが2つある。1つは教師の話し方が学習者の発話意欲にどう影響するのか、もう1つは教師が何を、

どのように話すのかについてである。まず、教師と学習者との対話、ならびに学習者の発話意欲について考えていこう。先に示唆した通り、教師が学習者に近づきやすさを保証すれば、互いのコミュニケーションを充実したものにできる。基本的に、教師は学習者にコミュニケーションの機会を与えなければならない。つまり、学習者に教師やクラスメートと話す場を与え、真摯に耳を傾ける意志を示す必要があるということだ。特に言語教育では、学習者が目標言語を活発に用いる機会を設ける必要がある。これは、同時に、学習者が話す時間に比べて、教師がどれだけ長く話しているかを批判的に振り返る必要があるということでもある。ペティ（Petty 2014: 154）は、一般教養の授業で教師が話す割合は平均して60％に上ると報告し、これを長すぎると考え、こう述べている。「良い教師はいつ口を閉ざすべきか知っているものだ！」。

リフレクション・タスク 4

あなたの授業で普段、話す割合が一番多いのは誰だろうか。何人の学習者が、どれくらいの時間、目標言語を活発に使っているか。目標言語を使う機会が多いのは誰か。あなたか、それとも学習者だろうか。

　学習者のために、個人的に意味のある話題について生き生きと思いを語る機会を十分に設ける必要があることは、説明するまでもないだろう。それゆえ、スピーキングタスクでは、学習者に、興味や自分に関連のある話題について考えを述べる機会を与えるようにするのがよい。次章でも論じるように、学習者が何でもオープンに発言できるムードを生むためには、ポジティブな集団力学が必要である。そうすれば、結果として、学習者は、何を話してもからかわれたり非難されたりすることはないと信じることができ、発言を恐れなくなる。もし、学習者に私たち教師との関わりを深めてほしいと望むのであれば、私たちと関わることを可能な限り心地良く、気楽なものにしなければならない。

　子どもたちが教室を後にするとき、短い会話の機会を逃してはならない。これが、あなたの訓練の出発点だと覚えておいてほしい。特に、一人ひとりと関わるのが難しい大人数の集団に関しては、彼らのうちの誰かが、他の仲間がこちらを見ていないときにあなたの目の前を通り過ぎるときこそ、ポジティブなことを伝えられる理想的な瞬間である。 (Toward, Henley and Cope 2015: 132)

教師の話し方で大切な２つ目のポイントは、何を、どのように語るかだ。声の大きさや高さを変えたり、顔の表情やジェスチャーを駆使したりしてメッセージを強調することで、教師の熱意を伝え、学習者を学習内容に引き込むことができる。また、アイコンタクトを用いて「教室全体を見渡す」ことで、学習者を視覚的に引き込み、外を眺めたりうわの空にさせたりしないようにすることができる。ボディーランゲージも、教師の情熱や自信を伝える役割を果たす。うつむいて自分の靴ばかり見ていたり、机の後ろに隠れて腕を組んだりしている教師に、情熱的に授業を行う姿をイメージすることはできない。教師は、活発に教室を動きまわり、すべての学習者のそばに行き、ジェンダーや文化の違いを尊重し、必要なときには学習者の前でしゃがむ。そのようなことを通して、教師は、いつでもアクティブで、常に学習者の目に映る教室コミュニティーの一部であるべきだ。教師がほほ笑むだけで、学習者たちにも笑みが浮かび、彼らを引きつける。面白いことに、教師自身のストレスも軽減するのだ（Kraft and Pressman 2012）。

　教師の言葉の選択も、学習者との関係性に強い影響を及ぼすことがある。言葉は、率直で、気持ちをなごませ、敬意を表し、人を引きつけることもあれば、無関心を示し、距離を作り、会話を閉ざすようなこともある。同時に、言葉があれば、どの学習者にも自分を伸ばす力や可能性があるという教師の信念を伝えることができる。確かに建設的なフィードバック（次の「行動２」を参照）も有効だが、うまくできている部分や、行動や学習へのアプローチのどこを教師が評価しているのかを学習者に伝えることも重要である。リンリー（Linley 2008）は「強み探し」（strengthspotting）という言葉を作り、ほとんどの学習者が自分の強みを知るための助けを求めていると主張している。強みがわかれば、生き生きと自分を表現できるようになり、気後れせずに教師と関わり、学習にも積極的に取り組めるようになるからだ。このように学習者の強みにフォーカスすることは、学習者の成長マインドセットを暗黙のうちに発達させる効果的な方法でもある。

> 言語学者が言語の表層構造（実際の言葉）と深層構造（概念）を区別するように、教室で交わされる言葉は、学習と学習者、責任と努力、知と冒険心を巡る深層の意味を表層化し、エンゲージしている学習者が有能な学習者なのだという信念を深層化する。
> 　　　　　　　　　　　　　　　　　　　　　　　　　（VanDeWeghe 2009: 62）

行動 2　フィードバックに気を配る

　フィードバックは学習者の学びと目標達成に最も大きな影響力をもつ要因の一つだと考えられている（Hattie 2009）。基本的にフィードバックは、どのようにタスクに取り組んできたか、また、いまどのようにタスクに取り組んでいるのか、すなわち結果と過程の両方について、学習者に有益な情報を提供する。フィードバックは、学習者との個人的で建設的なコミュニケーションの方法であり、現在の能力と目標との間にあるギャップの橋渡しをし、学習目標に向けた進歩への方向性を示す手段である。先に論じたように、フィードバックは、学習者に改善点だけでなく、強みも指摘するのが理想だ[*13]。フィードバックをエンゲージングなものにするためには、対話形式で行うといい。「一方通行」ではなく（Nicol 2010）、教師と学習者が指導と学習について話し合うインタラクションの過程として行うとき、最もうまく機能する。そうしたフィードバックを行うと、学習者は自分が進歩や学びの過程に積極的に関わっていると認識できる。つまり、学習者を単なる受動的な受益者ではなく、行動を生み出す主体にするのだ。キャンベルとシュム・ファウスター（Campbell and Schumm Fauster 2013）は学力上位者に対するフィードバックのアプローチとして、学習者が自分の書いた作品について教師に質問をすると、さまざまな原稿を巡る質問と説明の応酬に発展した事例を報告している。ナカムラ（Nakamura 2016）もまた、興味深い例を報告している。言語に関してだけでなく、内容についてもコメントや質問を書くことで、フィードバックのプロセスが学習者と教師の相互理解を深める機会になったと述べている。

　学習者の視点からすれば、フィードバックの中で一番重要なものは、彼らが受け取る**成績**である。成績に関する問題点は、学びのプロセスよりも結果を重視し、学習者を比較したり、順位づけしたり、分類したりすることに終始してしまうため、学習者との信頼関係を築こうとしても、努力が実を結ばない可能性があることだ。残念なことに、ほとんどの教育システムでは成績が最も重要な価値をもつものとなっているため、学習者は成績を自分の価値と同一視してしまうことが少なくない。つまり、そのような学習者には、学校の成績がそのまま自分の価値の

[*13]　Dörnyei（2001）は、学習者の進歩のために有用な情報を感情を交えずに適切に伝えるフィードバックのことをインフォメーション・フィードバック（information feedback）と呼び、モチベーションを強化する重要なストラテジーの一つとして詳述している。

ように思えてしまうのだ。成績を巡るこうした課題に対応するために、教師による評価を学習者の自己評価によって補うという方法がある。これは、学習者の率直さや判断を信頼していることを示すだけでなく、学習者エンゲージメントを高める貴重な手段にもなる。たとえば、マーサーとシュム（Mercer and Schumm 2009）は、学習者と教師が一緒に成績の評価尺度を考えるという、非常に興味深い方法を報告している。2人は成人の学習者たちを集めて、ある特定のジャンルの文章を評価する基準や、その基準の何が大切で、何がそうでないのかといったことを話し合ってもらった。このプロセスは透明性を生み出し、学習者は目の前の課題やそれに関連する事柄についてじっくり考え、自分の作品を評価する基準を巡る学習者同士での議論や教師との対話にエンゲージしたという。

> 評価は成績本位の社会慣習と学習者中心の指導原理が必然的に衝突する場である。
> (Dörnyei 2001: 131)

　学習者がフィードバックを、自己評価と目標達成のための連帯的対話だと考えられるようになると、ネガティブなフィードバック、特にアドバイスとして批判的なフィードバックを行っても、彼らは恐れることなく受け入れるようになる（Petty 2014）。このとき、フィードバックはアドバイザーとしての教師の役割の一部としてみなされるようになろう。効果的なフィードバックから得られるものが多いからこそ、そうした教師の役割を強調することは重要である。ハッティ（Hattie 2009）は、学習者にとって有益なフィードバックがしたければ、フィードバックは次に挙げる重要な3点のいずれかに向けるべきだと強調する——その3点とは、タスクそのもの、タスクに取り組む過程、次の関連タスクに取り組むための自己調整能力である。ただ、ポジティブなフィードバックに関して言えば、褒めることは本来プラスであり、人をやる気にさせるはずだという思い込みがかなりある。

　だが、人物に焦点を当てて褒めること、特に一般的な意味で褒めることは、称賛の対象がその人の生まれつきの特性であると暗示することになり、固定マインドセットを助長する危険性がある（Mueller and Dweck 1988）。逆に、学習の成果ではなくプロセスに目を向けた褒め方をすれば、努力や工夫、用いたアプロー

チに光を当てることになり、成長マインドセットを促すことができる。一番効果的な褒め方は、具体的であることだ。教師が「よくやった、リー・ナ」と言っても、表現が不明瞭で漠然としているため、学習者はこのフィードバックから多くを得ることはできないだろう。しかし、教師が「よくやった、リー・ナ！ いくつかの接続詞をうまく使って、文章を上手にまとめることができたね」といった具合に、より詳しいフィードバックを行えば、学習者はそれを基にして今後の学習に取り組むことができる。ただ、原則として、何を褒めるにしても、ありもしないことを褒めたり、大げさに褒めたりしてはならない。K・ハイランドとF・ハイランド（Hyland and Hyland 2006: 221）が説明するように、「学習者は、あたりさわりのない形だけの褒め言葉を見破る名人であり、中身が空っぽのコメントには通常反応しない」。

> 効果的なフィードバックをするには、内容と目的が明確で、意味があり、学習者がすでにもっている知識に沿ったものである必要があり、そこに論理的なつながりが見られなくてはならない。また、学習者の積極的な情報処理を促すものであること、課題が複雑でないこと、具体的で明確な目標と関連していること、人格を傷つけないものであることが必要だ。
>
> (Hattie 2009: 177-178)

行動 3　学習者の声に耳を傾ける

　ナイト（Knight 2016）の著書『ベター・カンバセーション』（*Better Conversation*）は、教師がインタラクションの力を磨き、学校で学習者や同僚たちにとってより望ましい対話相手となる方法について論じている。この中でナイトは、有益で実践的な行動指針を幅広く示している。共感を示す、対話相手を自分と対等の関係と見る、共通点を探す、感情をコントロールする、信頼を構築する、相手の話に関心をもつ、相手からの学びを謙虚に受け止める、といったことがその主な例である。だが、彼の示す行動指針の中心は、優れた聞き手になるための対話技術にある。教育者は、学習者を対話相手としてどう捉えるかということについて、認識の変化を迫られることになるだろう。要するに、学習者を、一方的に話を聞く存在、影響を与えられる側の存在と考えるのではなく、双方向の対話に積極的に参加するパートナーとみなすということである。学習者との健全な双方向の「やり取り」は、互いを尊重した関係の礎である。

重要なのは、傾聴という行為には、思慮深さ、集中、共感の努力が要るということである。傾聴能力を高める第一歩は、単純なことであるが、学習者の話を遮らないことである。話を遮れば、彼らの話は重要でない、あるいは教師の話ほどの価値はないと思っているというメッセージを、不用意に学習者に送ってしまう可能性があるからだ（Knight 2016）。望ましい双方向のやり取りおよび傾聴に欠かせないもう一つの要素は、教師の**待ち時間**（wait time）である。待ち時間とは、教師が1つの質問をしてから、学習者が応答するまで、あるいは教師が次の質問を繰り出すまでの時間のことをいう。研究によると、1秒以上待つ教師はまれである。これが語学の授業となると、待って1、2秒ということが多いようだ（Shrum 1984, 1985; Smith and King 2017）。理想的には、学習者が応答するまで3〜5秒は待った方がいい。研究によれば、待ち時間をほんの1〜3秒伸ばすだけで、学習者に発言の余地と時間を与えると同時に、それによって、教室での発言の質を大幅に向上させ、学習者エンゲージメントを高めることができる（Smith and King近刊; Tobin 1987）。

> 傾聴は、相手に尊重の念を伝える重要な手段である。心から耳を傾ければ、より深いレベルでのコミュニケーションに発展する可能性がある。傾聴する人との会話は、常に思いやりに満ちている。
>
> 　　　　　　　　　　　　　　　　　　　　　　　　　　　　（Knight 2016: 56）

行動4　エンゲージメントを高める発問をする

　傾聴の対局にあるのが**発問**（questioning）である。語学の授業では、発問の用い方が学習者のエンゲージメントを大きく左右する。言語教育における最も一般的な談話構造として、IRF（initiation, response, feedback／発問・応答・フィードバック）がよく知られている。インタラクションを始めるのは、たいてい教師であり、教師が問いを発すると、学習者がそれに応答し、さらに教師がフィードバックを返すというのが典型的だ。しかし、学習者に質問を考えさせてインタラクションを始めさせることができれば、彼らの授業への関わり方は大きく変わるだろう。ウォレスとカークマン（Wallace and Kirkman 2014: 109）は、「教師よりも学習者により多く質問をするよう促すべきだ」とまで論じている。ただし、中には、質問をするのは頭が悪い証拠だと考える学習者や、質問は話を遮るいら立たしい行為だと考える教師がいるような教室もあるという。逆に、学習者が質

問をすることは彼らが学習に積極的に関与していることの現れだと捉え、学習者が主導する対話は彼らが物事をより深く観察し、関心を高め、高次の批判的思考力を強化するチャンスであると考える文化からは、エンゲージメントが生まれやすいとも述べている（実践的アドバイスは第５章を参照）。

　教師から問いを投げることが当たり前のように常態化しているが、そこには学習者の理解度チェックが発問の主要な機能だという思い込みが反映されている。その意味で、発問の多くは単なるミニ口頭テストにすぎない。ウォルシュとサッテス（Walsh and Sattes 2011）は、発問は単なる理解のチェック機能だけでなく、学習者の学びと能力全般（コンピテンシー）に関する豊かな情報源にもなり得ることを多くの教師が理解していないと指摘しているが、おそらくそれは正しい。エンゲージメントの観点からすれば、学習者に自分の学びや目の前の課題についてより積極的に考えるきっかけを与えるのは、学習者自身の問いであるが、教師の発問の中にも同様の働きをするものがある。

 ### うまくいかない発問のタイプ

ボンウェルとアイソン（Bonwell and Eison 1991）によると、以下のような発問はあまりうまくいかない。

- 学習者を混乱させてしまう曖昧な問い。
- 一度に複数発せられるサブ・クエスチョン。
- 正解が１つしかなく学習者が応答をためらうような、多様性の低い問い。
- 答えが１つしかない事実志向の問い。

　エンゲージメントや関係性だけでなく、高次思考の育成にも有益であるものとして提案されている発問形式は、「アカデミックプレス（認知負荷がかかる発問）」（Fredricks 2014: 142）として知られている。レモフ（Lemov 2015: 108）が「学びを発展させよ」（stretch it）という言葉で言い表しているものだが、これは教師が追加発問を重ねて、学習者に知識を広げさせる働きかけのことである。学習者が１つの質問に適切に答えられたら、次に少し難度の高い質問や「どのように」とか「なぜ」といった質問（how/why questions）を追加することで、学習者の答えを広げていくのである。学習者が正しく簡潔に即答しても、教師がそこで満足せず、さらに問えば、学習者に大きな期待を寄せていることが伝わり、学びに

終わりはなく、自分を「伸ばす」ためにできることはもっとあるということを示すことができる。こうしたことを行った上で、学習者同士でもっと傾聴・応答し合うようにさせるとよい。ウォレスとカークマン（Wallace and Kirkman 2014: 103）は、学習者同士が発問を重ねて議論を続けられるように促すアクティビティーを提案している。ある学習者が教師の質問に答えた後、この学習者が別の学習者に質問をする。それを繰り返していき、クラスが一体となって問い続けていく。そうすることによって、問うことがクラスの日常と文化の一部になっていくのだ。

行動 5　関係性を通じて規律を保つ

最後に考えたいのは、教室の規律の問題である。学習者エンゲージメントを促進するために、関係性の観点からこの問題に対してどのような取り組みが可能か、その方法について見ていきたい（このトピックについては、次章で、集団力学の観点から、さらに議論する）。規律やクラスルームマネジメントは、それだけで1冊の本が書けてしまうほど幅広いトピックであるが（たとえば、Scrivener 2012、Wright 2005を参照）、ここではその中の1つの面にだけ注目してみたい。デイヴィスら（Davis et al. 2012: ix）は、クラスルームマネジメントを再考する必要性を説いている。クラスルームマネジメントとは、学習者をマネージすることではなく、人間関係をマネージする（managing relationships）ことだ、とデイヴィスらは考えているからだ。教師と学習者に信頼関係があれば、教室内で破壊的なことが起こることは少ないと考えられる。実際、R・J・マルツァノ、J・S・マルツァノおよびピカリング（Marzano, Marzano and Pickering 2003）は、クラスルームマネジメントに関する100以上の研究を分析した結果、学習者と質の高い人間関係を結んでいる教師の教室では、そうでない教室と比べて、問題行動がおよそ30％少ないと結論づけている。

> 私たち教師は、もはや権威が当たり前のようにあがめられ尊敬されるような時代に生きているわけではない。問題を起こしたらどうなるかといった恐怖心をあおっても、秩序が保たれるわけではない。規律は生み出すものであり、それがうまくいく鍵は人間関係にある。
>
> （Toward et al. 2015: 144）

キャリアが浅い教師は、学習者と適切な距離を取ることに難しさを感じることがよくある。なれなれしすぎても、権威的すぎてもいけない。おそらく、この問題については、根本的な誤解があると思われる。温かく、親しみがあり、親切な教師でありながら、規律ある行動をし、ルールを定め、学習者との間に一線を敷くことは決して矛盾していない。矛盾どころか、実際には、まさにその逆である。ロッフィ（Roffey 2011: 19）は、「親しみがあること」（being friendly）と「友だちであること」（being a friend）を明確に区別している。彼女によると、学習者は教師に友だちになってほしいわけではなく、親しみやすい存在であることを望んでいる。さらに、私たちは次のキグリー（Quigley 2016: 148）の意見に同意する。「ルールは学習者の人間性や個性をつぶすものではない。むしろルールがあるからこそ、皆の学びが着実に進展すると明確に期待できるのだ」。もちろん学習者との相互信頼を高める努力は重要だが、それは何でも言いなりになることではない。教師は、時に、指導したり学習者の誤った行動を正したりすることも必要だ（Tschannen-Moran 2014）。

> 信頼関係の構築を重視することを、学習者から好かれることだとか、必要な行動規範を確立しないことだなどと、短絡的に考えてしまう傾向がある。教師が学習者のためにしてあげられる最も親切な行為とは、どのように行動すべきか、その明確な指針を示すことによって、学習者に安心感を与えてやることだ。
>
> （Quigley 2016: 141）

自律を支援する行為や、学習者を議論の場に参加させて一緒に物事を決める際のさまざまな行動（本章で前述）は、教師と学習者の健全な関係構築を促す。これは、規律の「主体的な」要素と呼ばれることがある（その逆は「受動的な」規律）。というのも、人間関係が良ければ、教師の問題対処行動の必要性を事前に減らすことができるからだ。しかし、どれだけ主体的な努力をしても、時に学習者間あるいは教師・学習者間で対立が起き、懲戒処分が必要となるような事態が生じると、上記のような「理想的な」考え方は水泡に帰すようだ。そうなると、同じことが二度と起こらないようにと、権威主義的な姿勢に戻る教師もいる。こうした場合の最善のアドバイスは「勇気をもて！」である。ドルニェイとマーフィーは集団発達（group development）の原理に依拠して、グループ同士の意見の対立は必ずしも悪いことではなく、多くの有益な目的に役立つ可能性があると強調

している——「それはもうけ（利益）の種かもしれない」のだ（Dörnyei and Murphey 2003: 141）。ドルニェイとマーフィーは、集団的観点からすれば、対立は有益であると言う。なぜなら、対立は、集団が共に前進するのに必要な後押しをすることがあるからだ（詳細は第4章を参照）。

対立がもたらす潜在的利点

- **対立は学習者の関わりを深める。**議論が白熱したり、意見がぶつかったりするのは、議論に参加する人々が関心をもっているという証拠だ。したがって、問題が満足のいく形で解決を見るのであれば、対立する集団はそれまで以上に深く関わるようになる。
- **対立は敵対心のはけ口となる。**何もなかったかのように問題に触れないでいても、対立は消えるどころか、むしろ悪化したり、根深い敵対心に発展してしまったりすることがある。しかし、支持的な雰囲気があれば、ガス抜きとなって緊張関係が和らぐ。
- **対立は集団の結束を強める。**信頼とは対照的に、対立が人と人との関係を壊すというわけでは必ずしもなく、実際には強化することもある。対立する集団がつながりを深めていくと、心を乱している個人間のやり取りも建設的なものになる。
- **対立は集団の生産性を高める。**問題を巡る対立は批判的思考力を促進し、直面する課題に応じて適切な対応をとれるようにする。実際、成績優秀な学習者集団は、時に大げんかになってしまうほどの熱い議論を交わすことも珍しくない。

(Wilson 2002)

リフレクション・タスク 5

これまで、対立をどのように処理してきただろうか。じっとこらえ、穏やかでいられる自信はどれくらいあるだろうか。いまはどのような対立に巻き込まれているだろうか。あるいは巻き込まれる可能性があるだろうか。また、どのようにしたら、それらの問題を解決できるだろうか。

　現実的な問題は、規律が必要となったときに、私たちがどのように対応するのかということである。大切なのは、尊重の心を失わないことだ。まず深呼吸をし、

毅然とした面持ちを保って、2、3秒数えて心を落ち着ける。そんなシンプルな
ルールに従えば、感情に支配されず、事態を冷静に把握することができる。皆が
見ているところで一人の学習者と言い争ったりせず、教室の外で、あるいは授業
後に落ち着いて対処するのが望ましい。そうすれば、互いに人前で恥をかいたり、
激しく口論したりする必要もなくなるだろう。また、できる限り対立的な言葉を
使わないようにもしたい。表情や片方の手を高く上げるといった非言語表現を用
いることで、学習者に注意や警告を与えることもできる。あるいは、学習者がい
ましていることを言葉で描写することによって、自分自身の行動を思い出させ、
してはいけないことを説く代わりに、望ましい行動がどのようなものであるかを
自分で考えるよう促すこともできる。信頼関係を保つためには、「サミュエル、
パブロが私の質問に答えてくれているのに、君はずっとおしゃべりしていますよ」
というように、常に学習者の名前を呼ぶのが理想的である。指導にあたっては、
個人の性格や特性ではなく、名前を呼んで行動に注目することを心に刻んでおく
べきだ。私たちが対処し、変えたいのは、行動だからだ。「サミュエル、君は自
己中心的で、人の話をまったく聞かないんだね」と叱責するのをグッとこらえた
ときの効果を考えてほしい。そのような発言をしてしまうと、学習者の性格の悪
さを示唆することになり、たった一度の行動を、学習者が「いつもする」行動と
か「絶対にしない」行動などと決めつけ、一般化することになる。規律的指導を
行う際には、ある特定の行動を問題視しても、学習者が教師は自分のことを信じ
ていて、いまでも「気にかけてくれている」と思えることが重要である。特に、
懲戒処分などの後には、それまでの信頼関係が崩れないようにするために、関係
を確実に「修復し、再構築する」（Rogers 2007: 23）ことが重要である。

リフレクション・タスク 6

これまで述べてきた行動ポイントはすべて、教師が学習者とどのように
対話し、コミュニケーションを行うかが中心となっている。この最後の
リフレクション・タスクでは、あなた自身のインタラクションのパター
ンや関係構築への取り組みを評価するための質問事項を挙げてみる。

- 学習者は、どれくらい安心して目標言語であなたに話しかけているか。
- 学習者は、仲間の前で話すときにどれくらいリラックスしているか。
- タスクやトピックについて、どのような方法で学習者からフィードバッ
  クを引き出すことができるか。

- 自分が指導している特定の学習者たちの強みや特長を思い浮かべることができるか。
- 書き言葉でも、話し言葉でも、学習者との対話を心から楽しめる機会はどれくらいあるか。
- 普段、学習者にどのような質問をよくするか。
- 質問をした後、学習者に答えを促したり、次の話題に進んだりする前に、平均してどれくらい待つか。
- どの程度、あなたや学習者は補足質問を用いるか。
- 悪い行いを指導する際、関係性を意識した方法として、あなたならどのようなものを用いるか。
- 厳しい指導をした後、学習者との関係修復をどれくらい意識的に行っているか。
- 学習者とのやり取り_{インタラクション}のうち、どのような面をさらに発展させたいと考えているか。

まとめ

　本章では、学習に対するエンゲージメントの土台として教師と学習者との関係がいかに重要であるかを論じてきた。それが教師である私たちと学習者の間の心的融和にとっても重要であることは言うまでもない。したがって、教師が学習者との関係構築を授業計画や教室内での行動の中心に据えることがどれほど大切であるのかということに、注意が向くように努めてきた。特に感情面と社会面に着目して、学習者と教師の関係構築を促す6つの原則について考察した。主に言及したのは、教師の態度と行動についてである。教師は、学習者が近づきやすいこと、共感的であること、一人ひとりに応じること、自分が教えるすべての学習者が成長する力をもっていると信じること、学習者の自律性を支援すること、常に熱意をもって行動することが大切である。

> （教育において）人間関係が重要であることはいまさら論じるまでもないが、その証拠はいまや莫大な数に上り、どれも非常に説得力がある。つまり、学校エンゲージメントを形成する原動力は、学校における人間関係であると結論づけることができる。
>
> （McLaughlin and Clarke 2010: 99）

　また、5つの具体的な行動を提案した。それらは、特に認知的・行動的な観点から、上述の原則をサポートし、学習者エンゲージメントを生み出すものである。鍵となるのは、バランスのとれた、敬意に基づくやり取りの重要性だ。

- 話し方に気を配る。
- フィードバックに気を配る。
- 学習者の声に耳を傾ける。
- エンゲージメントを高める発問をする。
- 関係性を通じて規律を保つ。

 本章のポイント

学習者エンゲージメントを高めるためには、学習者との良好な関係構築に努め、学習者のために時間を作る取り組みや学習者とのインタラクションの方法について考える必要がある。

 さらに理解を深めるために

Davis, H. A., Summers, J. J. & Miller, L. M. (2012). *An Interpersonal Approach to Classroom Management: Strategies for Improving Student Engagement.* Thousand Oaks, CA: Corwin Press.（本書は、学習者エンゲージメントにとって、対人関係がいかに重要であるかを解き明かしている）

Roffey, S. (2011). *Changing Behaviour in Schools: Promoting Positive Relationships and Wellbeing.* London: SAGE.（本書は、教師と学習者の良好な関係をどのように築き、またそうした良好な関係が学習者のより良い行動にどうつながるのかを中心に論じている）

Weinstein, R. (2002). *Reaching Higher: The Power of Expectations in Schooling.* Cambridge, MA: Harvard University Press. （本書は、教師はどのように学習者に期待を寄せるのか、またそうした期待は教師が作り出す学習機会にどのような影響を及ぼすのかについて報告している）

第4章

ポジティブな教室力学と
教室文化

クラスルーム・ダイナミックス

Contents

04

ポジティブな教室力学（クラスルーム・ダイナミックス）と教室文化

　言語学習は人と関わる要素が強いため、学習者間の関係は、教師と学習者の信頼関係と同様に、学習者エンゲージメントにとって極めて重要である。たとえば、ドゥワエルとマッキンタイアー（Dewaele and MacIntyre 2016）は、学習者が教室内で発言することに対して抱く不安は、教師の前よりも、むしろクラスメートを前にしたときの心情と関係があることを明らかにした。フレデリクス（Fredricks 2014）は、学習者が授業にエンゲージするには「その集団が自分たちにとって大切なものであり、自分もその集団にとって重要な存在であるという感覚をもち、また、仲間たちも自分を気にかけ支えてくれている（安心できる学習環境にいる）」（p. 183）と感じる必要があると結論づけているが、このことに疑問を抱く者はまずいないだろう。しかし、原則的にはフレデリクスに同意しつつも、学習者同士の関係に介入するのは教科指導の目的の範囲外のことで、自分の職務を越えていると主張する教師もいるかもしれない。そこで本章では、学習者同士の関係が良好な学習文化の土台（the foundation of positive learning culture）を作ること、そして、積極的参加を伴う質の高い学びを促進するためには、誰もが受け入れられ、大切にされ、安心して集団に溶け込めるようにするストラテジーがいかに有益かを示したい。

> 教師が集団力学（グループ・ダイナミックス）や、どのようにすれば集団力学に作用できるのかといったことについて考える行為自体が、人を操ろうとする行為になるのではと考える人もいるかもしれない。しかし、好むと好まざるとにかかわらず、私たちは教師である限り、人を操る存在であることに変わりはない。私たちが教室で行うことはすべて、あるいは行わないこともすべて、集団の形に肯定的・否定的な影響を及ぼす。教師がそのような責任ある立場にあるのだとすれば、自分たちの行動と学習者に与え得る影響を常に意識すること、そして日ごろ接している個々の学習者によりポジティブな影響を与える言動を選ぶことが、正しい道であると私は考える。
>
> （Hadfield 1992: 13）

リフレクション・タスク1

集団の雰囲気の良しあしが、そこに関与するすべての学習者への指導と彼らの学習経験の成否を決定することは、教師なら誰でも知っている。しかし、うまくいっている集団とうまくいっていない集団の特徴は何なのかを正確に指摘するのは非常に難しい。「うまく機能している」教室と、そうでない教室について考えてみよう。教室の雰囲気に肯定的、あるいは否定的に作用する要素として、どのようなことが挙げられるだろうか。

理論的根拠

エンゲージメントの理解を助ける自己決定理論の中心的要素の一つに、関係性の欲求（relatedness）がある（Ryan and Deci 2017など）。第3章では教師と学習者の関係について考え、この二者の間の信頼関係が、学習者集団全体の雰囲気と、そこに生まれる文化を決定づけるものであることを明らかにした。本章では、学習者同士の関係を育むのに教師が与え得る影響について光を当てる。教師は、教室内の集団力学や学習者間の関係、あるいはクラス全体に社会情動的なムードを生み出す「見えざる手」（Farmer, McAuliffe Lines and Hamm 2011）になり得ることを述べようと思う。言い換えれば、教師は、学校中心の典型的な価値観や校則・規範に沿った指導をするという伝統的な役割だけでなく、学習者間の良好な関係構築や、社会的相互作用と学習を支援する行動規範や価値観の育成を促進するのに欠かせない役割も果たすということだ。

> 学習者の社会生活と学校での生活は密接に関係している。仲間（ピア）とは、互いに交流し、情緒面で支え合い、互いを受け入れ合うことができる存在である。さらに、学習上の問題を解決する際には、助けを得られる存在でもある。仲間（ピア）との関係が良好な学習者は、そうでない学習者に比べて、エンゲージメントもモチベーションも学習成果も高いことがわかっている。
>
> （Fredricks 2014: 161）

リフレクション・タスク2

自分がいま教えている学習者の中で、エンゲージメント・レベルが非常に高い学習者か、あまり学習への積極的関与が見られない学習者を1人、

思い浮かべ、その学習者の教室内での交流の輪（友達やいつも一緒にいる人）について、少し考えてみてほしい。その人は、親しい仲間集団や教室の中で、普段どのように受け入れられているか。その行動は、どのような点で教室全体の規範や価値観に見合っているか、あるいは見合っていないか。

　互いに成長していける集団やポジティブな教室文化を築くための鍵となる概念として、「心理的安全性（psychological safety）」（Edmondson 2019）というものがある。これは、学習者が教室で、誰か（教師や仲間）にからかわれたり、恥をかかされたり、ばかにされたり、拒絶されたり、腹を立てられたり、罰せられたりするのではないかといった不安を抱くことなく、自分の意見を自由に、間違いを恐れることも躊躇することもなく発言できる心理状態を意味する。それには、誰もが間違えても大丈夫と思え、いじめられるのではという恐れもなく、全力で物事に取り組める必要がある。ばかにされたり、笑われたり、のけ者にされたりすることを望んでいる者など一人もいない――さらに言えば、「非難されるのではないか、自尊心を傷つけられるのではないかといった不安ほど、創造力を制限するものはない」というコーン（Kohn 2006: 103）の主張は絶対的に正しい。実際、人間は何歳であろうと、社会的な屈辱を避けようとするものだ。特に、外国語を使用する状況はそもそもストレスがかかりやすいため、教師は、学習者がどのような言語的ミスを犯したとしても他のすべての学習者に温かく受け止めてもらえるはずだと思える心理的安全性の確保された教室文化を築くことが何よりも重要である。心理的安全性とは、全員の意見が一致しているとか、誰も批判しない、訂正しない、ということでは必ずしもない。そのようなうわべだけの調和ではなく、言語学習という共通の目標をもつ互いの存在を常に尊重し、個々の違いを受け入れ、支援し合うことを意味する。

> 心理的に安全な環境にいる人は、間違ったことを言っても、他の人から貶められたり、見下されたりしないと信じている。また、援助や情報を求めても、不快に思われたり、恥をかかされたりすることはないという確信がある。互いに信頼し、尊重し合っている場ではそのような信念が生まれ、何を言っても周囲からからかわれたり、拒否されたり、罰せられたりしないという自信も生まれる。心理的安全性とは、つまり、質問をしたり、フィードバックを求めたり、間違いを認めたり、奇

ポジティブな集団力学（グループ・ダイナミックス）と教室文化のための原則

　教室内に健全な学習環境を生み出すために、教師にできることは何だろうか。心理的安全性に満たされた教室文化は、集団力学の原理に当てはめて考えると、よく理解できる。集団力学は、もともと社会心理学の分野で発達し（Lewin 1947など）、のちに教育場面での集団（Schmuck and Schmuck 2001など）や言語学習における集団プロセスの理解（Dörnyei and Murphey 2003）に援用されるようになった。その後、集団力学を構成する諸要素が、学習の動機づけ（Dörnyei and Muir 2019など）や学習者エンゲージメント（Juvonen, Espinoza and Knifsend 2012; Lynch, Lerner and Leventhal 2013など）に関連づけられるようになった。過去の研究では、集団の発達から集団の役割まで、集団というものが有する特徴について幅広く調査されているが、本章では特に次の2点に焦点を当ててみようと思う。集団を構成するメンバー間の関係性の質は、積極的活動意志（willingness to engage）に対してどのように作用するかという点と、教師は集団のリーダーとして集団形成にいかにポジティブな影響を与えられるかという点である。

> 集団の機能に関する科学的調査の歴史はまだ浅いが、それは（つまり人間をバラバラの個として扱うのではなく、集団という社会的環境の中で捉える視点は）、近い将来、理論的にも実践的にも最も重要な研究分野の一つになるだろうと私は確信している。（中略）集団生活の本質（中略）をより深く科学的に考察することなしに、より良い世界の創造は望めない。
>
> (Lewin 1943, cited in Johnson and Johnson 2017: 2)

原則1　手本を示して集団を導く

　第3章で注目したように、教師の行動は、教室内の雰囲気と学習者の態度を決定づける。教師の言葉だけでなく振る舞いもまた、許容できることとできないことを学習者に伝える。このことは「頭雁先飛、群雁齊追」（「雁の群れは、リーダー

が鳴いても飛ぶことはないが、リーダーが飛ぶとその後を追って飛ぶ」）という中国の成句で的確に表現されている。この成句で示される「背中で引っ張る」という原則は、企業経営における有効なリーダーシップの行動規範の一つとされ、リーダーは日々の行動を通じて模範を示し、行動のモデルとなるべきだということを意味する。同様に、教師も集団のリーダーとして、日々の行動を通じて教室の雰囲気と文化の管理に努めることができる。

> リーダーが人を動かすには、グループのメンバーが共有する価値観に即した行動をもって模範を示すことが一番効果的だ。リーダーは、言動の一貫性（言行一致）で評価される。（中略）リーダーは、あらゆる機会を利用して、信条としている価値観や志にいかに深くコミットしているかを、自分という模範を通じて他者に示すのだ。
> (Kouzes and Posner 2004: 12)

　先に、学習者が自分の学習に積極的に関与し、それをある程度自分で方向づけられるようにする自律支援型のリーダーシップが重要であると述べた。しかし、教師のリーダーシップは大方、独裁的か、民主的か、放任主義か（Lewin, Lippitt and White 1939）のいずれかである。それぞれの名称が示すように、独裁的なリーダーは集団を完全にコントロールしようとする一方で、放任主義のリーダーはすべての裁量をメンバーに任せてしまい、自分がリーダーシップを発揮することはほとんどない。学習者エンゲージメントの観点からすれば、これら両極端の二者は、特に効果のあるリーダーシップ・スタイルだとは考えられていない。ただし、発達の段階に応じて、最適なリーダーシップのスタイルはいささか異なるということには留意すべきだ。たとえば、初期段階では多少独裁的なスタイルの方が集団にとって効果が高く、成熟段階では放任スタイルの方がポジティブな影響をもたらすと考えられている（Hersey, Blanchard and Johnson 2008を参照）。

　教育の世界では、通常、民主的なリーダーシップが最も効果的だ。民主的リーダーは、集団をリードしながらも、何かを決定する場面では権限を分かち合い、メンバーたちと合議する。そうしたリーダーシップの下では、グループ内の仲が良く、何でも思ったことを言い合えるオープンなコミュニケーションの場が共有され、グループ内やリーダーとメンバー間の関係もより良いものになる傾向がある（Dörnyei and Murphey 2003）。しかし、民主的リーダーシップがうまく機能

しない場合もある。強力なリーダーシップを発揮すべきときはいつか、民主的な決定をしてよいのはどのようなときか、教師が介入すべきなのはどのようなときか、それらを見極めるには、クラスルーム・マネジメントや対人関係能力を広く身につけておくことが求められる（この問題に関しては、本章最後に提案する「行動5」で再度議論する）。

> 民主的なリーダーシップは、時に、自由放任主義と誤解されることがある。しかし、実際に、「民主的」リーダーも権力を行使する。ただし、その振る舞いは、組織体制と自由とのバランスが重要であることを常に考慮したやり方である点に大きな特徴がある。
> (Ehrman and Dörnyei 1998: 160)

リフレクション・タスク3

スクリブナー（Scrivener 2012: 53）は、『クラスルーム・マネジメントの技術』（*Classroom Management Techniques*）の中で、教室におけるコントロールの量を巡って教師が考慮すべき重要な問いを（いささか修辞的に）3つ挙げている。

1. 教師が集団を管理しすぎると、学習者が自ら決定し、評価し、コントロールしようとする意志と能力を奪い、低下させてしまう可能性はないだろうか。
2. 学習者は、自分の取り組みを自分でコントロールできるようになればなるほど、学習により集中するようになるのだろうか。
3. 教師が常に介入（干渉）することを控えれば、活動はよりスムーズに、より効果的に進むのだろうか。

　私たち教師は、秩序を乱しがちでエンゲージしない、扱いの難しい学習者よりも、素直で、こちらの意図する通りに喜んでアクティビティーに参加する学習者と共に勉強したいと、つい思ってしまいがちだ。問題なのは、そのような思いは、直接的にも間接的にも、クラス全体に、また特定の個人に伝わってしまうことだ。教師の役割の一つは、誰をも排除せず、あらゆる人を受け入れる包括性（inclusivity）の手本となることである。それは、すべての学習者にプラスの面を見いだすことを意味する。たとえ見いだすことが容易でない学習者に対しても、努力をするのである。そうすれば、なにかと反発するような学習者にも創造性や独創性が見え

ることがある。そうした性質を前向きに生かすことができれば、教室にいるどの学習者の心も豊かになり、人として成長するであろう。あらゆる人を受け入れるインクルーシブな文化とは、教師が教室内の学習者に接するときに誰一人排除しない手本を示すように心がけるだけでなく、仲間たちから排除されそうな学習者に注意を向け、彼らが輪の中に溶け込める策を講じるよう常に心がける文化のことである。これは、グループワークやペアワークのチームを組む際に、教師がメンバーや組み合わせを決めるときにも関連することだ。誰も仲間はずれにせず、「よそ者」であると感じさせないようにするのが理想的である。とはいえ、それは必ずしも容易なことではない。中には、さまざまな理由から、人と少し距離を置くのを好む学習者がいるのも事実である（これについては後でまた議論する）。

リフレクション・タスク4

自分は教室の中でどのようなタイプのリーダーだと思うか。おそらく、それより重要なこととして、学習者たちはあなたのことをどのようなリーダーだと捉えていると思うか。その見解は、時間や環境によって変わるだろうか。もし変わるのであれば、何があなたのリーダーシップのスタイルに影響を与えると思うか。

原則 2 集団凝集性を高める

集団力学の研究で、集団の肯定的な雰囲気や文化を決定する主要因と考えられてきたものに、**集団凝集性**（group cohesiveness）がある。集団凝集性とは、集団の親密さとメンバーが共有する「私たち」という感覚[14]のことである。もし、学習者が結束力のある集団に強い帰属意識をもっているのならば、彼らは教室での生活に、より積極的に参加する可能性が高くなる。結束力のある集団には、連帯と調和のムードが強く感じられ、分裂したり、派閥に分かれたりすることはあまりない（Forsyth 2019）。さらに、教育的観点から特に重要なのは、結束力のある集団は、生産性も高くなるということだ。D・W・ジョンソンとF・P・ジョンソン（Johnson and Johnson 2017）によると、ほぼどのような条件下でも、集団の方が個人で作業するよりも生産性が一般的に高くなり、学習者同士の対人関

＊14　つまり、個々を集団から離れないように引きつけ、集団内にとどまらせるように働く自発的な力。

係が良くなるにつれて、その生産性はさらに高いものとなる。ジョンソンらは、計11カ国1万7000人を超える思春期から青年期にかけての子どもたちに関する148の研究のメタ分析を行った結果、約33％もの学習成果が学習者同士の良好な関係に起因すると報告している。学習の成功に影響を与える他の要因（適性、モチベーション、家庭環境など）の数からすれば、33％という割合は非常に大きなものだと言える。したがって、ジョンソンらによる次の言葉には疑いの余地がない。「教師が青年初期の学習者たちの学習成果を高めたいのであれば、彼らの友情を深めるようにすることが重要だ」（p. 100）。集団力学の言葉で言い直せば、教師は集団凝集性を高めるべきだということになる。

集団凝集性の高まりがもたらすメリット

集団凝集性が高まると、以下の事柄も強化される。

- 集団目標へのメンバーの関与。
- 集団に対する個々の責任感。
- 困難な課題に取り組もうとする意志。
- 目標達成に向けて取り組む粘り強さ。
- 満足感と学習意欲。
- 学習面での互いの成長と成功への関与。

(Johnson and Johnson 2017: 99-100)

　集団凝集性の中核要素には、**対人受容**（interpersonal acceptance：互いへの肯定的で無批判な態度）、**集団的誇り**（group pride：集団全体への高い評価、その一員であることへの誇り）、**タスクコミットメント**（task commitment：タスク［ここでは言語学習］への集団的関心と関与）がある（Dörnyei and Murphey 2003）。集団凝集性が概して良好な教室を特徴づけるものであることに疑いはないが、集団凝集性が高すぎると個人志向（個人の自律に重きをおく考え）が低くなり、「集団順応思考」（集団への忠誠心があまりにも強く、意見の対立や批判的思考を避けてしまう状態）に陥るというリスクがある（Ehrman and Dörnyei 1998）。どのようなクラスであれ、特に語学の教室では、人間や意見の多様性に寛容で、途中から集団に加わる新しい仲間を温かく迎え入れられる教室こそ、健全な学習環境であると言えよう。語学の授業では、意見の不一致や積極的に異なる意見を述べようとする意志があるからこそ、議論がこの上なく素晴らしいもの

に発展するものだ。それを可能にするのは、健全な集団気質と互いの尊重である。それらがあれば、個人を攻撃したり、拒否したりすることなく、多様な意見を出し合って共に検討することができる。つまり、集団内の調和とは、皆がむやみに同じ意見をもつということを意味するわけではない。

> 帰属意識は、人の内側から生じてくるように思えるかもしれないが、実際は外側からの作用によって人の内側に生じるものだ。社会性に関わる脳の領域は、目に見えないほどの微妙なシグナル（私たちは親しい、私たちは安全だ、私たちは同じ未来を目指している）を繰り返し受け続けると明かりが灯るのだ。(Coyle 2018: 25-26)

　集団凝集性が特に強く現れるのは、**チーム**という特殊な状況の中にいるときだ。この認識は、教室内での集団作りにとどまらず、チーム・ビルディングの方法を理解するのにも役立つだろう。「小グループ」と「チーム」を同意語として用いている論文や研究書がよくあるが、２つの用語は分けて使う方がよい。チームとは、明確に定義された重要な目標を共有し、強い結束力をもつメンバーによって構成される小集団のことをいう（Edmondson 2019）。スポーツの文脈では、よく目にするものである。たとえば、バスケットボールのチームには、何らかの委員会以上に、メンバー同士の協力が求められることは容易に理解できるだろう。学習者も、自分たちは一つのチームだという意識をもって課題に共に取り組んでくれるとしたら、どれほど素晴らしいことであろう。このような「チーム感覚」は、もちろんスポーツでよくあるように、（単に個人としてではなく）チームとして責任を負ったり、チームの成功を祝ったりすることによって培われる。言うまでもないことだが、団結心や集団アイデンティティーは、強制して共有させられるものではない。そうしたものは、チームのメンバーが向き合い、交流することで生まれてくるものだ。この分野では今日、科学技術がひと役もふた役も買ってくれる。すぐにメッセージのやり取りができるグループを作ったり、フォーラムやネット掲示板を設置したりすれば、コミュニケーションが素早く簡単にとれ、グループ内の雰囲気作りや関係性の質を深めるのに役立つであろう。

よく機能するチームに関するGoogleの調査
望ましい結果を生むチームを作る５つの要素

1. **心理的安全性**——メンバーが不安を抱くことなく、互いを信頼し、互いの前で強がらずにいられる。
2. **信頼性**——メンバーが互いを頼りにできる。
3. **明確な組織体制**——メンバーが明確な役割と目標をもっている。
4. **意味**——取り組みと目標がチームのメンバーにとって意味がある。
5. **影響**——自分の仕事や貢献がチームにとって重要だと感じられる。

(Winsborough 2017: 68より抜粋)

 リフレクション・タスク5

あなたのクラスはどれくらい結束していると言えそうか。すべての学習者たちの間に、どの程度ポジティブな人間関係や友情が見られるだろうか。学習者たちは、全体的に集団アイデンティティーをどれくらい強く感じているか。また、言語力を向上させるために、協働の活動をどれくらい重視しているか。あなたが発達させる必要があると感じている領域（対人関係、集団的誇り、タスクへの積極的取り組みなど）はあるか。

原則3　学習者間のTEAを高める
——信頼（trust）、共感（empathy）、受容（acceptance）

　結束力の強い集団に必要な条件は、集団のメンバーが建設的な対人関係スキルを発揮できることだ。このスキルは、チームワークを円滑にし、心理的安全性を生み出すのに役立つだけでなく、言語学習者が、さまざまな文化的背景をもつ人々とコミュニケーションを取るときにも欠かせないものである。そのスキルについて、ここでは、社会情動的スキル（socio-emotional competence）に関連する要素の中から重要なものを選んでまとめ、TEA——信頼（trust）、共感（empathy）、受容（acceptance）——の頭文字で表すことにする。

> 教師が意識して思いやりのある関係を作り、対人関係のスキルを教えると、学習者たちに安心感と信頼という揺るぎない土台ができる。研究では、安心感と信頼感が高まると、教室内にはより協力的なムードが広がり、衝突や誹謗中傷が減ることがわかっている。（中略）加えて、標準化学力テストの得点も向上し、スキルを身につける力も向上する、と報告されている。
> (Hart and Hodson 2004: 16)

第
4
章

第4章　ポジティブな教室力学と教室文化　　115

信頼（trust）は、社会的な関係を構築するための基礎である。信頼を築くには時間がかかるものだが、悲しいことに、壊れるときは一瞬だ。信頼は、大げさな振る舞いからではなく、日々教室の中で交わされる何気ないやり取りから芽生える。その要件は、人の応答や行動に一貫性と信憑性があり、またその応答や行動が相手の期待に沿っていることである。心理的安全性を生む最も重要な要因は、他者を頼ることができ、その反応に信頼を寄せられることにある。気配りと思いやりに満ちた教室では、教師・学習者間のみならず、学習者同士にも信頼関係が芽生える。学校における信頼の研究で有名なブリックとシュナイダー（Bryk and Schneider 2002）は、信頼は、敬意、能力、他者への配慮、誠実さの4つの要素から生まれると述べている。また、チャネン＝モーラン（Tschannen-Moran 2014）は信頼に欠かせない要素として、博愛、正直さ、親和性、信頼性（頼りにできること）、能力の5つを挙げた。用語の違いはあれ、これらの異なる性質は、どれも複合属性*15として一つのまとまりをなしており、強い人間関係に見られる最も基本的な性質であると言えそうだ。ここで重要なポイントを強調しておけば、そうした複合的要素からなる信頼性なるものは、各個人の意識でコントロールできるだけでなく、教師の行動によって教えられ、高められもする。

　共感（empathy）は（第3章でも見たように）、良好な人間関係の中核要素である。共感するには、相手が考えていることだけでなく、感じていることも想像しながら、その人の視点で世界を見る必要がある。共感の目的は、相手の考えや思いに同意することではなく、理解に努め、その理解を相手に伝えることにある。これは、私たち教師が行動を通して模範を示すべき重要なスキルである。カール・ロジャーズ（Carl Rogers 1983）は、良きファシリテーターとなるための3つの中核条件として、受容（無条件の積極的関心）および一致（自分自身の感情をごまかさないこと）と並べて共感を挙げているが、共感は教師が示すだけでなく、学習者の中に育むことができる能力でもある。おそらく、共感力なしに、ポジティブな教室力学や支え合いと優しさに溢れた関係性が生まれることはないだろう。なお、共感の指導に焦点を当てた教育的介入の優れた事例として、ゴードン（Gordon 2009）のカナダにおける「共感教育」（Roots of Empathy）プログラムがある（下記を参照）。

---

*15　複合属性：2種類以上の属性が組み合わさったもの。

共感教育

共感教育は、エビデンスに基づく国際的プログラムで、社会情動スキル
の育成と、共感力の向上に大きな成果を出してきた。プログラムは5～
13歳の子ども用に設計されており、綿密なカリキュラムが組まれている。
1年間かけて行われるこのプログラムの中心となるのは、地域の児童と
その保護者、そして訓練を受けたインストラクターである。児童と保護
者は、3週間に1度教室を訪れる。そして、インストラクターは、コー
チングの方法を駆使して、学習者たちに、赤ちゃんの成長を観察しなが
らその感情を分類していくことを指導する。つまり、この体験学習では、
赤ちゃんが「教師」であり、教育のてこでもある。インストラクターは、
そのてこを用いて、学習者たちが自分自身の感情や他人の感情を理解し
考えることを支援するのである。

(https://rootsofempathy.org/roots-of-empathy)

　受容（acceptance）は、違いや長所・短所に関わりなく、すべての学習者があ
るがままの自分を受け入れてもらえるインクルーシブな教室の実現を意味する。
だが、それは、破壊的な学習者、攻撃的な学習者、人をいじめる学習者にも好意
を寄せなければならないということではない。そうした学習者には、教師の介入
が必要であるが、当事者の声に耳を傾け、理解に努め、支援しようとしているの
だという思いを伝えられるようにアプローチするのが望ましい。

> （受容とは）学習者を尊重することである。つまり、学習者の感情、意見、その人自
> 身を尊重することである。受容とは学習者への思いやりのことであるが、それは
> 学習者を意のままにすることではない。受容とは、相手を、その人なりの価値をも
> つ、別の人間として受け入れることだ。それは、根本的な信頼のことであり、この
> 人は基本的に信頼に値する人物だと信じることである。　　　　　　（Rogers 1983: 124）

グループ内で受容を促進する5つの主要因

1. **互いのことについて学ぶ**——互いのありのままを知ることをはじめ、
   このことがグループ内の人間関係を発展させるのに最も重要で最も
   一般的な要因である。
2. **近接・接触・相互作用**——近接とは人と人との距離が近いこと、接

触とは学習者たちが対面で自然にコミュニケーションをとれる状況、相互作用とはそれぞれの人の行動が他の仲間の行動に影響を与える特別な接触状況のことをいう。これらの要素は、ごく自然に作用して学習者同士を引きつける粘着剤の役割を果たし、席替えやグループワーク、学習者による独自プロジェクトなど、クラス・マネジメントの重要性を際立たせるものである。

3. **共通の目標に向けた協力**——全員の協力が必要な高い目標を目指すことは、人間関係の悪さがあからさまなグループであっても、グループを団結させるのに最も効果的な手段であることがわかっている。

4. **課外活動**——学習者たちにとっては、「学校という意識」が弱まり、学習者同士というより「一人の人間」として互いに関わることができるため、インパクトの強い経験になる。

5. **ロールモデル**——教師による思いやりのある支持的な行動は伝染する性質があり、学習者たちがそれに倣う可能性がある。

（Dörnyei and Muir 2019より抜粋）

原則4　協働と支え合いの文化を育む

　学校や語学の教室にも言えることだが、組織の「文化」は、人間関係や社会生活に影響を与える一連の規範、価値観、信念、期待を表している。簡単に言えば、「これが私たちのやり方です」ということだ。セニコウとファーンナム（Xenikou and Furnham 2013）は、文化とは「グループの次世代のメンバーに受け継がれていくもの」（p. 100）と述べ、その耐久性を強調している。エンゲージメントが活発に見られる学習環境を作るためには、学習者が学習の過程で積極的に努力することに価値を見いだす文化を創出する必要がある。そのためには、学習者たちが互いに助け合い、規範に従わない学習者たちをも受け入れていく必要がある。しかし、たいていの教室では規範に従わない学習者による負の同調圧力（peer pressure）との衝突が起こるのが常である。つまり、仲間からマイナスの影響を受け、「凡庸な規範」（norm of mediocrity）[16]に合わせなければいけないというプレッシャーが生じるのだ。この種のプレッシャーはあらゆる年齢の学習者に例外なくかかるものであるが、特に10代には強く作用する。あなたが子どものとき、親や祖父

＊16　「凡庸な規範」：真面目さや努力などを見下す姿勢が同調圧力として機能している状況。

母に「良くない連中とはつき合うな」と言われたことがあるかもしれないが、その忠告は実際、道理にかなっている。親しい関係や仲間集団では、ある価値観や特徴が共有され、グループの信念が伝染していくものだからだ。エンゲージメントを例に取れば、助け合って積極的に活動に取り組むことに貢献する友人集団がある一方で、仲間を活動に参加させないように圧力をかける集団もある。私たち教師が目指さなくてはならないのは、教室中に「エンゲージメントバグ」（熱烈に学習に没頭している人たち）を生み出すことによって、真面目に努力し意欲的に学ぶ姿勢が決してからかいや冷やかしの対象とはならない環境を作ることである（さらなる議論として、「行動4」を参照）。

> 子どもは、学校の友人の行動や目標を真似するものであるため、影響次第で学業に勤しみもするし、怠慢にもなる。つまり、友人が学校での取り組みを大事にし、教室での活動に積極的に参加する場合は、子どもの学校エンゲージメントにプラスの影響を与えるが、友人が学校を軽んじて距離をとったり、反発したりしているような場合は、正反対の影響を与えてしまうということだ。
>
> (Ladd, Herald-Brown and Kochel 2009: 323)

第4章

　支持的で協力的な関係を築くには、一緒にうまくやっていく方法を知っている学習者も必要だ。コミュニカティブな教室ではよくありがちなのだが、無作為にグループを作って協力し合うようにと言っても、うまくいかない場合が多い。物事を効果的に進める支援がしたければ、学習者にそれぞれが担う具体的な役割を割り当てるのが有効だ。そうすれば、役目を指示するだけでなく、すぐにその行動を開始するための道筋を示すことができる。大雑把な言い方をすれば、役割を引き受けることで、するべきことを担う、つまり、即座にエンゲージすることになるのだ。どのような役割をいつ割り当てるのかということについては「行動3」と「行動4」で具体的な提案をするので、ここでは役割が不足しているために起こり得る「社会的手抜き」（social loafing）に注目しておこう。これは、グループワークで個人があまり努力をせず、自分の不足部分を他者に頼ってしまうことを意味する。明確な役割がある場合には、社会的手抜きが起こりにくい。なぜなら、明確な役割は責任感を生み、各人のアウトプットと貢献を可視化するからだ。

学習者の協働

学習者が協働する際、仲間（ピア）の存在は、以下のような行動を通じて、互い
のエンゲージメントや認知的発達に影響を与える。

- フィードバックを行う。
- 互いの考えを戦わせる。
- 質問をする。
- 理由を尋ねる。
- 精緻化する。
- ストラテジーを共有する。
- 提案や説明をする。
- 問題の見直しを行う。

(Fredricks 2014: 169より抜粋)

　クラスメート間の支持的関係を育むストラテジーとして、十分に活用されてい
ないのが**ピア・メンタリング**（peer mentoring）だ。ピア・メンタリングとは、
特別に割り当てられた仲間が互いに教え合い励まし合う関係を築くことをいう。
つまり、メンター（指導者・助言者）になるということだ。各メンターがメンティー
（被助言者）の長所に気づいて、それを伸ばすように支援すれば、ピア・メンタ
リングは、文字通り驚くような効果をあげる。指導される側だけでなく、指導す
る側もリーダーシップの経験を積んで自信をもてるようになるだろう。もちろん、
そうした効果は自然に生まれるものではないため、ある程度の時間や機会を与え、
最良のメンタリング法を会得するための初期トレーニングを行うなど、仕組みや
形式を整える必要がある。中等教育や高等教育の中でも、新入生や転入生が校風
に慣れて、個々のもつ可能性を最大限に引き出せるよう支援するために、ピア・
メンタリングが最近は取り入れられるようになっている。ピア・メンタリングが、
エンゲージメントの促進に重要な役割を果たすことは間違いない。そうしたプロ
グラムのメンターは上級クラスの生徒・学生である場合が多いので、彼らが新入
生たちに関与を「奨励」すれば、新入生たちは積極的に活動に関わってよいとい
う許可を得たと理解することにもなろう。

リフレクション・タスク6

あなたのクラスについて考えてほしい。あなたのクラスには、エンゲージメントの観点から、どのような関わり合いの文化が根づいているだろうか。学習の機会に積極的に取り組もうとする正の同調圧力が見られる場面はあるだろうか。逆に、学習への取り組みを放棄したり、軽視したりするような負の同調圧力がかかる場面を目にすることはあるだろうか。あなたのクラスでは、これらを示す証左として、どのような行動が見られるだろうか。

原則5　対立は敬意をもって建設的に解決する

　意見の対立と規律の問題については前章ですでに論じたが、重要な問題なので、ここでもう少し議論しておきたい。たとえ学習者に対人関係のスキルを教え、教室の中に良好な雰囲気を構築しようと努めていても、教師の介入が必要となる対立が生じ、しつけや問題解決を求められることがある。そのような場面での教師の振る舞いには、自身の価値観や学習者との関係が色濃く反映される。こうした重大な場面でこそ、学習者は、教師から、敬意、信頼、忍耐、受容、思いやり、親切心といった、暗示的ではあるが強力なメッセージを感じ取るものだ。とはいえ、教育者としての役割（と責任）への期待に応えつつ、同時に学習者の良好なコミュニティーの構築に資する方法で対立を解決するのは、決して容易ではない。この2つを同時に実現する秘訣は、ロッフィ（Roffey 2011）が指摘するように、十分に関係構築されたクラスであれば、教師が支配的にならずとも、きちんと対処できるということを心にとどめておくことだ。教師は、その立場上、学習者よりも多くの権限をもっている。しかし、その権限を学習者の民主的参加を促進するために用いることで、彼らにイニシアティブと発言権を与え、教室での対人関係と期待される行動の形成に活かすことができる。

> 初期段階で肯定的な集団力学に時間をかけるのは、旅行前に予防接種を受けるのに似ている——そうすることで、危機をはらむ問題の多くを抑えることができる。それでも、やはり、ちょっとしたいざこざや、予期せぬ問題が起こることはある。
>
> (Dörnyei and Murphey 2003: 135)

しつけ（disciplining）と**対立の解消**（conflict resolution）は、区別して捉える方がよい。しつけとは、簡単に言えば、ルール違反をしたり集団の規範を破ったりした後で行われるものだ。しつけの場面では、一貫して毅然とした態度で、秩序を乱す行動の悪影響に的をしぼって、ことの重大さをきちんと説かなければならない。そのような場合でも、学習者に対する敬意を欠いてはならない。先に論じた受容の概念は、ここにも深く関係しており、学習者が、たとえ懲戒指導を受けなくてはならないとしても、その件で教師との関係が崩れることはなく、その後も個人として尊重されることに変わりないと認識できていることがいかに重要であるか、示唆している。むしろ、この種の指導機会は、信頼を再構築し、ゆるぎない関係性を示すチャンスでもあるのだ。

> 子どもというのはルールをよく破る。日ごろ遵守し大切にしようと思っているルールであっても、そのルールは自分たちが作ったようなものだからという理由で破るものだ。ルール違反にどう対処するかは、コミュニティーの発達にとって非常に重要である。子どもたちへの対応の仕方は、規律の発達にとって極めて重要な意味をもつ。
> (Charney 2015: 144)

　対立とは、しつけや規律の問題とは異なり（規律の問題に発展することはあるが）、ある問題を巡る、あるいは集団のメンバー間での、意見の相違のことをいう。集団力学の視点から見た場合、対立の評価はいささか両義的である。対立はかつては破壊的なものとみなされていたが（タスクの遂行を妨げて、学習者の関係性を壊してしまうからだが）、たとえばドルニェイとマーフィー（Dörnyei and Murphey 2003）の見解は違う。学習者間の関係が構築されている場合、対立は少なくとも以下の4つの点で有益なものとなる可能性があると、彼らは丸1章を費やして論じている。

- **対立は学習者の関わりを深める**（議論が白熱しても満足のいく解決をみるならば、対立する集団同士の関わりはより深いものとなる）。
- **対立は敵対心のはけ口になる**（事態に蓋をせず、膿を吐き出させる）。
- **対立は集団の結束を強める**（集団が成熟するためには、問題の発生から解決に至るまでのいばらの道を歩ませる必要がある。集団の発達に欠かせない重要な原則の一つである）。

- **対立は集団の生産性を高める**（批判的思考を高め、タスクごとのプロセスを改善することによって集団の生産性は向上する）。

> 意見の相違は、激しい個人間の対立へと悪化しない限り、健全であることの証拠である。個人間の対立は避けられないものであり、それを失敗のサインと受けとめるべきではない。また、それをきっかけに教師が、調停者か、陪審員、あるいは裁判官にでもなったかのように、主導権を握るべきでもない。(Cohen and Lotan 2014: 137)

　意見対立を建設的に解決するための鍵となる考え方に**交渉**（negotiation）がある。オープンな話し合いは、争いを鎮め、人を一つにまとめることができる。ドルニェイとマーフィー（Dörnyei and Murphey 2003）は、問題について落ち着いて率直に話し合い、異なる意見を尊重できるように教師が先導することで、学習者に重要な模範を示すことができると強調している。対立しているグループ同士が自分たちで直接解決するのが理想的であることは言うまでもないが、敵対心が強すぎて建設的なやり取りができない場合には、仲介者の役割を担う第三者が介入すべきである。仲介で重要なことは、まず両グループのそれぞれの言い分を理解させ、誤解を解き、その上で勝ち負けのない解決を導くことである。ここでは、共感のスキルが重要な役割を果たす。大切なのは、相手の意見に同意することではなく、互いの考えを理解しようとする点にあるからだ。

> 集団のメンバーが一つの立場にこだわって譲歩の姿勢を示さなくなると対立は激しくなるが、進んで交渉に応じ双方の利益となる解決策を模索しようとする場合、対立は沈静化する。交渉とは、対立する2つ以上の集団が該当の問題を念入りに調べ、それぞれの立場を明らかにして、提案や反対意見を示し合う互恵的なコミュニケーションのことである。　　　　　　　　　　　　(Forsyth 2019: 431)

 仲介の際に、双方の集団に求めること
- 何が起きたか、どう感じているのかを説明させる。
- 相手の立場や気持ちを言い換えさせる。
- 今後、そうした対立を避けるために何ができるのかを互いに語らせる。
- 双方が見出し同意した解決策を復唱する。

（Dörnyei and Murphey 2003: 152より抜粋）

近年、学校における**修復的司法**（restorative justice）*17への関心が高まっているが、これは対立やその結果として生じる規律の問題に対処する関係調整のための具体的なアプローチである。修復的司法は懲戒に対する急進的なアプローチで、もともと刑事司法制度に端を発するものであるが、今日ではこのアプローチが学校でも盛んに取り入れられるようになっており、ポジティブな成果を挙げている。たとえば、いじめや反社会的行動の減少、出席率の向上、集団やコミュニティーの質的改善、学習者の対人スキルの向上、教室崩壊の減少、学習活動に取り組む時間の増加などが挙げられる（Evans and Lester 2013; Fronius, Persson, Guckenburg, Hurley and Petrosino 2016; Ortega, Lyubansky, Nettles and Espelage 2016）。このアプローチの基本は、対立関係にあるそれぞれの個人に、自分の行動が他の人たちにどのような影響を与えるのか、場合によっては、自分が所属するグループ内の仲間の仲裁を通して、理解する機会を与えることにある。そのとき、すべての当事者が尊重され安心感を得られる場に集まり、忌憚のない意見を述べ合う中、相手の立場に立ち、互いの声に耳を傾けるようにさせる。そうした中、問題を起こした人物は、過ちを正す方法を考える。このアプローチは、すべての人間やすべての学校に合う手立てではないかもしれないし、ゼロ・トレランス政策（zero-tolerance policy）*18による指導法への全面否定だという批判もある。しかし、これがエンゲージメントを促す重要な要素の多く（敬意、安心感、多様性の受容、対人関係、向社会的行動*19、オープンな対話、信頼）を基とするアプローチであることは間違いない。

 リフレクション・タスク7

自分のクラス、あるいは他の教師のクラスで目にした学習者同士の対立について考えてみてほしい。あなたは、2つのグループがそれぞれどのような感情を抱いていたと思うか。なぜ、彼らはそのような行動をとってしまったのだろうか。あるいは、あなたが見ていたクラスの教師は、そのとき、どのように感じていただろうか。その感じ方は、対立を鎮め

＊17　修復的司法（restorative justice）：犯罪による被害の修復方法について、当事者全員（被害者、加害者、コミュニティーのメンバーなど）で議論し、合意形成を求める一連のやり取りのこと。
＊18　ゼロ・トレランス政策（zero-tolerance policy）：地区教育委員会が示した学習者の細かい行動綱領に基づき、各学校は校則を整備し、父母らに通達する。自らの行動に責任がとれる年齢に達する学習者には、それに基づき責任を取らせる。これは罰の体験や反省を通して立ち直らせることを目的としている。
＊19　向社会的行動：他者のためになる貢献的な行動。

る際のあなたの行動にどのような影響を与えたか。振り返ってみた場合、そのようなことが起こらないようにするために、あるいは、異なる方法で対応するために、なにか他にできることがあっただろうか。

教師の行動

　本章の前半部では、質の高い仲間関係や、言語学習に積極的に取り組む文化に焦点を当て、ポジティブで互いに支え合う安心感のある教室環境を作る概念を中心に5つの原則について述べた。そのような環境を作ることが可能な集団のリーダーとして教師がとるべき行動にはいろいろなものがあるが、実践的な行動の提案として、先に述べた5つの原則を、特に語学の授業で具現化するための行動について5つ選んでみた。その5つとは、個々の学習者同士をつなぐ、「私たち（we/us）」という感覚を教室で育てる、学習者をグループワークや協働的な学びに備えさせる、3つのR——ルール（rules）、役割（roles）、ルーティン（routines）——を使ってクラスをまとめる、学習者の民主的な参加を促進することである。

行動1　学習者同士をつなぐ

　教室全体の活力を高めるためには、すべての学習者が互いに何らかの関係をもてるようにすることが重要だ。すべての個人がつながれば、徒党を組んだり、誰かをいじめたり、仲間外れにしたりといったリスクは減ると期待できる。先の「原則3」で教室内での信頼・共感・受容（TEA）の実現について述べたが、これを実現するプロセスで重要なのは、学習者たちが互いに接触し、交流する機会をもち、互いをよりよく知り、協力し合えるようにすることである。言語教育の利点は、授業中に学習者が第二言語を使って一緒に活動し、互いを知る機会が多くある点にある。このような機会を利用すれば、意識的に学習者を混ぜ合わせ、互いが個人的につながりをもてるようにすることができる。ここでは、グループ形成の過程における3つの重要な局面について強調しておきたい。**アイスブレーカー**（icebreakers）すなわち**ウォームアップ**（warmers）の活用、**互いの名前を知ることの重要性**、**グループワーク**の有用性についてである。

アイスブレーカーは、新しく組んだグループの最初の数回のミーティングや、新たに多くの参加者がグループに加わったときに行うよう設計されている。フランクとリンヴォルクリ（Frank and Rinvolucri 1991: 9）によれば、アイスブレークというショート・タスクの目的は「互いを個として意識させ、リラックスさせ、緊張を解き、笑顔にし、笑わせることである。こうした活動を行うと、人はグループ内の他のメンバーのことを少しだけ知ったという気持ちになるようだが、知らず知らずのうちに多くのことを学び取っているのだ」。無意識に互いの情報を収集しているというこの後者の機能は、集団凝集性を強化するという観点からも、極めて重要である。つまり、他のメンバーの振る舞いを目にし、彼らの声を耳にし、彼らと話し、すべての人々と関係を築いていくと、驚くほどの速さで強い親近感を抱くようになるのだ。

　効果的なアイスブレーカーの機能と特徴
- 短時間であっても全員が全員と話す機会を作る（ミニアンケートの実施など）。
- 個人の情報をシェアする要素がある（自己開示ゲームなど）。
- 動きを伴う活動がある（お手玉投げなど）。
- 教室内での行き来がある（学習者をさまざまなグループに入れるなど）。
- ユーモアと笑いがある（雰囲気を明るくするために）。
- さまざまな形式での交流を利用する（ペア、小グループ、全員一緒など）。
- 協力を必要とする要素がある（小グループ間での競争など）。

　もっとも、アイスブレークは最初の1回だけでは不十分である。その場がしっかり温まらないと、再び凍りついてしまうものだ。そのため、たいていのグループは、顔を合わせるたびに再調整の時間、すなわち、グループを再結成し、再び互いを受け入れ、関係を築き、グループの目標やルールを暗黙のうちに思い出す時間が必要となる。こうしたことが、授業の最初に行われるウォームアップの重要な機能である。

　互いの名前を知ることの重要性。教室にいる他の人の名前を知らないと、教師の想像をはるかに越える深刻な事態を引き起こす。クラスメートや教師に自分の名前を覚えてもらえないと思うと、学習者はグループ内で自分を透明人間のよう

に感じることが多くなる。名無しの感覚は、グループに存在しない感覚に等しい。このように、教師が学習者の名前を覚えず、また学習者にも互いの名前を覚える機会を設けることなく、学習の進度ばかりに気を取られてしまうと、一部の学習者を置き去りにし、自分は重要な存在ではないのだと感じさせてしまう危険性がある。

> あなたが学習者の名前を知らなければ、彼らはクラスの匿名のメンバーとなってしまう。名前を覚え、名前を呼ぶことで、一人ひとりを個人として認識し、あなたが注目し、興味をもつ人物として受け止めたことになるのだ。(Scrivener 2012: 76)

グループワークは、コミュニカティブな言語指導に有効な学習形態として知られているが、本章の観点から最も重要なことは、グループのメンバー同士による接近、接触、相互作用、協力を生み出す点にある。人が同じグループの中で一緒に作業を行うと、互いに好意的な感情をもつようになることを明らかにしている社会調査は少なくない。つまり、グループ活動は、友好的な関係を築き、互いへの信頼を深める可能性が高いということだ。また、差別のない教室で多様な人種の学習者が調和のとれた関係を築くには、グループ活動が特に有益であることもわかっている（優れたまとめとして、Cohen and Lotan 2014を参照）。

　グループ作りには主に4つの方法がある。教師が目的に合わせて意図的にグループ分けをする、教師が無作為に（くじ引きなどで）グループ分けをする、学習者が自分たちでグループ分けをする、教師の考えと学習者の考えを織り交ぜてグループ分けをする、という方法だ。学習者が自分たちでパートナーを選んだ方が有益な場合もあるのは明らかで、特に最初の時期、学習者があまりにも緊張している場合は、親しい友人と一緒に作業させることで安心感を与えられる。しかし、この方法は、クラス全体にとって好ましくない固定化された徒党集団を形成してしまう危険性があるので注意が必要だ。また、教師は意図的に学習者を分けたり、特定の学習者をあえて一緒に組ませたりすることもできる。無作為のグループ分けは、すべての学習者にとって「公平」であり、興奮を与える要素もあるため人気のあるやり方だ。教師と学習者の主張を織り交ぜてグループ分けをする場合には、学習者に自分の相手を決めさせるのだが、「その週、その月に一緒に活動した人とは組めない」といった一定の条件の下で行うようにする（「行動3」で、学

習者がグループワークに参加する効果的な準備方法について議論する)。

教師がアクティブな学びの場面を創造したいと思った場合、しっかり計画された
グループワークは、クラスのすべての学習者に一斉に活動の機会を与えることが
できる強力なツールとなる。グループ分け自体は指導上のあらゆる問題に効く万
能薬ではない。それはある特定の指導目標を達成するのに有効なツールの一つに
すぎず、学習者の過去の学業成績や指導言語の習熟度にかなりの開きが見られる
教室に特に適した方法である。　　　　　　　　　　　　(Cohen and Lotan 2014: 1)

行動 2 「私たち (we/us)」という意識を高める

「原則 2」で、肯定的な集団力学の本質は、ポジティブなグループ関係や積極
的な課題への取り組み、集団的誇りといった要因から生じる結束感を学習者が共
有する点にあることを確認した。理想的には、すべての学習者が集団アイデンティ
ティーや集団への帰属意識をもてるようにするのが望ましい。しかし、我々教師
は、それが極めて難しいときがあることも十分認識している。たとえば、フォー
サイス (Forsyth 2019) は、一つの集団内で生じる受容と排除の特徴として、完
全受容から完全排除・追放に至る連続性があると論じている。この連続性に照ら
して集団の仲間意識を捉えようとすると、次の 2 つのことを理解することができ
る。(1) 集団における受容には、さまざまなレベルがあるということ、(2) 学習
者ごとに、集団に関与する必要性やそれを望む度合いは異なるということである。
私たち筆者は教育者として、集団はすべてのメンバーを受け入れ、すべてのメン
バーにオープンで、誰もが居心地の良さを感じるやり方やペースで関われるよう
な柔軟性を携えていてほしいと望む。

集団に関して最も注目すべき点の一つは、メンバー間の好き嫌いにかかわらず、
あるいはそうした感情がメンバー間に見られる場合でさえ、集団の発達にとって
適切な条件が与えられると、「私たち (we)」という感覚が生まれるということだ。
よく機能している集団では、当初の親和的結束が徐々に、より深い安定した人間
関係、つまり**受容** (Dörnyei and Murphey 2003) へと変化していく。これはどの
ように起こるのだろうか。「行動 1」では、集団内で「学習者同士をつなぐプロ
セス」を促進する方法をいくつか示したが、以下の 6 つのものも有効であること
がわかっている。

- **目標の共有**。授業で何を達成したいのか、学んだ言語を将来どのように活かせるのかといったことについて、率直に話し合うことから学習を始めるのは有益である。年度の始めに、グループに全員で達成したい具体的な目標を設定させ、力を合わせてその目標を達成できるようにする方法について考えさせるといいだろう。

> 明確でシンプルな優先事項の一覧を作り、それに従って関与させると、学習者の行動を正しく方向づけ、目標までの道筋を示す灯台のような機能を発揮する。
>
> (Coyle 2018: 210)

- **課外活動**は、絆を作る強力な方法である。思い出や経験を共有することで結束力が強まり、楽しい思い出を分かち合うことで肯定的なグループ・アイデンティティーが生まれる。課外活動中は「学校フィルター」が下がるので学校に対するネガティブな感情が抑えられ、学習者たちはいつもより自分らしく振る舞うことができる。その上、このような活動は通常、学習者にさまざまなポジティブな役割を提供する。積極的にいろいろな役割を試し、うまくいったものを自分の役割とすることもできる。企業では時々、従業員の団結を築くために野外活動を開催し、チームとして乗り越えなければならない困難をいくつか用意する（ロッククライミングや急流下りなど）。共に試練に直面しているときは、苦しみを軽減し障害を乗り越えるため、仲間のために行動する傾向が見られる。そうした一連の経験が、連帯感と帰属意識を高めていく。一緒に難題を乗り越えることによって、集団としての達成感が生まれ、その体験は忘れがたいグループ・ヒストリーの大切な一幕になる。

- **競争**は、集団の結束について考える上で、興味深い考察対象の一つである。クラス内の結束を強化するために、チーム一丸となって他のクラスと競争する取り組みには、理に適った根拠がある。クラス内で小グループを作って競争させる場合も同じ目的に資する。しかし、競争の活用には注意が必要だ。確かに、競争はモチベーションを高め、楽しい要素もあり、集団の結束を強化するものではあるが、用い方を誤ると、学習者を孤立させたり、内集団と外集団を生んだり、勝ち組と負け組を作り出したりする危険性がある。そうなると、学びのプロセスを重視するという目的とは反対に、アウトプットや

結果に注力させることにもなる。シンドラー（Shindler 2010）は「健全な競争」のためのガイドラインを示し、たとえ勝っても象徴的価値が与えられるだけにする、競争は短く楽しいものにする、どの学習者も勝てると思えるようにする、勝ち負けよりもプロセスを重視するようにするといった配慮事項を挙げている。

- **グループ・レジェンド**（group legend）。集団の結束を強化するのに重要な他の要因としてグループ・レジェンドがある。ハドフィールド（Hadfield 1992）によると、うまくいく集団（若者の不良グループもここに加えられるかもしれない）は、「自分たちは仲間である」という思いを強めるために、集団に名前をつけたり、その集団独自の特徴（ドレスコードなど）を考案したりするなど、一種の「集団神話」を作ることが多い。他にも、グループの儀式を設けたり、半公式の年代記の作成、「グループ・オブジェ」やシンボル（旗や紋章）の共有、あるいは自分たちにふさわしいモットーやロゴを見つけたり作ったりもする。

- **集団への正式な関与と貢献**。集団への正式な関与は帰属意識を強化する。フォーマルな形で同意したり、契約を交わしたりした場合、その集団への関与はますます明確なものとなる。スクールカラーの服やTシャツを着るのも、関与を正式なものにする一つの方法だ。さらに、集団のメンバーが長い時間と労力を費やして集団の目標に貢献しようとするときには（重要なプロジェクトを完遂するなど）、集団の目標だけでなく、集団そのものへの関与を高めるようになる。言い換えれば、実際にメンバーとして個人的に活動に関与し、しかもそれが他のメンバーから認められると、仲間意識が急速に育まれるということだ。

- 本節では「私たち（we/us）」の意識形成に注目してきたが、最後に、集団形成のツールとして「私たち（us）」と「彼ら（them）」の区別——すなわち、**他集団を自分の集団と差別化すること**——についても触れておく必要がある。この問題を取り上げる理由は、そのように区別するストラテジーが集団作りにとってかなり強力であると同時に、かなり危険な面も含んでいるからだ。ドルニェイとマーフィー（Dörnyei and Murphey 2003）は、たとえば（スポーツの試合のような）クラス間のライバル意識は、クラスをまとめるためにはか

なり効果的ではあるが、集団内部の結束を強めようとするあまり、他の集団への対抗心をかき立ててしまう（つまり「私たち」対「彼ら」になる）ことがあると警告している。実際、政治家は、自分たちの人気を高め、国内の連帯を強めるために、意図的に外部に敵のイメージを作り上げることがある。こうしたことから、クラス内やクラス間で、「私たち（us）対彼ら（them）」という対立構造が、いつ、どのように生まれるのか、十分注意しておく必要がある。

これが私たちだ――みんながスターのクラス！（クラス掲示）

誰にでも必ず長所はある。重要なのは、個人や集団が、互いに長所を知ることだ。同じグループになって間もない頃は、まずメンバーのことを調べ、それぞれの得意分野（言語学習関連またはその他）を報告し合うことが有効だ。結果については、グループ・コラージュとして（オンライン上で、あるいはポスターで）掲示するとよい。学期が進むとクラス内の学習者が互いを知るようになるので、その後はクラスメート同士が互いを褒め合うとか、誰かが別の誰かに親切なことを行った場合にポジティブなコメントをグループ・コラージュに書き加えるといった活動もできる。学習者が互いの長所を探し、クラス全員の長所を認識するように促すことは、その集団が互いのことを好きになり、感謝し合うようになるという点で、非常に有益である。

行動3　グループワークや協力のマインドを育む

　グループワークは、他のどの教授法よりも、学習者の行動を活発にし、エンゲージさせ、タスク志向型にする可能性をもっている。コーヘンとロータン（Cohen and Lotan 2014: 3）は、権威ある彼らの著書の中で、「指示待ちでしか動かない」学習者でさえ、グループワークであれば作業に積極的に取り組み、「グループ活動によってエンゲージメントを維持する」と述べている。しかし、学習者は、指導されなくても、はじめから他のメンバーと一緒に建設的かつ協力的に作業を行う方法を知っているわけではない。それでいて、（とりわけ第二言語では）それまであまり使用してこなかったコミュニケーション機能[20]を駆使する必要があ

---

*20　コミュニケーション機能：要求・主張・比較・分析・譲歩・合意など、人とのやり取りにおいて言語が果たす機能のこと。

るため、（これまでの教育のように）個人の利益だけを追求するのではなく、他のメンバーと協力して物事に取り組む方向へと意識の転換を図る必要がある。学習者にグループワークの技術と協調性を身につけさせるためには、3つの基本的ストラテジーがある。関連スキルの習得、規範の設定、役割分担である。

 意欲を高める協働学習の5つの方法

1. **目標設定**。グループは、1つのチーム目標の達成を目指して作業を進める（ジョイント・パフォーマンスなど）。
2. **報酬設定**。個人の点数や成績だけでなく、チームスコアも計算し、グループの成果に対して報酬や成績を与える。
3. **役割設定**。一人ひとりが特定の責任を担うよう、グループのメンバー全員に役割を与える（「説明担当者」、「まとめ役」、「書記」など）。
4. **教材設定**。資料を制限して、仲間と共有するように仕向ける（1グループに1枚の解答用紙を配布するなど）、あるいは、あとで組み合わせる必要がある（ジグソー法のための）資料を配布する（ワークシートや情報シートなど）。
5. **ルール設定**。グループの成果に対して責任を共有させるようなルールを設ける（「グループ全員が前の課題を終えるまでは、誰も新しいプロジェクトや教材に進めない」など）。

(Olsen and Kagan 1992より抜粋)

必要なスキルの習得。学習者は、グループワークで自分の能力を十分に発揮するために、次の5つの分野の言語機能を実行する方法を知っておく必要がある。
- 他のメンバーに意見を尋ねたり、助けや説明を求めたりする。
- 互いに助け合い、励まし合い、仲間にやり方を説明する。
- 意見を交わし、理由や説明を述べる。
- 建設的なフィードバックを与え、意見の行き違いをうまく処理する。
- 妥協点を見出し、統一見解や合意に至るようにする。

必要とされる言語スキルを用いるには、第二言語のインプット（様式的な表現や上記の各言語機能に関連する言い回しなど）がある程度必要になるだけでなく、ロールプレイの一部を練習するといったコントロールド・プラクティス（controlled practice）も必要になる。幸い、コミュニカティブな言語指導のシラバスには、そうした練習をさまざまな場面で取り入れることができる。

集団活動における規範の設定。グループタスクは、もっぱら教師の言動に注意を向け、指示に従うことを中心とする伝統的な教室のあり方に大きな変化をもたらす。コーヘンとロータン（Cohen and Lotan 2014）は、「平等な参加」という規範こそ、誰もが習得すべき基本の協働ルールだと説いた。このルールは、以下のような一連の行動要件に分解することができる（Ehrman and Dörnyei 1998: 264より抜粋）。

- グループのニーズに応える。
- 仲間を力づける有益な行動や良いアイデアを称賛する。
- 順番を守り、仲間の意見に耳を傾け、尊重する。
- 何かを決める前に、仲間に相談する。
- 誰かが独占するのではなく、全員が参加するようにする。

集団規範が通常どのように構築されていくのかということについては、次の「行動4」でさらに議論する。

役割分担。グループワークの課題に取り組む際には、通常全員にやるべき作業が行き渡るようにし、非関与（disengagement）、独占、個人間の対立といった問題を回避する手立てとして、役割分担を行うことが非常に有効である。タスクに直接関係しないが、グループワークに有効な一般的な役割として、以下のものが挙げられる。

- **ファシリテーター**（facilitator）：グループの課題への取り組みを維持する。
- **発言奨励者**（encourager）：各メンバーからの発言を奨励する。
- **資料担当・情報収集係**（resource person/information-getter）：教師や他のグループとコミュニケーションを取り、情報、助言、資料、フィードバックの収集に努める。
- **まとめ役**（summariser）：重要なアイデアを紙にまとめ、今後解決しなければならない非合意事項を明確にする。
- **書記**（recorder）：グループの決定事項を記録し、グループの代弁者（spokesperson）として活動する。

- **タイムキーパー**（time-keeper）：決められた時間内にグループが適切に活動
  を進められるようにする。

　こうした一般的な役割に加えて、タスクに特化した役割（たとえば、過度に熱
心な警官、人を困らせる質問ばかりするレポーター、不平ばかりこぼし続ける通
行人）を付け足すこともできる。以前に議論した協力のスキルと同様に、多くの
場合、役割を単に振り分けるだけでは不十分なため、学習者は言語のインプット
やプラクティスを通じて、各々の役割を効果的に果たせるようにすることも必要だ。

行動4　3つのRを用いた集団作り
——ルール（rules）、役割（roles）、ルーティン（routines）

　時々、教師がまったく介入しなくても、クラス集団が円滑に機能することがあ
る。しかし、たいていの場合、集団力学の質が高まるのは、教師が集団の内部「構
造」の構築に意識を向けているときである。カウリー（Cowley 2013）に従って、
促進的学習文化の主要素である3つのR——ルール（rules）、役割（roles）、ルー
ティン（routines）——について考えてみよう。後で見るように、骨組みとなる
これらの要素は、先に議論した効果的なグループワークの要素に似ている部分も
あるが、ここではクラス全体のレベルで考える。

　ルール（rules）。クラス・ルール（「集団規範<ruby>グループ・ノーム</ruby>」とも呼ばれる）は、すべての学
習者が安心して活動に取り組むことができ、共同の学習を達成するために存在する。
集団規範は、学校や教師が明示的に学習者に課す場合もあるが、多くは集団が発
展するにつれて自然に発生するものだ。実際の集団規範というものは、本質的に
社会的産物であるため、クラスのルールとして影響力をもたせるためには、明示
的に議論をした上で、クラスの大多数のメンバーから円滑なクラス運営の必要条
件であると受け入れられることが必要だ。このような「承認・同意」を確実にす
るためには、集団生活が始まる初期の段階で、まずブレーンストーミングの場を
設け、クラスのルールについてアイデアを出し合い、次に優先順位を決め、議論し、
取捨選択を試みるという手順を踏むのがよいだろう。このように、そのグループ
がある特定のルールをなぜ選んだのか、そのルールをみんながどのように感じる
のかを話し合うことは、対人関係スキルや共感力、あるいは自分の行動が他のメ

ンバーに与える影響を考える能力を発達させる点でも、重要な機能を果たす。

集団のメンバーが規範を受け入れ、それに従うのは

1. 規範の存在を認識するとき。
2. 他のメンバーが規範を受け入れ、それに従っているのを目にするとき。
3. その規範が、目標の達成に役立つものだと認識するとき。
4. 規範に対する当事者意識を抱くとき（通常は規範作りに関与したときに生じる）。
5. 違反行為に対して、規範が直ちに適用されるのを目にするとき。

(Johnson and Johnson 2017: 250–251より抜粋)

　準備ができたら、クラスが受け入れたルールを目で確認できるように、教室の壁に「公式」ルールとして掲示するといいだろう。集団規範に関する最後のポイントとして述べておきたいことがある。「人に言ったことは、行動で示せ」とは、教育の現場でよく知られる教訓だが、これは集団規範の形成と密接な関連があることをここで強調しておきたい。教師が、ルールを遵守する生きた模範となることが、皆で定めたクラス・ルールを長く維持する必須条件である。

クラス・ルールの実例集

【学習者用】

・授業に遅刻しない。

・宿題をする。

・グループ活動では、第二言語でやり取りを続けられるように助け合う。

・欠席の際には、その日の授業内容を補うように努め、クラスメートに宿題の内容を尋ねる。

【教師用】

・時間通りに授業を終える。

・宿題やテストは1週間以内に採点を終える。

・テストについては必ず事前に告知する。

【全員用】

・互いの言うことを傾聴する。

・互いに助け合う。

- 互いを受容し、励まし合う。
- 互いを傷つけたり、弱点をからかったりしない。
- 失敗を恐れず第二言語で積極的にチャレンジする。
- ミスを歓迎する。

(Dörnyei and Murphey 2003: 37-38より抜粋)

　役割 (roles)。2番目のRは、学習者がクラスで何らかの役割をもつことである。個々の学習者は、役割をもつことで、自分がクラスの一員として関わっていると感じ、自分の貢献に責任を感じるようになる。結果として、「社会的手抜き」の可能性を減らすことにもつながる——自分の役割を果たそうとしない人がいることを誰もが嫌がるものだ。先述の行動提案（行動3）の中では、グループワークへのエンゲージメントを高めるために有効な学習者の役割について考察したが、同じ原理がクラス全体のことにも当てはまる。学習者は、名前のついた責務（つまり、役割）を与えられると、集団過程 (group process)[21] の中で自分が担う役割に大きな満足感を覚える。先に議論した集団規範は、グループがうまく機能するのに役立つ一連の行動規範を示すものであったが、同様のことがクラスレベルの学習者の役割にも当てはまる。各役割に期待される行動を割り当てることによって同じ機能が働き、学習者はクラス集団の円滑で生産的な機能に貢献する行動ができるようになるのだ。

　それでは、どのような役割を設定したらよいのだろうか。教員の目的次第というところもあるだろうが、学習者自身に有益だと思われる役割のリストを作らせ、その中から自分たちで役割を選ぶようにさせてもよいだろう。時には、学習者に安全地帯から飛び出して、新たな役割に挑戦してほしいと思うこともあるだろう。ヴィゴツキー (Vygotsky 1978) の最近接発達領域 (ZPD: Zone of Proximal Development) は、多くの教育者にとってすでに馴染み深い概念だと思われるが、これは、学習者が現在できることと、もう少しでできるようになるが、自分たちよりも高い能力をもつ者（教師やクラスメートなど）から支援が必要だと思われるスキルとの距離のことを意味する。学習の効果が最も高く得られるのは、学習者が自分のスキルや能力を伸ばすために、高い目標に手を伸ばしつつも、決して

---

*21　集団過程 (group process)：集団行動を生み出す過程。

手が届かないほどではない、最近接発達領域内の課題に取り組むときである。その際、学習者は自分の役割をよく理解しておく必要があろう。その点では役割カードが役に立つはずだ——このカードも学習者自身に作ってもらうといいだろう。役割の中には、人との関わりが多いものや、グループの管理を行うもの、学習やタスクに関連するものもあるだろう。このことから、コーヘンとロータンは（Cohen and Lotan 2014）、役割を「状況」役割（'how' roles）と「内容」役割（'what' roles）に分けた。前者は、学習のプロセスがどのように展開されるべきかに関する役割（ファシリテーターや議論の司会など）を差し、後者は、何が学習されているのかに関する役割（資料担当者や書記など）を意味する。以下に、これまでさまざまな文献で推奨されてきた役割の例をまとめておく。

学習者の役割の例

- 明確にしていく人（Clarifier）
- 意見提供者（Contributor）
- 調整者（Coordinator）
- 活気を与える人（Energiser）
- 評価者（Evaluator）
- 検証者（Fact-checker）
- 調和させる人（Harmoniser）
- 情報・専門的意見を求める者／与える者（Information seeker/provider, Opinion seeker/provider）
- 先導者（Initiator）
- 資料管理者（Resourcemanager）
- 書記（Secretary/Recorder）
- まとめ役（Summariser）
- タイムキーパー（Time-keeper）

（Dörnyei and Murphey 2003より抜粋）

ルーティン（routines）。最後のRは、集団におけるルーティンの重要性を意味するものだ。後でタスク・デザインについて考察する際に、エンゲージメントを維持するには「変化」（variation）が重要であることに注目するのだが（第6章参照）、それゆえに、ここでルーティンの価値を強調することは矛盾している

ように聞こえるかもしれない。しかし、集団力学の観点からすると、ルーティンは非常に重要なものだ。集団規範やルールや役割と同様に、ルーティンもまた集団にとっては好ましいものである。しかし、ここではルーティンを、クラスの精神（エートス）に沿った一般的な期待（＝集団規範）やクラスでの仕事（＝役割）と同じ観点ではなく、授業の特定の段階で実践すべき具体的な行動として説明する。少し前にオーストリアの中等学校でクラスを観察したのだが、教師が教室に入ってくると、生徒はすでに全員が手に紙を持って席に着いていた。毎週金曜日は、週の最後の授業を楽しいクイックファイヤー・ゲーム*22から始めることになっているため、教師が教室に姿を現す前から生徒たちはワクワクしており、準備もすでにできていたのだ。この共通理解と行動パターンこそが、彼らの教室文化にほかならない。

　面白いことに、ルーティンがあるということは、特別な効果を狙ってルーティンを崩すこともできるという意味でもある。つまり、学習者が予想していることを行わず、驚きと新奇性を生み出すことによって、特別な効果を得ることができるということだ。加えて、ルーティンは、日常の事柄を円滑に進めるのに役立つ、有効な教室運営テクニックでもある。ルーティンは、授業に遅刻する学習者や、授業中にトイレに行きたがる学習者に対処するための基本的なシナリオを与えてくれる。ルーティンを確立するためには往々にして時間と忍耐が必要だが、エンゲージングな学習状況を生み出す多様な効果も得られる。

リフレクション・タスク 8

あなたのクラスにはどのようなルールとルーティンがあるか。それらの行動様式は、あなたが好んだために次第に現実のものとなったのか。ルールやルーティンのうち、よりはっきりと説明したり根拠を明らかにしたりするのが望ましいものはあるだろうか。あなたはクラスの規範をどれくらい一貫して守っているだろうか。学習者は規範に対してどのような意見をもっているだろうか。

＊22　クイックファイヤー・ゲーム：矢継ぎ早に行うインタラクティブなゲーム。

行動5　民主的な参加を促進する

　D・W・ジョンソンとF・P・ジョンソン（Johnson and Johnson 2017）の説明によれば、集団力学という学問領域は、もともと第二次世界大戦後の民主主義への関心から生まれたものであり、民主主義を強化して社会の問題を解決し、ファシズムの再来を阻止し、人種差別主義を減らす科学的な方法論だと考えられた。民衆に協力的なチームワークのスキルを学ばせることによって、民主的な社会制度が効果的に機能するだろうと期待されたのだ。コーヘンとロータン（Cohen and Lotan 2014）は、そうした期待が事実無根でないことを示す実証的な研究を発表している。たとえば、ある調査では、協調性の必要なグループワークの授業を受けてきた学習者と、クラス全体で一斉授業しか受けてこなかった学習者を混ぜて協働型のタスクを与えると、前者の方がはるかに支持的で協力的な行動を見せた。

　ギリーズ（Gillies 2002）による別の研究は、小グループ活動や対人行動の教育を受けると、協力の効果が持続することを明らかにしている。彼女の研究によれば、人と協力するトレーニングを受けた子どもたちは、最初のトレーニングから２年経った後でも、トレーニングを受けていない子どもたちより協調し助け合うことに長けていた。

　ここに挙げた調査や類似する他の調査によれば、学習者が自分たちで決定し、議論し、計画し、実行することを許容する民主的な指導スタイルは、彼らの社会化に効果があり、民主主義社会の中で成人後の生活に欠かせないスキルを教えることができる。こうした大きな効果を心にとどめながら、どうすれば語学の教室で民主的な参加を促進することができるのかを手短に検証していこう。

> レヴィンらは集団力学の理論を、科学（＝理論と調査）、社会秩序、社会問題の解決、民主主義の実践の間にある溝に橋をかける一つの方法だと捉えた。集団力学の理論と研究には、民主主義の有効性をさらに高める使命が内在している。（後略）
>
> （Johnson and Johnson 2017: 479）

　R・A・シュマックとP・A・シュマック（Schmuck and Schmuck 2001）は教育における集団力学の要旨の中で、学習者同士の対話を促し、グループワークを定期的に行い、授業の様子について学習者と議論する場を設け、彼らにさまざ

まな選択をさせる教師のリーダーシップ行動が、より成熟した集団の形成につながると結論づけている。しかし、教室における学習者の民主的参加は、段階的にしか増やせないことを理解しておく必要がある。集団生活の初期段階では、十分に成熟したまとまりのある集団を相手にするときと同じように、教師が「民主的」で「促進的」な振る舞い方をするのは難しいのではないかという意見も当然あるだろう。同様の見方をもつヘロン（Heron 1999）は、最も望ましいファシリテーションのあり方に関する簡潔なシステムを作り上げた。このシステムに従えば、集団形成の最初の段階では、ファシリテーターが全権を行使して、大事な決定はすべて集団を代表して行い、学習者が安心して協力し自律していける明確な枠組みを整える。学習者が自分たちの行動を管理するのに必要な知識とスキルを身につけ始める段階になると、教師は学習のプロセスを管理するための多くの権限と責任を学習者と共有できるようになる。つまり、ファシリテーターは学習者とカリキュラムについて協議し、協力しながら、彼らの学習活動を作り上げることができる。最終的に、集団が十分に成熟すれば、より多くの権限を委譲する準備が整うので、学習者は自分の学習に関してはすべて自分で決められるようになる、つまり、自分自身のやり方を見つけ、自分で判断できるようになる。この段階に到達すれば、ファシリテーターの仕事は、より多くの学習者が安心して積極的に自己決定（self-determination）できる環境を整えるというものに変わる。

　すなわち、教室で民主的な参加を促進するためのエッセンスは、集団に対して直接的に行動するリーダーシップを、どの段階でどのように放棄するか、その最適なタイミングとやり方を正しく判断することである。これは、**権限の委譲**（delegating authority）を意味する。なすべきことを効率よく効果的に達成できるようにするために、責任の一部を学習者に渡すのである。これは、責任を放棄するということではなく（あくまでも学習者に対する責任は教師にある）、それまで以上に裏方役に徹して、集団内における学習者のセルフリーダーシップを高めることを意味している。権限の委譲は、抽象的な机上の訓練ではなく、段階を追いながら実現していく非常に実践的なプロセスであることを改めて強調しておきたい。そのために、教師は（できれば毎回の授業で）、学習者がただ指示に従ってタスクに取り組むだけで終わらないようにする機会を設けるのがよいだろう。方法としては、まずタスクをどのように遂行するのか、さらにどのようなタスクに取り組みたいかについて、学習者に発言権を与えるとよい。つまり、権限

を委譲することは、実際には、質的に新しいやり方で学習者を関与させることなのである。

> 学習者にグループタスクを与え、自分たちのやり方で取り組ませ、ミスを許容する教師は、すでに権限を委譲しているといえる。　　　　　（Cohen and Lotan 2014: 2）

リフレクション・タスク9

あなたの学習者は、意思決定を行うことや、自分たちの学ぶ権利・責任・学習状況に影響をもつことに、どれくらい積極的だろうか。あなたの学校には、学校やクラスの方針として、どのような組織や委員会や投票機関があり、学習者はそれらにどのように関与しているか。これまで以上に学習者に民主的な参加を促すために、あなたのクラスでは、何ができるだろうか。

まとめ

　本章では、学習者エンゲージメントを高める集団力学の役割について、特に仲間との関係と教室文化に焦点を当てて考察してきた。そして、それらが学習者エンゲージメントを促進する土台となるものであることを論じてきた。この点での教師の主な指導的役割は、学習者集団が成長し、徐々に成熟した生産的な集団となり、結束力と協調性に長ずるようになるために、彼らが安心できる教室環境を整えることにある。エンゲージメントを喚起する学習者集団の土台作りを行うためにとるべき具体的行動は以下の通りである。

- クラスの全員が他のすべてのクラスメートと個人的に知り合えるような組み合わせを心掛けることによって、クラス全体の絆を深め、全員が一つになるようにする。
- 「私たち（we/us）」という意識をクラスの中で育み、学習者が集団のアイデンティティーを確立し、コミュニティーとして結束して行動できる感覚を強化できるようにする。

- 学習者に対人スキル・協調性・言語能力を身につけさせ、協働的な集団規範を作り、適切な役割を割り当てることで、グループワークに備えさせる。
- ３つのR——ルール（rules）、役割（roles）、ルーティン（routines）——を土台にクラスを構築することで、物事が円滑に進み、すべての学習者が集団に関与し責任をもつようになる。
- 学習者の民主的参加を促進する。そのために、学習者と相談し合う意思疎通方法や、意思決定のさまざまな場面に彼らの声を取り入れる手段を設ける。

> 関係性への注目は、過去15年間のエンゲージメント研究の中で最も急速に発達した領域である。そのため、「関係性は重要である」という認識から、「関係性以上に重要なものはほとんどないだろう」という理解に、急速に進んでいる。
>
> (Shernoff 2013: 152)

本章のポイント

学習者が授業に積極的に参加するようになるには、彼らがクラス・コミュニティーに安心感を抱き、また結束力のあるそのコミュニティーの中で、自分が自分自身と他の仲間の学びに特定の責任を負っている大切なメンバーの一人として受け入れられていると感じる必要がある。

さらに理解を深めるために

Dörnyei, Z. and Murphey, T. (2003). *Group Dynamics in the Language Classroom*. Cambridge: Cambridge University Press. （言語教育における集団力学の要となる一冊。研究による洞察と実践的なアドバイスのバランスの良さが特徴）

Kohn, A. (2006). *Beyond Discipline: From Compliance to Community*. Alexandria, VA: ASCD. （賛否はあるが、教師の大きな思い込みに一石を投じる示唆に富む研究書。理論的で思索に富んでいる上に、実践的なアイデアも紹介している）

Merrell, K. W., and Gueldner, B. A. (2010). *Social and Emotional Learning in the Classroom: Promoting Mental Health and Academic Success*. New

York, NY: The Guildford Press.（社会性と情動の学習［SEL：Social and Emotional Learning］とは何か、また同学習をどのように教育プログラムに統合するかについて説明した良書。理論的根拠と実践指導のバランスが良い）

Roffey, S. (2011). *Changing Behavior in Schools: Promoting Positive Relationships and Wellbeing.* London: SAGE.（向社会的な行動と肯定的な人間関係を促進することによって、学習者エンゲージメントを最大限に高め、問題行動を軽減できることについて論じた洞察に富んだ研究書。教師のウェルビーイング［幸福］に関する重要事項についても簡潔に取り上げている）

第**5**章

タスク・エンゲージメントの喚起

Contents

05

タスク・エンゲージメントの喚起

リフレクション・タスク1

新しい本を読んだり映画を見たりするときは、最初の数ページ・最初の数分が非常に重要である。筆者や映画監督は、まさにここで、読者や観客の注目を集め、夢中にさせ、その世界に引き込んでいくからだ。そこで、最初の数ページやオープニングのシーンで、あなたの心をわしづかみにした本や映画のことを思い出してみてほしい。それはどのようにあなたの心に火をつけたのか。なぜもっと読みたい、見たいという気持ちにさせられたのか。それらのことから、タスク・デザインの原則について、どのようなアイデアが浮かぶだろうか。

　教師は、授業から学習者の気を散らすさまざまな要因と絶えず戦っている。言語教師にとっての課題は、あらゆる阻害要因を切り抜けて、学習者の注意を集め、学習と成長を助けるタスクへの没頭状態を維持することだ。ここから2つの章では、それを実現するための関連ストラテジーを2つのカテゴリーに分けて説明する。1つ目は、エンゲージメントを喚起し、学習者を夢中にさせる方法（本章）、2つ目は、学習者のエンゲージメントを維持する方法（第6章）についてである。もちろん、この2つの領域は密接に関連しており、重なり合う部分や相互補完する部分があるため、やや恣意的な分け方になっているところがあるかもしれない。しかし、分けることで、エンゲージングな行動を誘発する要因とそれを維持する力という2つのタイプが存在することが明確になるであろう。これから、その違いを踏まえつつ、タスク・デザインの方法について掘り下げていこうと思う。だが、その前に、あらかじめ説明しておくべき2つの事柄について簡単に触れておきたい。**学習者エンゲージメントを妨げる要因**と、ここで用いる**用語**の使い方についてである。

　まず、**学習者エンゲージメントを妨げる要因**（気を散らすもの）について。学習者が夢中になって取り組みたくなるタスクをデザインする上で重要なことは、

学習者の気を散らす要因を取り除くことである。そのため、明らかな阻害要因のいくつかに対処できれば、教師はもっと仕事がしやすくなる。阻害要因の典型的な例としては、疲れや学習者間の不和などが挙げられる。もし学習者が疲れていたり、長時間座り続けていたりした場合には、少し体を動かしてみたり、体操をしてみたりするなど、短時間のパワーブレークを入れて酸素補給をすると、学習者は集中力を取り戻しやすい。学習者間の問題に関しては、（第4章で論じた通り、）座席の配置や班の構成を考えて、効果的にペアワークやグループ学習を進めていけるよう配慮することも重要である。

　しかし、現代における最も大きな阻害要因は、いついかなる時にも学習者の手元にある携帯電話の存在だ。もし、いま取り組んでいる課題に必要がないのであれば、学習者の携帯電話はサイレントモードにし（バイブレーションの振動音だけでも人の気を散らすことがわかっている）、カバンや机、戸棚など、簡単に手が届かないところへしまわせるのがよいだろう。別のやり方としては、携帯電話を回収し、教室前方の箱の中に入れておき、目には見えるけれども手は届かないようにしておくこともできる。学習目的で使用する場合には、用途に応じて適切に管理すべきである。たとえば、タスクを行う時間をタイトに設定しておけば、タスク以外の用事で携帯電話をいじる暇はなくなるだろう。タスクの提出期限までのスケジュールが厳しく（それでいて現実的に）設定されている場合には、タスクをきちんと完了するために、他のことに手を出している余裕はなくなるだろう。当然ながら、いったん課題が終われば、携帯電話は机の上に置きっぱなしにしておくのではなく、再び片づけさせた方がいい。そうでなければ、学習者は授業への集中力を欠き、携帯いじりに夢中になってしまうだろう。

　次に本章と次章で用いる**用語**について。序論で述べたように、本章と第6章では、どのようにすれば教師が学習者のエンゲージメントを喚起し、維持できるかに焦点を当てる。実のところ、私たちは教師を**学習経験のデザイナー**（designers of learning experiences）だと考えている。なにも新たに難しい専門用語を作ろうとしているわけではなく、教師の仕事とは何かという考え方を根本から転換したいのだ。「ユーザー経験のデザイン」（user experience design）に関する技術革新（Garrett 2011など）からヒントを得たこの考え方は、学習者をユーザーとみなし、学習者がタスクを通して得る経験こそ教師が注力すべきポイントであるこ

第5章

とを強調している。心理学の領域には、学習者のエンゲージメントを促し、学習効果の高い経験を生み出すために活用できるデザインの原則がいくつかある。この視点を取り入れるなら、私たちは、おそらく、従来の学習者中心（learner centred）の教授法以上に、学習者の目で、教師の仕事を見ることが求められる。また、**タスク**（task）という用語の使い方についても確認しておきたい。私たちはこの用語を、明確な目的があり、その目的に従って言語学習・言語使用を促進するようデザインされた教室での言語活動一般を指して使っている。例外的な場合を除いて、タスク中心アプローチ（task-based learning approaches）のような特殊な意味合いでこの用語を用いることはしない。

> 教師は、パフォーマーではなく、学習者の学習経験をデザインする者であると考えるべきだ。なぜなら、教師が必要とする本質的なスキルとは、学習者がエンゲージできる活動をデザインする能力であると考えるからだ。　　　　（Schlechty 2011: 3）

理論的根拠

　ここまでの章で述べてきたエンゲージメントの土台（the foundation of engagement）はすでにできていると仮定しよう。学習者の注意を十分に引きつけられる準備はすでに整っている状態にあるということだ。**注意**（attention）について、教育心理学の世界では、「究極の教室通貨」（Mccrea 2017: 39）と呼ばれている。なぜなら、注意という代金を支払わなければ、学びは手に入らないからだ。しかし、他の通貨と同様に、注意は限られた資源であり、しかもそれに対する需要はいつでも高い。したがって、学習者が限られた注意資源を注ぐ価値のある学習タスクをデザインすることが、大きな課題となる。ただ幸いなことに、これはさほど難しいことではないかもしれない。ごくシンプルなタスクであっても、それが学習者の注意を引きつけるタスク・デザインの原則に従っていれば、非常にエンゲージングな活動になる可能性がある。パス・ザ・パーセル[23]や、トレジャー・ハントもしくはスカベンジャー・ハント[24]のような昔からあるパー

---

[23]　パス・ザ・パーセル(pass the parcel)：何重にもラッピングされたプレゼントを用意し、椅子取りゲームの要領で音楽に合わせて包みを回していく。音楽が止まったらその時点でプレゼントを持っている者が包みを1枚開け、出てきた物をもらうゲーム。

[24]　トレジャー（スカベンジャー）・ハント：制限時間内に、指定されたアイテムを集めてくるゲーム。

ティー・ゲームを思い浮かべてみれば、すぐに理解できるだろう。言うまでもなく、学習者が教科にはじめから興味をもっている場合には、学習者をエンゲージさせるのはそう難しいことではない。教科への関心が高くない場合でも、好奇心を喚起したり、考えさせたり、パズルや問いを与えたり、学習者を引き込むようなストーリーを展開したりすることで、学習者をタスクに誘い込むことができる。そもそも、脳は自分が重要だと認識するものに注意を向けるものだ。それゆえ、タスク・デザインの最終的な目標は、学習者の脳を目覚めさせ、目の前のタスクに集中させることにある。

> 私たちの時間を奪い、注意を引こうとするものは有り余るほど存在する。特に、注意は簡単にそらされてしまう。したがって、学習者が注意を向けないのであれば、あなたがどのような学習経験を創出しようとも、あまり意味がない。なぜなら、学習者がそこから多くを学ぶことはないからだ。　　　　　　　(Dirksen 2016: 123)

タスク・エンゲージメントを喚起する原理

　アントネッティとガーバー（Antonetti and Garver 2015）の研究では、学習者エンゲージメントを引き出す8つの原則を提案している（その中のいくつかは本書で提案しているものと重複している）。そして、その内の少なくとも3つの原則を用いるだけで、エンゲージメント・レベルが劇的に高まり、86％の学習者が真に深いエンゲージメントを示すことがわかったという。つまり、過ぎたるは及ばざるが如しなのだ。同様に、ドルニェイは、『動機づけを高める英語指導ストラテジー』（*Motivational Strategies in the Language Classroom*、2001）の中で、「教師は『動機づけの達人（super motivator）』となることをむやみに目指すのではなく、『十分意欲を高められる人（good enough motivators）』になることを目指すべきである」と述べている（Dörnyei 2001: 136）。つまり、私たちに必要なのは、量ではなく質なのだ。教師と学習者の双方に適したいくつかのストラテジーを的確に選ぶことができれば、十分にエンゲージングなクラスムードを生み出すことができる。実際に、学習者のエンゲージメントを引き出すのがうまい教師が頼りにしている技術は、ごく少数の基本的なものに限られていることが多い。本書を読んでおられる教育者の中には、これから紹介する原則のいくつかをすで

に実践しておられる方も少なくないだろう。その場合には、さらに新しいアイデアを1つか2つ取り入れるだけで、学習者エンゲージメントの大きな向上が期待できるはずだ。そこで、本書で示す選択肢のパレットには、教師が圧倒されるような膨大な品数を揃えるのではなく、ニーズや好みに合わせて選べるよりすぐりのものを揃えてみた。

　これから本章と次章を通じて、学習者のエンゲージメントを喚起し、維持するためのいくつかの原則を見ていく。まず本章では、タスクへの積極的な取り組みをいかに喚起するかということに焦点を当てる。エインリー（Ainley 2012: 293）が言うように、「タスクに対する学習者の最初の反応が、彼らのエンゲージメント・レベルを方向づける」。では、どのようにしたら、学習者をタスクに「夢中」にさせ、彼らの興味と活発な姿勢を維持できるのだろうか。

> 仕事は、最初が肝心だ。　　　　　　　　　　　　　　　　　　（プラトン）

原則1　学習者に合わせてデザインする

 リフレクション・タスク2

あなたは、自分が受け持つ学習者の関心事について、どれくらい知っているだろうか。学習者一人ひとりが熱中している事柄を一つずつ挙げられるだろうか。言語教師である私たちは、他教科に比べて、学校外での学習者の生活実態についてより深く知る機会に恵まれている。そうした知識を基にして、エンゲージメントを引き出したいものだ。では、どのようにしたら、学習者が日々の授業に意欲的に取り組み、より大きな課題にも意欲を燃やせるようになるのだろうか。

　すべての教師が教材やタスクを再利用する。それはごく普通のことであり、教師の燃え尽き症候群を防ぐ意味でも必要なことだ。また、ありがたいことに、タスクはほんのわずかな工夫を加えるだけで、学習者が夢中になって取り組めるような、より魅力的なものに作り変えることが可能だ。授業を準備するときは、一般的な学習者全体について考えるのではなく、特定の学習者集団のことを考える

ようにすると、教材の効果を高めることができる。実際には、集団の1人か2人に焦点を当てて、彼らのニーズや関心を探っていくことになる。次の授業を計画する際には、別の学習者を想定するといいだろう。そうすれば、毎回具体的な学習者を念頭に置きながら、対象を変えて計画を立てることができる。特定の学習者を意識してタスクをデザインすると、教材と学習者とのつながりが強くなる（Antonetti and Garver 2015）。この原則は、エンゲージメントを喚起し、維持するための基礎となるものであるため、第一に考えなくてはならないポイントだと言える。優れたタスク・デザインはすべて、この原則に支えられている。

> 以前、シュレクティー・センター（the Schlechty Centre）に通うある学習者が、スタッフの一人に、「僕らが学習課題にエンゲージしているかどうかを先生が気にかけていたなんて、まったく気がつかなかった」と語った。いまではその教師から課題についてどのように感じるかを尋ねられるようになっているため、彼は一学習者というよりは、むしろ教師のパートナーのような存在だと自分でも感じるようになっている。そして、「先生が課題をよりエンゲージングなものにする方法を考えるのを手助けする」よう努めている。これは良いスタートだ。　　（Schlechty 2011: 25）

　どのようなデザインのプロセスでも、はじめに対象者を理解する必要がある（Dirksen 2016）。私たちの対象は言語学習者であるため、ニーズ・好み・願望・能力・文脈的状況といった5つの核となる領域を特定しなければならない。これらの領域は、このセクションの指針となる5つの問いによって特定できる。その回答は、一種のニーズ分析となり、タスクをデザインする際に組み込むべき要素を理解する手がかりとなる。

1. **学習者は何を学ぶ必要があるのか。** この問いの目的は、カリキュラムが注力すべきポイントと学習目標に焦点を当てることだ。タスクは、学習者がエンゲージできるだけでなく、学習に効果的なものでなくてはならない。また、この問いは、教室にいるすべての学習者が同じサポートやインプット、授業デザインを必要とすることはめったにないという事実を教師に教えてくれる。そのため、うまく個別化（differentiation）を図る必要があるだろう。共通の目標を維持しつつ、学習者の多様なニーズや異なる動機を満たすためには、そこへ至る経路を選択式で提供するのが効果的である。

> 個別化の出発点は、常に人道的に可能な範囲で学習者のことをよりよく知ろうとする点にある。それができてはじめて、学習者に見合った学びを計画することができる。すべての学習者をサポートし、挑戦させるための適切な課題を考え出すためには、事前に時間をかけて授業を練ることが重要なのだ。　　　(Cowley 2018: 33)

2. **学習者の現在の能力はどのようなものか。**すべての学習は、学習者の現在地から生じる。したがって、各学習者の現在の能力や習熟度を理解してはじめて、現実的にどの程度の伸びを期待できるのかが判断できる。第4章でも述べた通り、学びが最も効果的に生じるのは、最近接発達領域（Vygotsky 1978）の範囲内で学習に取り組むとき、つまり、学習者の能力範囲を過度に超えず、援助やサポートがあれば十分にこなせる事柄に取り組むときである。また、学習者の弱点や改善分野にばかりフォーカスするのではなく、学習者が自分の強みを意識し、その強みを伸ばせる分野に目を向けられるようにすることも重要だ。

3. **学習者は何をするのが好きか。**学習のスタイルには、それぞれ好みがある。この認識は、私たちが知るすべての教師と学習者の間で一致している。たとえば、学習する時間帯の選択、許容できる周囲の雑音レベル、学習時に用いるテクニック（線の引き方・メモの取り方・音声録音）など、学習方法の整理には、それぞれ好みのやり方がある。しかし、こうした個人の好みをどのように扱うか、あるいはそれをどのように認めるかといったことに関して、教師が頼りにできる実践的なヒントはあまり多くない。学習スタイルは心理学の中でも議論の的となっている概念であり、いまある分類法（Dörnyei and Ryan 2015などを参照）に関してもそれを裏づける実証的な研究はまだほとんどいない。それでもなお、本章の目的を実現する上で最も大切な教訓は、それぞれ学び方に好みがあるということ、そしてエンゲージメントの観点からも、多様なやり方を提供すれば活力の向上につながるという事実を常に意識しておくことが重要だ。この問いのもう一つの側面は、学習者が何に興味を抱き、何に取り組み、何について語り、何について考え、何をするのが好きかといったことと関連している。学習者が何に興味を抱いているかを見つけ出し、その対象と結びつける試みが、エンゲージメントを引き出す鍵となる。

人は、達成課題や学習課題に興味を抱いているときには、強い集中力と目標と学習ストラテジーをもつ。そのため、自己効力感を抱き、自己調整できる可能性が高くなる。興味の度合いが強ければ、より多くを理解しようと粘り強さも発揮される。努力していると感じることなく努力をし、他者からのフィードバックや追加のリソースを積極的に求め、興味を深める機会を自ら創り出そうとする主体的な動きが見られる。
(Renninger and Hidi 2016: 33)

4. **学習者は何を望んでいるのか。**これは、ニーズや好みとは異なる。学習者は、自分の目標や価値・関連性といった観点から、それぞれ独自の課題をもっている。こうした学習者の信念 (learner beliefs) の問題は、学習者のパフォーマンスを左右する決定要因だと長く考えられてきた。また、期待価値理論 (Wigfield and Eccles 2000などを参照) も、ある活動に対する価値の認識が学習者のエンゲージメントにどう影響を及ぼすかに目を向けている。したがって、活動の価値を明確にすることが重要であり、効果的にタスクをデザインするには、学習者が求める価値とタスクがもたらす価値との間のギャップを縮めるようにする必要がある。特に、タスク開始時に、学習者の好みとタスクが提供する学びの内容との関係性を明確にすることは、学習者にとって非常に有益だ。

学習者に彼らの認識や意見や態度を表明するような作品や成果物を作らせたり、それについて講評しあったりする機会を意図的に設けることができれば、学習者一人ひとりの性質を把握するのがとても容易になる。このような知識は、結果としてより効果的で有意義な指導を計画するのに役立つであろう。
(Antonetti and Garver 2015: 69)

5. **学習者の生活はどのようなものか。**第1章と第2章で見てきたように、学習者は決して真空状態の社会に生きる抽象的な存在ではない。学習というものは、人種、社会階級、民族集団、あるいは年齢・性別といった人口動態など、さまざまな要素が織りなす社会的・状況的影響を受けるということが、研究でも明らかになっている (Kessels, Heyder, Latsch and Hannover 2014; Lee 2002; White 1982などを参照)。そのような多様性を敏感に察知し、違いを肯定的に受けとめられるような授業を計画することができれば、学習者が授業内の課題に自己関連性を見いだす重要な足掛かりとなるだろう。たとえば、異な

る社会グループや民族集団について語る際には、教師や学習者が実際にどのような表現を用いているのかを振り返ってみることができる。加えて、あらゆる教科、とりわけ語学のクラスでは、学習者が各々教室に持ち込むさまざまな言語や言語的伝統を理解し、敬意をもってそれらに対応することが重要である。それらのものは、別の言語を学ぶ際に学習者が共有し、関連づけ、依拠できる言語的資本として、貴重なリソースとなる。

 社会的・文化的コンテクストに関する言語教育者への挑戦的質問

- 教師の姿勢や言語の使い方は、他の話者を抑圧するものか、それとも彼らに力を与えるものか。
- 教師の言語学習アプローチや理論は、さまざまな学習能力を制限するものか、それとも尊重するものか。
- 学習者に対する教師やクラスメートの目は、多様な言語学習のプロセスや成果を軽視するものか、それとも価値を認めるものであるか。
- 学習者は、教師やクラスメートから大切にされ、尊重されて、本当の自分を表現する機会をもてているか。
- 言語指導の内容や授業デザインのアプローチは、社会の現状を変えるものか、それとも維持するものか。

(Birch 2009: 3 より抜粋)

原則 2　学習者を感情移入させる

 リフレクション・タスク 3

感情とはいまや、ポジティブなもの・ネガティブなもののいずれかに限定して考えるべき概念ではなく、ある時、ある人にとって、どのように機能するのか、と捉えるべきものである。たとえば、プライドはネガティブなものだと思われがちだが（たとえば「おごれる者久しからず」［＝慢心は失敗のもと］という表現には傲慢さや利己心が含まれるように）、実際には、自分がしていることに誇りをもつと、私たちは強く動機づけられ、粘り強くやり抜く力を得ることができる（DeSteno 2018）。そこで、以下に示す感情が、どのような文脈で、どのように学習やエンゲージメントにポジティブな機能を果たすかを考えてみよう。

- 畏怖
- 思いやり
- 怒り
- 失望
- 興奮
- 不安
- 驚き

　どのような学習にも、学びを促進したり、抑制したりする感情が溶け込んでいる。感情は、私たちの注意の焦点を合わせ、感覚を強化し、何を印象づけて記憶に残すべきかに影響する（Smith 2018）。上のリフレクション・タスクでも示したように、感情の働きはそれほど単純なものではない。ある条件下では、ポジティブな感情とネガティブな感情のどちらも学習者の動きを活発にするが、その中にはよりポジティブで持続可能な長期的エンゲージメントにつながる感情もあれば、そうでないものもある。したがって、教師の課題は、学習者エンゲージメントを促進し、タスクに引きつけられるような感情を生み出すことにある。それができれば、学習者はエネルギーと努力を進んで注入したくなる。タスクレベルでのエンゲージメントを引き出すのに最も効果的な感情が、**状況的関心**（situational interest）であることに議論の余地はないだろう。状況的関心とは、タスクが提供する特定の状況によって引き起こされる関心のことである。これと対照的なのが**個人的関心**（personal interest）である。個人的関心は状況に左右されず、比較的変化しない個人の価値のことである（この区別については、第6章でさらに詳しく議論する）。

> いつも眠たげで、ストレスを抱え、外部的刺激（膝の上のスマートフォン）と内部的刺激（次の微積分のテストに合格できるか不安がつきまとう状態）に常にさらされているような学習者たちのクラスに直面したとき、全員の注意を引きつけ、目の前の教材に向かわせる最善の方法は、おそらく活動や課題を用いて学習者の感情に訴えかけることだろう。　　　　　　　　　　　　　　（Cavanagh 2016: 36）

　タスク・デザインは、**物理的魅力**（physical appeal）、**活動的魅力**（activity appeal）、**内容的魅力**（content appeal）の3つのレベルで学習者の感情を引きつ

けることができる。最も基本的なレベルの魅力である**物理的魅力**とは、視覚的知覚経路を通じて感情的エンゲージメントに作用する強い刺激のことである。それゆえ、教材の見た目が魅力的だと、最初の段階から学習者の注意を引きつけることができる。広告代理店の人間なら誰もが心得ている原則だ。この点で、テクノロジーは、魅力的なタスク提示の方法を生み出すのに非常に効果的だと言える。しかし、それは目の前のタスクとの関わりについて学習者に誤解を生じさせ、彼らの気を散らす要因にもなりやすいため、扱いには注意が必要だ（Fisher, Godwin and Seltman 2014などを参照）。言い換えると、課題と無関係な物理的魅力の存在は、学習者がタスクに取り組む際に経験する第2のレベルの魅力——**活動的魅力**——に対して悪影響を及ぼす可能性があるため、くれぐれも気をつけたい（第6章も参照）。

　理想的には、自分に十分な能力があり、期待されている事柄を十分にこなせると感じながら、面白くて楽しいという思いをもって学習者がタスクに取り組めるようにすることが重要だ。その鍵となるのが、熟達感覚と自律性である。これに関連して考慮すべき要素は、**作業形態、作業媒体、集団構成、**そしてこれら3つの要素が生み出す**タスクのアウトプット形式**である。以下は、それらのことを反映させた問いである。

- 課題に対して、学習者には、どれくらいの時間や、自由、選択、リソースが与えられているか。
- 多様な言語スキルが使われているか。
- どこで、誰と、どのように取り組むか。
- 課題のアウトプットに取り組むのは、学習者にとってどれくらい楽しく魅力的か。

　学習者の感情を引きつける第3のレベル——**内容的魅力**——は、タスクのトピック選定を通じて生じるものである。カリキュラムや教科書で扱われるテーマは、私たちが指導する年齢層や特定の学習者集団にとって、はじめから魅力的な場合もあるが、多様な読者を満足させるために多くの妥協を強いられ、その結果、当たり障りのない題材や退屈きわまりないトピックで埋め尽くされてしまうこともある。しかし、これは、私たちにとって一つのチャンスと言えるかもしれない。なぜなら、教師は、新鮮で刺激的な視点から主題を掘り下げて検証させたり、内

容をローカライズするという観点から学習者の個人的関心や学習者自身に関連することについて考えさせたりすることによって、学習者を題材に感情面で引きつけられるからだ。たとえば、（実生活における感情を交えて）人と人とのつながりを掘り下げてみたり、個人的な考え方や、地域との関連性、話の補足的要素（主題の背景にあるドラマなど）を探ってみたりする試みは、学習者の心を引きつけていく上でどれも効果的な方法だと言える。トピックが「動物」のようなものであれば、人命救助や動物愛護の話や一風変わった動物の行動についてなど、メディアを通じて動物の話を探してみるといい。自分のペットや動物との出会いについてレポートしたり、地元での動物ボランティアの機会や動物保護団体について話したりするのもいいかもしれない。つまり、学習者がトピックや登場人物に関心を寄せ、次に何が起きるのかを知りたいと思えるように仕向ければ、彼らの感情を強く引きつけることができる。

 リフレクション・タスク4

退屈という感情は、以下の4つの条件と関係している。覚醒のレベル（高・低）、単調さと反復の度合い、タスクの楽しさ・つまらなさ、自由と制約の幅である。ケラー（Keller 2010: 90）がこのことに照らして提示した仮説的なシナリオを見てみよう。

いま、あなたは、授業で強い睡魔に襲われているとする。それは、あなたが受けたいと思うような授業ではない（つまらない）。チャイムが鳴るまで外に出られず（制約的）、教師の口調は単調で（低覚醒的）、冗長だ（反復的）。もしもそのような授業に出ているとしたらどうだろう。これぞまさに退屈を引き出す完璧なシナリオではないだろうか。それゆえ、睡魔に襲われる。このシナリオは、実際にあり得るものか、それとも大げさなものだろうか。

原則 3　好奇心を高める

> 退屈の治療薬は好奇心だが、好奇心の治療薬は存在しない。
>
> 　　　　　　　　　（エレン・パーとドロシー・パーカーの言葉より）

　私たちは、好奇心旺盛に人生を始める。幼い子どもと共に過ごした経験がある
人なら誰もが知っているだろう。果てしなく続く「なぜなぜ」攻撃によって、ど
んな会話も謎解き問答に変えてしまう幼児のおそるべき性質を。生活全体を通し
て、好奇心は私たちを行動に駆り立てる源であり、学習にも確実に大きな影響を
与える。人によって好奇心の強さが異なるため、好奇心は性格特性（personality
trait）なのか、あるいは、「認知欲求」（need for cognition）*25（Cacioppo and Petty
1982）と呼ばれる性格変数が存在するのかといったことが議論されてきた。し
かし、テレビドラマがいいところで終われば、たいていの人は続きを見たくなる。
実際、17世紀のイギリスの哲学者トマス・ホッブズは、「なぜかを知りたくなる
欲求」、つまり好奇心とは、「心の欲望」だと表現している（Hobbes 1985: 124）。
心の欲望である限り、教師は好奇心という強力なツールをいつでも利用すること
ができるのだ。

> 好奇心とは、精神的・知的な痒みをかきむしるのに似ている。　　　（Livio 2017: 64）

　研究者は、よく好奇心を2つのタイプに分けて考える。(a) **知的好奇心**（epistemic
curiosity）と (b) **知覚的好奇心**（perceptual curiosity）だ。前者は純粋に「もっ
と知る喜び」を求めて学習に向かう一般的な動因を指すのに対し、後者は新奇性・
驚き・曖昧さによって喚起される好奇心を意味する。かきむしらないではいられ
ない不快な痒みではないが、かいた方が心地よくなるムズ痒さ（Leslie 2014）だ。
教育者である私たちは、もっと知りたいという「心の痒み」を生み出すことで学
習者の好奇心に火をつけ、周囲の世界に対する関心を引き出し、生涯にわたる学
びに結びつけたいと願っている。コーン（Kohn 2013）やロビンソン（Robinson
2013）のような教育の専門家は、際限のない標準化テストの連続によって学習
者の知的好奇心を封じ込めている現代の教育システムのあり方を嘆いている。こ

---

*25　「認知欲求」（need for cognition）: 努力を要する認知活動にすすんで従事したり、それを楽しんだり
する内発的な傾向。

うした息苦しい教育制度のせいで教師は困難を強いられるわけだが、それでもこの好奇心という、人間がもつ強力な根源的動力を引き出す方法はある。

> もはや就学率を大きく引き上げることはできないから、これからの課題は、より多くの人々を進学させることではなく、人々が学び、創造することを心から求めるようになる方法を確立することである。 (Leslie 2014: 9)

　では、どのようにすれば新しいことを学びたいという好奇心を引き出せるのだろうか。一つの方法は、学習者がクラスに持ち込む好奇心から始めることだ。思春期以降の人であれば誰でも考えたり想像したりする特定のトピックがいくつかある（たとえば、人生の意味、愛、公平、平等、宇宙の生命、地球の仕組み、幸福、利他主義、教育の役割、民主主義の意義、グローバル化など）。これらのトピックの多くは、健康リテラシー、民主主義の原則、社会正義、調和、異文化コミュニケーションといった21世紀型学習の主要な目標・テーマと関連づけることが可能だ。また、学習者により深い知識を探求させることによって（たとえば、あるプロジェクトの中で議論の的となっている現象や驚くべき事象のニュアンスを探究させることによって）、知的好奇心をさらに高めることができる。このように、知的好奇心を強化するための鍵は、学習者に情報を与えて教え込むのではなく、学習者自身の力で物事を発見できるように導くこと——学習者にそのための機会を提供すること——だ。そうした発見アプローチ（discovery approach）は、知的好奇心を養う上で極めて重要となる。言語学習者の場合、この原則は口で伝えられるトピックに対してだけでなく、言語のルールや機能を自力で見つけることにも適用できる。

文法の誘導的発見アプローチ
最近人気が高い文法指導の方法の一つに、**誘導的発見アプローチ**（guided discovery approach）、あるいは**帰納的アプローチ**（inductive approach）として知られるものがある。このアプローチがどのように好奇心を刺激するかを説明するために、単純な文法規則の学習ステップについて見てみよう。このアプローチを用いる場合、クラスメートと一緒に取り組ませると効果が出やすい。教科書の中には、学習者が自分たちでルールを見いだせるようにするために、複数の例文を検討させるというごくシン

プルな形で、このアプローチを取り入れているものもある。誘導的発見アプローチの典型的なステップは以下の通りである。

- ステップ1：学習者は、新聞・雑誌記事、ブログの投稿、本からの抜粋といった文脈の中で実生活に根差した言語に触れる。
- ステップ2：教師やクラスメートが用意したガイド・クエスチョン（誘導発問）を通じて、学習者は言語の使用場面を分析し、文法ルールを推測する。
- ステップ3：学習者は、言語の使用例や使用時のルールをなるべくたくさん探し、発表前に不完全なところを洗い出す。
- ステップ4：学習者は、言語がどのように機能するのか、自分の理解と発見したルールを、他のクラスメートに発表する。発表の仕方は学習者の創意にまかせる。
- ステップ5：クラスでそのルールを議論し、全員が同意するか、例外がないかを確認する。
- ステップ6：学習者は、そのルールの妥当性を検証するため、応用を試みる（焦点を定めたやり方で用いるか、自由な形で適用するかは、学習者に適していると教師が思う方を採ればよい）。学習者には、その提案を証明したり反対したりするための証拠を考えるように促す。

リフレクション・タスク5
いまあなたが使っている教科書や、あなたの職場でよく用いられる教科書を見てみよう。そこで扱われているトピックにはどのようなものがあるだろうか。好奇心を引き出す要素に関連する以下の2つの問いに照らして、考えてみよう。
1. そのトピックは学習者自身の生活と関連しているか。
2. それは、知的好奇心（もっと知りたいという欲求）を刺激するのに活かせるトピックか。

　どのようなトピックでも面白く扱うことはできるだろうが、実際には、はじめから学習者の興味をかき立てるようなトピックも存在する。教師が学習者の視点から、扱うトピックの種類を熟考するのは有益なことだが、単純に彼らの興味を

引くものについて尋ねてみてもいいだろう。

　知覚的好奇心は、どうしても鎮めなくてはならない心の痒みによって引き起こされる心理現象である。この感覚を生み出す原因には、主に2つのタイプがある。(a) 新奇性・意外性から生じる痒みと、(b) 不可解さ・曖昧さ・情報不足に関連する痒みである。注意を引きつけるこれらの方略はどちらも、広告業界や映画や書籍の世界では続きを知りたくなる仕掛けとして幅広く用いられている。また、多くのウェブサイトでも、ユーザーにリンクをクリックしてもらうために随所に採り入れられている。(b) のタイプの知覚的好奇心は、その性質ゆえに、知識の不足から生じるケースがあることは注目に値する。自分が知らないことに気づくためには、そのトピックについてある程度の知識が必要だ。そうでなければ、何に対しても好奇心を抱くことはできないし、何に興味を抱くべきかもわからなくなってしまう（これは「メノンのパラドックス」(Meno's paradox)*26と呼ばれることもある）。ローウェンスタイン (Loewenstein 1994) は、人は自分の中の「無知」を自覚し、不足を感じるときに好奇心に火がつくと説明している。また、レズリー (Leslie 2014) は、これをヴィゴツキーの最近接発達領域になぞらえて「好奇心の領域」(zone of curiosity) と呼んだ。この領域を意識して知識を与えることが、もっと知りたいという好奇心を生み出す最初のステップになる。

原則4　タスクのセットアップに集中する

　学習経験のデザイナーである私たち教師は、多くの場合、学習者の視点から創造性を駆使してタスクを考案するのだが、その一方で、見落とされがちな大切なポイントがある。それは、タスクを**セットアップ**する段階だ。つまり、学習者が積極的な姿勢と見通しをもってタスクに取り組めるようにするために、活動の全体像を示し、指示と方向性を与える段階のことである。言い換えれば、学習者のエンゲージメントを高め、タスクの先を見据えさせる段階である。課題の指示は、短すぎても長すぎてもうまくいかない。それでもやはり、指示の出し方に関する最も有効な助言の一つは、「短く簡潔に」(KISS: Keep It Short and Simple) で

*26　「メノンのパラドックス」(Meno's paradox)：プラトンの著書『メノン』の中で、ソクラテスが主人公メノンに2人で「徳」の本質について探求しようと提案したとき、メノンが定義も定かでないこのテーマに関して、「探求すべき対象を知らずして、いかにそれを探求できるというのか」というパラドックスを述べたことから広がった言葉。「探求のパラドックス」としても知られている。

ある――結局、最初の指示が無駄に長く、混乱を招く可能性があるものだと、学習者は興味を削がれ、タスクの魅力も失われてしまう。言語を学ぶクラスでは、目標言語を適切なレベルで使用し、学習者にとって確実に理解できるものにする必要があるため、状況はさらに複雑だ。

> 教師が授業で望む成果のほとんどは、授業を明瞭でわかりやすくする教師の能力に大きく依存する。授業の明瞭さが高まれば、学習者の達成度、エンゲージメント、満足度も高まるという正の相関があることがわかっている。クラスルーム・マネジメントの不具合は、その大半が、何らかの形で明瞭さに欠けるという事実と関係している。
> (Shindler 2010: 17)

「説明するな、やって見せろ」。私たちはこのスローガンを支持している。なぜなら、行動は言葉よりも多くを語り、実際に具体的な例を示した方が、どんなに多くの説明を加えるよりも活動を活性化できるからだ。しかし、これは諸刃の剣でもある。なぜなら、何の説明もしないとしたら、活動理由の伝達、つまりなぜその活動が有意義で重要なのかを伝える課題指示の大事な点を省いてしまうことにもなるからだ――学習者に全力で課題に取り組ませたいのであれば、彼らがこれからやることの適切さと価値を理解していなくてはならない。さらに、タスク・セットアップの段階でもう一つ重要なのは、活動後に期待される成果とゴールを明確にすることだ。学習者は、自分たちが何を期待され、それがどのように評価されるのかを知っておく必要がある。明確な方向性は、集中力の維持、タスクの継続、課題達成に向けた進捗状況の評価に役立つ。したがって、これらの目標は具体的（明確）かつ測定可能な（目標がどの程度達成されたのかがわかるように数値化できる）ものでなければならない。バンデューラとシャンク（Bandura and Schunk 1981）による古典的な教育研究によると、具体的で短期的なゴールを与えられた学習者は、曖昧なゴールや遠い目標を設定された学習者に比べて、やり遂げた作業量が20％以上も多かった。焦点を明確に定め、何をすべきかを正確に理解させることによって、学習者の進歩に違いが生まれるということだ。

　タスク・セットアップの最後の重要な点は、「学習者の食欲をそそること」（whetting the students' appetites）である。つまり、これから何か面白いことや重要なことが始まるのではないかという学習者の期待感を高めることだ。そのためには、活

動を導入する際に教師が強い思い入れや情熱を示したり、活動の内容や課題完了までの手順について面白さや重要性を伝えたりすることが有効だ。何も指摘すべきことがないとしたら、タスクそのものに何か問題があるのかもしれない。当然のことながら、すべてのタスクを毎回同じやり方で始めたら、やがてインパクトは薄れてしまう。したがって、インパクトの大きさを考慮するのであれば、このセットアップ段階をしっかりと考えることがいかに大きな意味をもつかということを心にとどめておく必要がある。

タスク指示のポイント

タスクを提示する際に意識しておきたいことが5つある——ただし、毎回すべてのポイントが関連するとは限らない。扱うタスクの種類によって対応を変えよう。

1. 始める前に全員の注意を引きつけ、短くシンプルに指示を出す。
2. 学習者が何をするのかを順序立てて説明する。話すよりも簡単であれば、モデルを示す。
3. 活動が完了したときの成果物やアウトプットがどのようなものとなるのか、また、それがどのように評価され、どのように活用されるのかを明確に示す。
4. タスクの学習機会を強調して、学習者がタスクの価値・実用性・目的・意味を見いだせるようにする。
5. タスクの興味深い点を指摘して、学習者の「食欲」を刺激する。

原則5　学習者を行動の担い手にする

　この最後の原則については、言うまでもなく当たり前のことではあるが、改めて確認しておくのがよいだろう。映画や演劇の鑑賞であれば、観客は席でくつろぎながらパフォーマンスに没頭することができるだろうが、ステージの上にいるのが教師の場合、その「壇上の聖者」がスターや主役となって学習者の心を最後まで引きつけ続けるパフォーマンスを披露することはめったにない。それにもかかわらず、教室の中の時間は、その多くが教師中心で費やされ、学習者は——彼らが舞台に立つべきときでさえ——受け身になっていることが多い。教師は、自分が舞台を専有するのではなく、むしろ「学習者が夢中になれる舞台を設ける」

べきである（King and King 2017: xv）。つまり、教師は、主役が教師ではなく、学習者となるような、エンゲージングな学習経験をデザインしなくてはならない。簡単に言えば、アクティブなコミュニケーション・スキルを身につけるには、アクティブな言語活動へのエンゲージメントが不可欠だ。いかなる理論化を試みようとも、この事実が変わることなどない。

リフレクション・タスク６

言語教師であれば、教師の発話時間（teacher talking time: TTT）と学習者の発話時間（student talking time: STT）の割合に関する議論についてはよく知っていることであろう。理想的には、TTTよりSTTの方が多くなるのがよい。しかし、各授業において教師の活動（teacher activity: TA）がどれくらい学習者の活動（student activity: SA）に影響を及ぼすものとなっているかということについても目を向けるべきである。あなたは、授業を計画する際に、教師と学習者の活動比率を考えているだろうか。教師と学習者は常にどのような役割を果たしているだろうか。

　ゲーム心理学の世界では、テレビゲームが、映画などを見るときとはまったく異なる形でエンゲージメントを高めるのは、**行動**を伴うからだと考えられている。ゲームの中では、プレーヤーがその世界の行為者となり、自らの行動をアクティブに選択することによって、わが身に生じる出来事を特徴づけていく。彼らは決して他人の身に起こる出来事を傍観しているだけのオーディエンスではない。若者の間で映画からゲームに人気がシフトした理由は、ゲームの世界ではプレーヤーが変化を起こす中心的存在——コントロール能力を発揮し、自らの行動を生み出す担い手——となるからだ（Rigby and Ryan 2011）。この積極的関与（active involvement）という概念は、エンゲージメントの中核をなすものである。これまでゲームが人々の注意を引きつけてきたさまざまな方法から、私たちは貴重な示唆を得ることができる。これは、今日の学習者がよりインタラクティブな学習形態や情報探索の形式に慣れているという一般的傾向を反映している。

> 何かを知るには、まずそれをやってみなければならない。わかっていると思っていても、やってみなければ確信には至らない。
> （ソフォクレス）

教室内の積極的関与のレベルを高めるには、授業の開始直後から学習者に何か体験的なことをさせる必要がある。ものを動かしたり、手に取ってみたり、体を使って活動してみたりすると、五感の活用と組み合わさり、より記憶効果の高い多感覚学習（multisensory learning）（Cowley 2009）につながる。学習者が自分自身で何かを体験すると、感情と共により深く記憶され、自分とその体験との間に深い関わりが生まれやすいことがわかっている。

　これは、クラス旅行や遠足や交流活動などの機会を最大限に活かそうという考え方にも関係している。そうした機会では、教室の枠を超えた言語学習が実現され、学習者をコミュニケーションの中心に据え、言語の学びと使用をできる限り実践的でアクティブなものにすることができる。教室では、プリッカーズ（Plickers）やカフート（Kahoot）といった投票アプリなどのオンライン・リソースを使うと、活動を通じてインタラクティブな要素を加えることができる。伝統的なカードや実物教材、あるいは学習者を動かす小道具を使って、同じ効果を狙うことも可能だ。学習者に体を動かして活動させることも、「アクティブ・ラーニング」のアプローチの一つである（Bonwell and Eison 1991）。学習者にロールプレイをさせるような単純なものもあれば、前述した通り、パワーブレークのようなものを授業の途中にはさんで、学習者のエネルギーの再活性を図るような活動を行うこともできる。

教師の行動

　先に示した原則は、学習者が夢中になって取り組めるタスクをデザインするためのステージ設定に関する議論であった。以下の行動提案では、学習者をタスクへ引き込む最初のきっかけを生み出す方法に着目する。しかし、はじめに喚起されたエンゲージメントが持続しなければ、学習者の注意や興味を一時的には引きつけられたとしても、その感情はすぐに減退し、有意義で深い学びには至らない。したがって、このセクションで提案する教師の行動は、それだけでは学びにつながる深い持続的なエンゲージメントを促進することができない。ただし、エンゲージングな学習へと駆り立て、学習者がその道を歩き出せるようにするためには有益な提案である。本章で最も強調したいのは、活動のセットアップの仕方、ならびに、タスクの始め方が、学習者エンゲージメントを引き出す上で非常に重要で

あるということだ——教育では、第一印象が大きくものを言うのである。私たちは、「仕事は、最初が肝心だ」というプラトンの言葉に完全に同意する。授業の始まりやタスクの始め方について、時間をとってきちんと考え、計画を立てるのは、とても重要なことなのだ。そこで、本セクションでは、学習者の心を引きつけ、活動に参加させる方法について、いくつかの提案をしたい。

第一印象を与えるチャンスに二度目はない。　　　　　　　　　　　（出典不詳）

行動 1　スモールステップで始める

千里の道も一歩から。　　　　　　　　　　　　　　　　　　　　　（老子）

ことわざにあるように、「エベレストに登るには、まず一歩前に踏み出すのだ」というのはもっともなことだが、実際には、その最初の一歩を踏み出すのが難しい場合が多い。タスクの最初の段階で、学習者がまさにその第一歩を踏み出せるようにうまく導くことができれば、勢いが生まれ、タスクへの取り組みを維持できる可能性が高くなる。したがって、学習の最初のステップは、魅力的で取り組みやすいものでなくてはならない。これが何より重要だ。実際に、ゲームは魅力的なインターフェースとすぐに得られる最初の成功体験で多くのプレーヤーを引き込み、彼らの心をわしづかみにする（Rigby and Ryan 2011）。そうした要素が、学習者をアクティブにさせ、成功・達成・進歩の実感を与えて、報酬感覚を生み出す。これは、クラス全体にも当てはまる。私たちは、授業の始めによく**ウォーミングアップ活動**（warmers）を行うが、それはゲームの最初の段階と同じように、楽しく、かつ学習者が目標言語をうまく使えるようなものでなければならない。そうすれば、学習者はアクティブな学習集団の一人となり、第二言語のモードへスイッチを切り替え、外国語を学ぶ心構えをしっかり整えることができる。

授業を多く観察すれば、最初の数分がいかに重要であるかがわかるだろう。学習者は本来落ち着きがないものだが、教師が最初の5分で明確な目的と、学習者の積極的な参加姿勢に期待を示すことができれば、学習者の注意を強く引きつけ、

　したがって、授業やタスクを始める際には、あまり余計なことをせず、すぐに始めることが重要だ。教師には授業開始時に行わなくてはならない事務作業もあるが、あらかじめ手順を決めておけば、作業を早めることができ、学習者をすぐに活動に取り組ませることができるようになる。さらに、個々の学習者の問題にも対処できる（Cowley 2013）。アクティブな導入活動は、学習者のバイタリティーを高めるだけでなく、学習者の思考を活性化させ、アクティブな姿勢を促進する活力源としても有効である。また、必要に応じてペースや狙いを変えられるため、実際には、授業のどの場面でも使用可能であることは注目に値する。

リフレクション・タスク7
以下の2つの導入活動を比べてみよう。
1.2分間、パートナーと一緒に、「この国でホームレスになるということ」について知っていることをすべて出し合ってみよう。
2.2分間、パートナーと一緒に、「この国でホームレスになるということ」について2人が真実だと思うことを3つ書いてみよう。

　どちらの活動でも学習者は活発に議論し始めるかもしれないが、1つ目の方はかなり曖昧で幅が広すぎる内容であるため、初めこそ積極的な姿勢を示すかもしれないが、やがて熱意と集中力が薄れていく可能性がある。時間制限を設定すれば、課題への集中力を高めるのに役立つが、結果はそれほど大きく変わらないだろう。2つ目の方は、予測の仕方を明確に設定している。そのため、学習者は授業中に自分の仮説が正しかったかどうかを確認する機会がもてる。これは、ステレオタイプな物の見方に異議を唱え、社会正義の問題について振り返る良い機会となるかもしれない。また、フルセンテンスで文脈に沿った言葉の使い方ができるようにもなるだろう。

　個人的な要素（personal element）から始めるのも、複雑なタスクに取り組む際に有効な第一歩となる。たとえば、発問・議論の題材・ランキングタスク・絵に吹き出しをつける活動・推測ゲーム・リストの作成・インタビューといった活動は、トピックへの導入となる。学習者は、通常、自分たちのことについて語る

ときに意欲が高まるため、個人的な要素から始めるのは誰もが成功体験を得られる有効な方法だ。こうしたステップを踏むことによって、学習者にポジティブな感情を生み出すことができれば、学習者のエンゲージメントを高めるさらに強い効果が期待できる。

> 個人がもつ経験は、事実として具体性があり、感情面でも価値がある。したがって、学習者の経験を承認し、学習のプロセスの中でそれらを取り上げることは、内発的動機を刺激することにもつながる。
>
> (Raffini 1996: 232)

　最後に、どちらとも決めがたい問題を以下に示す。ウォームアップ活動は、前時の復習に費やすべきか、それとも本時の導入（セットアップ）に焦点を当てて行うべきか。あるいは両方を同時にこなせるか。多くの教育的アプローチが、（前時の学びを再利用し、復習し、新しい学習への呼び水にするといった理由から）最初の５分は前時に学んだ事柄の再確認の時間にすることを推奨している。しかし、これは果たして最初の大事な５分間の使い方としてエンゲージングな方法だと言えるだろうか。実際のところ、面白いやり方で復習をすることは可能だ。たとえば、学習者に教師役を任せて前時のポイントを他の学習者に教えるといった取り組みや、ジャンブル・ステートメント（jumble statement）[27]、仲間外れ選び（spot the odd one out）[28]、絵やテキストに注釈をつける活動、クリッカーを使った意見調査などは、興味深い復習方法の好例と言える。やはり、最初の活動は、新鮮で、創造的で、扱いやすく、軽快なペースで行えるものにするのがベストだ――結局のところ、授業開始時の活動は、後に続くすべての事柄の始まりでもあるからだ。さらに、ウォームアップ活動が授業のトピックとの関連性をもち、題材への興味を喚起し、インフォメーション・ギャップ（知識差）を生み出すような活動だとしたら、二重の機能を果たすこととなるだろう。

＊27　ジャンブル・ステートメント（jumble statement）：混ぜこぜになった文章（または語）を正しく並べ替えるゲーム。
＊28　仲間外れ選び（spot the odd one out）：複数の選択肢の中から一つだけ他とは異なる性質のものを探し当てるゲーム。

行動 2　驚きの要素を組み込む

リフレクション・タスク 8

オンライン上で何かを読むという行為について考えてみよう。もしあなたがリンクをクリックし、見出しの先を読み続けるとしたら、それは一体なぜだろう。こうした行動から、私たちをある行動へと引き寄せる要因や、エンゲージさせる原動力について、いくつかの手掛かりを得ることができる。

　エンゲージメントの初期段階における重要な原則は、好奇心を生み出すことだ。以下に示す教師の行動の多くは、ある程度、この原則を軸としたものとなっている。そのような行動の中で最も重要なものは、「驚き」の要素（'wow' factor）を追求することである。意外性や新奇性を組み込むと、脳に緊張感を与え、注意を引きつける。そして、集中力が凝縮された状態となる。エンゲージメントを喚起するには理想的な方法だ。学習した事柄をよりよく記憶する効果もある（Fenker and Schütze 2008）。驚きという感情は、脳の快楽中枢と結びついているため、驚きを体験すると脳内で報酬感覚が生じ、ドーパミンが増加する。このことによって、エンゲージメントと記憶が高まるのである。

　驚きはさまざまな方法で引き出せる。たとえば、期待を裏切ったり、想定された知識に異議を唱えたりすると、興奮、驚嘆、衝撃、不信など、さまざまな感情的反応を引き起こす。興味深いことに、予期せぬ報酬の方が、あらかじめ期待されていた報酬よりも価値があるものと認識されることが研究で明らかになっている（Berns, McClure, Pagnoni and Montague 2001）。つまり、私たちの注意は、驚きをもたらし、予想されるパターンや基準を打ち破る対象に、より強く注がれるということだ。教室でも、いろいろな場面やレベルで驚きを取り入れることができる。たとえば、新しいトピックを導入するのであれば、学習者に予期せぬ刺激を与えてみる。そのために、授業の最初に意外性のある統計や予想外の事実、あるいは、よくある誤解、有名人の隠れた才能や秘密などを提示することから始めてもいいだろう。たとえば、あなたは現役の教師が世界に8400万人以上もいることを知っているだろうか。彼らがどの分野で、どこの国で働き、どれほどの収入を得ているかを知りたくはないだろうか。もし知りたければ、Our World in Data（https://ourworldindata.org/teachers-and-professors）をご確認いただき

たい。おそらく読者の多くが、これからこのサイトをのぞいてみようと思ったのではないだろうか。もしそうだとしたら、驚きを与える導入技術がうまく機能したということになる。

注意は常に多方向に分散している意識であるため、何か一つのことに焦点を定めるのはほぼ不可能だ。ただし、驚きを感じる場合は別である。驚きは私たちの注意を１点に集め、いままさにこの場で私たちに深い経験をもたらす。

(Luna and Renninger 2015: 14)

　私たちの指導には、ある程度、決まった手順があるため、クラスや学校で何が起こるかは学習者にもある程度予測できる。そのため、もしそのパターンを崩すことができれば、学習者の注意を引きつけることが可能だ。いつものことをいつもとは違うやり方で行えば、学習者は活動の新しさに驚き、活発に取り組むようになるだろう。普段の活動にほんのひと捻りを加える程度でいいのだ。たとえば、

- もし普段は白い紙に印字されたリーディング課題を配布しているとしたら、色用紙に印刷し、段落ごとに切り分けて、文章全体を学習者に再構築させてみてはどうだろうか。あるいは、異なる色の段落を教室の壁に貼りつけ、学習者に教室中を動き回ってその文章を読んでくるように指示を出す。
- もしロールプレイを行う際にカードで役割を決めているのであれば、何も書かれていないカードまたは絵だけのカードを配り、学習者に役割を考えるよう指示する。その後、彼らが作った役割カードを回収し、再び配布。学習者が作ったいつもとは違うタイプのロールプレイを、学習者自身が演じられるようにする。パフォーマンスの様子をビデオに録画するように指示することもできる。
- 教室内の別の場所から教えてみると、学習者は普段と異なる感覚で教室空間を体験することができる。
- ドラマチックなことをしてみる。たとえば、全員に衣装を着せて祭や祝日について教えてみたり、夏にはクラスを屋外に移して授業以外で得られる言語や空間を探索させてみたりする。
- もしいつも同じオンラインのプラットフォームを使っているのであれば、異なるリソースを試したり、教師に代わって学習者にアクティビティーを選ばせたり作らせたりしてみる。

- もし授業のはじめに宿題の回収をしているのであれば、それは後にして、テンポの速いゲームから始めてみる。

　つまり、いつもの流れを変え、マンネリを避け、目の前のタスクや授業全体への興味を高めるのだ。学習者を驚かせよう！　予想外なことを仕掛け、学習者にも同じようなことをやらせてみよう――私たちはみんな知っている、多様性こそ人生のスパイスなのだと。

私を驚かせて！

驚きの要素をもたらすために、教室ではどのような取り組みができるだろうか。新しさや驚きを引き出すものは何か。何をしたら予想を覆し、ルーティンやマンネリを打ち破れるのか。
- 驚きのある**内容**：事実、図、イメージ。
- 驚きのある**形式**：オンライン、対話方式、体験型の活動、色カードと色ペン。
- 驚きのある**設定**：場所、グループ分け、座席、教師。
- 驚きのある**アウトプット**：ポスター、Vlog*29、パフォーマンス、歌。

　真新しさとは、**変化**（variation）のことでもある。先にも述べたように、教室での生活にルーティンや習慣を組み込むと、安心感を与えることができる。実際に、学習者は、不安なく前向きな気持ちで、慣れ親しんだ活動に取り組める安心感を歓迎することが多い。一方で、学習者は、刺激的で好奇心をそそるような新しい事柄を求めてもいる。新奇なものには、おのずから不慣れなことへのリスクがつきまとうが、それでもなお、新奇なものを求める性質が学習者の中には存在する。なぜなら、たいていの場合、同じことばかりをやり続けていると――はじめは、どれほど魅力的なものであったとしても――刺激に欠け、退屈なものとなってしまうからだ。同じことは、やればやるほど、輝きと感動を失ってしまうのだ。

---

*29　Vlog: ブログの動画版、videoblogの略。

驚きとは、ある出来事が予想外のものだと評価することから生じる。さらに、その予期せぬ事柄を人が理解可能なものだと判断したときに、興味が芽生えてくるのだ。

(Silvia 2017: 101)

「驚き」の要素は、タスク提示方法の美的感覚からも得られる。先にも述べたように、我々の学習者が生きる視覚中心のデジタル世界では、美的感覚がエンゲージメントを決定づけることがある。実際に、ウェブサイトやゲームのデザイナーや教科書制作者たちは、多くの時間と予算を費やして素材のレイアウトや見た目の美しさを考える。第一印象が重要だからだ。対象に視覚的な魅力があり、心を引きつけるようなインターフェースを備えていると、エンゲージする意志（willingness to engage）が高まる。しかし、再度強調しておきたいのは、物理的な魅力は必ずしもタスクに有意義な貢献をするわけではないということだ。実際に、学習者はビジュアルに気を取られてしまう可能性があるという研究結果もある（Harp and Mayer 1998; Thalheimer 2004）。一方、メイントピックとタスクが関連している場合には、感情を刺激するイメージを与えると、学習者のモチベーションを高めることができると証明している研究もある（Park and Lim 2007）。このことはユーモアの使用（第3章参照）を想起させるが、ユーモアもまたタスクとの関連が見られる場合にのみ有効なツールとなる。

真新しさや多様性は瞬く間にエンゲージメントを引き出すが、学習者が、学習ではなく、タスクの真新しさに夢中になってしまう危険性が常にある。

(Antonetti and Garver 2015: 93)

行動3　謎解きやパズルを組み込む

誰でも謎解きやパズルが好きだ。神経学的に言って、人間は好奇心を満たそうとする性質をもっており、脳は常に私たちの身の回りの世界を理解しようとする。Eメールやメッセージの着信音を耳にすると、私たちはいつも「誰からだろう」「要件は何だろう」と謎を解決したくなる。着信音一つで、好奇心のアンテナが伸びる。教える際にも、健全な混乱や、不確かさ、謎、困惑を生み出すことによって、好奇心を喚起することができる。ここでは、そのための実践的な方法について考えてみよう。

興味を引き出す典型的なやり方は、パズル感覚を生み出すことだ。パズルの要素を授業に持ち込むには、さまざまなやり方がある。たとえば、ジグソー、クロスワード、クイズショー、宝探し、論理パズル、なぞなぞ、単語ゲーム、錯視（ヴィジュアル・イリュージョン）、パターン当てゲームなど、昔ながらのパズル形式を用いることができる。これらの活動は、思考を刺激し、その謎を「解きたい」という意欲に火をつけるため、多くの人たちから愛されている（Davies 2014）。もちろん、そうした活動は、いま取り組んでいる題材や言語学習に関連する形で有意義に活用する必要があるが、生産的に活用するためには、学習者自身を巻き込むことだ――自分たちの手でクロスワードパズルを作ることは、解くのと同じくらい面白いはずだからだ。

リフレクション・タスク9

あなたはいま、授業のはじめに、学習者の好奇心をどのように生み出しているだろうか。どのような導入活動を行っているだろうか。そして、以下のものは、どれくらい効果的だと感じるだろうか。

- あるミステリーの概要を述べる。
- 解決すべき問題を投げかける。
- クイズを出す。
- 刺激的な視覚資料を用いる。
- 画像・音声・映像を部分的に示す。
- ドラマチックな絵を示し、「次に何が起こるか」を問う。
- 両義的な文言を提示し、嘘か本当かを予測させる。
- テキストが答えてくれるであろうと思われる疑問を出させる。
- 読んだり聞いたりする前に、学習者に理解問題の解答を予想させる。

多くのコミュニカティブ・タスクは、**インフォメーション・ギャップ**の形式に基づいてデザインされている。対話者の一人は知っているが、もう一人は知らないといった情報差がある場合、そこから意思疎通の必然性が生まれる。これが、インフォメーション・ギャップの特徴だ。しかし、この種の活動は、タスク自体が学習者との関連性や面白みに欠けていたり、それを本当に知る必要性があるのかといった現実味に関わる問題が見られたりする場合が少なくない。ギャップは、実際的な意味や目的、関連性を欠いていても、タスクの完了を目指して取り組み

さえすれば、それでよいというわけではない。「知る必要性」をより現実的なものにする一つの方策は、コンテンツ作りをうまく工夫することだ。たとえば、スタンダードなインフォメーション・ギャップ・タスクに、道案内の活動がある。ペアの一人が地図を持っており、もう一人が地図上の場所への行き方を問う活動だが、これを学校の地図を使った学校内宝探しにすれば、より有意義な活動にできるだろう。交換留学に行く予定の学習者には、現地の地図を入手し（あるいはオンラインの地図を利用して）、宿泊予定のホテルや訪問予定の名所の実際の位置を使って道案内をやらせてみてはどうだろうか。繰り返しになるが、学習者自身にこのような宝探しや道案内クイズの作成に関わってもらえれば、さらによい。

タスク中心の学習法（task-based learning: TBL）のアプローチには、通常、何らかの問題解決や、パズル、シミュレーションの要素が含まれている。これらの要素は、言語を手段として用いるため、学習者はエンゲージする。このアプローチでは、通常、学習者はペアか小グループになり、単なる言語学習の枠を越え、実生活上の明確な目的と成果に関わるタスクの要求を満たすために言語を駆使してコミュニケーションをはかる。たとえば、ESL（English as a second language）の環境[30]では、地方紙で報じられた事柄や自分たちの経験に基づく困難な出来事など、地域社会が抱える問題点を特定し、グループやクラス全体で、その問題に対処する方法や、実質的な支援の方策、援助の求め方について、案を出し合うことができるだろう。一例として、人々にデジタル・リテラシーのスキルを教える方法について考えるといったことが挙げられる。EFL（English as a foreign language）の環境[31]であれば、英語圏の国で提携校を探すというタスクを学習者に与えることができる。各グループは、オンライン上で学校を探し、その学校がパートナー校として適切か、またどうしたらその学校にアプローチできるかをリサーチしなくてはならない。その後、グループは、Eパートナーシップ[32]の具体的な案をまとめ、それぞれの提案を発表し、どの学校に依頼すべきかをクラスで投票する。そのような大掛かりなタスクの他にも、ロールプレイ、ディスカッション、投票、インタビューなど、もう少し小さなスケールのタスクもある（さらなる例については、Nunan 2004; Willis and Willis 2007を参照）。

---

[30] ESL（English as a second language）の環境：英語が第二言語として日常的に用いられている環境。
[31] EFL（English as a foreign language）の環境：英語を外国語として学んでいる環境。
[32] Eパートナーシップ：電子技術を通じて意思疎通を図り、共通の目標を達成しようとする仲間とのパートナー関係のこと。

好奇心や、より深い思考を刺激するためのもう一つの方法は、学習者が反応したい、もっと知りたいという気持ちになるように挑発すること（provocation）だ。これは、批判的かつ創造的な思考を促す多くのアプローチの基礎となる。挑発を用いたストラテジーとしては、次のようなものが挙げられる。一見擁護しかねる発言や馬鹿げた考えを示して真実や有用性を探る、道徳的・倫理的な発問を投げて思考と議論を引き出す、希望に満ちた考えを用いて空想をかき立てる、what ifクエスチョンを投げる、対照的・対立的見解を投げる、具体的な例や物語を用いる、あるシナリオを誇張して極端な考えを示す、といった方法だ。もちろん、このような挑発的な方略は、（学習者を遠ざけたり、怒らせたりするのではなく）学習者が進んでタスクに参加するように誘うものでなくてはならない。たとえば、もし貨幣がなかったら世の中はどのように機能するのか、地球上の生活を改善するために変えられることを一つ挙げよと問われたらどのようなことを思いつくか、などを考えさせてみる。あるいは、ロビン・フッドのジレンマ[*33]のような二律背反について議論させてもいいだろう。たとえば、銀行を襲った何者かが、その後ホームレスに金を配っているのを目にしたとする。あなたはこれを警察に通報するか否か、といった具合だ。

> 情報技術の発達によって、労力を伴う知的探求が疎かになりつつあることを何よりも憂慮している。
> (Leslie 2014: 19)

行動4　続きが気になる仕掛けを作る

　私たちは皆、続きが気になる仕掛けに引きつけられる。これを**クリフハンガー**（cliffhanger）と呼ぶ。巧みな小説家やテレビドラマの脚本家たちは、このクリフハンガーを効果的に用いて私たちの心をわしづかみにし、次に何が起こるのかを知りたくてたまらない気持ちにさせる。もし、私たちがこれと同じ感情を授業にうまく活かすことができるとしたら、どれほどよいだろうか。この感覚は、心理学では「ゼイガルニク効果」（Zeigarnik effect）[*34]として知られている。ロシア

---

*33　ロビン・フッドのジレンマ：モラル・ジレンマのこと。ロビン・フッドは悪政の限りを尽くすイングランド王ジョンを打倒するため、自分の行動が違法だと知りながらも戦いを挑む。
*34　「ゼイガルニク効果」（Zeigarnik effect）：人は達成できた事柄よりも、未完の事柄や中断している事柄の方をより強く記憶に残すという現象。

の心理学者ブリューマ・ゼイガルニクは、ウィーンのレストランにいたとき、あることに気がついた。それは、そこで働くウエーターやウエートレスが注文されたものを給仕しているときにはその内容をよく覚えているのに、いったんオーダーが完了するとたちまちその内容を忘れ、記憶から消し去ってしまうことだった（Alter 2017より抜粋）。これは、結末や解決を求める人間の性質に起因する。未解決のタスクというのは、人の心に入り込み、それを終わらせたいという欲望をかき立て、人をその課題へと引き戻す。そして、タスクが完了しないうちは、それが記憶にしつこくとどまってしまうのだ。同様に、曖昧な表現や未解決の話も、人に苛立ちを与え、きちんと「適切な」結末がほしいという気分にさせる……。続きは、のちほど！

> このサスペンスはひどいものだ。ずっと続いてほしいと願ってしまうのだから。
> （オスカー・ワイルド、『真面目が肝心』）

 リフレクション・タスク10

オンライン上の読者にリンクをクリックして続きをもっと知りたいという気持ちにさせる画像や見出しなどのことを「クリックベイト」（clickbait）という。これは、人々の注意を引きつけるようにデザインされていて、前述の行動１〜３で示したあらゆるストラテジー――驚き・謎・パズル・インフォメーションギャップ・続きが気になる表現――が組み込まれている場合が多い。そこで、これから数日の間、あなたがオンライン上で出会うクリックベイトの種類をノートに書き留めてみてはどうだろうか。ただし、物の購入や金銭の支払いを要求したり、いかがわしいサイトへ誘導したりするようなものにはくれぐれもご注意願いたい。あくまで、他のニュースや記事につながる普通のウェブサイトにのみ着目してほしい。それらのサイトがどのようなストラテジーを駆使し、本章で提案している行動や考えとどのような関連が見られるか。タスクや授業の開始時に、学習者の注意を「クリックベイト」する方法について考えてみるといいだろう（これは、学習者自身がリサーチをするプロジェクトにもなるかもしれない！）。

このようなクリフハンガーの技法を用いて「もっと知りたい」という欲求を刺激することで、タスクの開始時に（実際には授業中に何度でも）学習者の注意を強く引きつけることができる。優れた怪奇小説やテレビドラマと同じように、すべての情報を一度に示すのではなく、少しの間伏せておき、種をまくだけにしておくのがポイントだ。それらが感情移入できるものであれば、より強力になる。では、どのようにしたら、このようなクリフハンガーを作り出せるのだろうか。一つの手は、答える必要性を感じさせる質問を投げることだ。たとえば、映画が好きな学習者であれば、「続編が出ると報じられている有名な映画は？」「俳優Ⅹは、有名になる前、どのようなアルバイトをしていた？」「ある俳優が映画のセットに関して突きつけた最も常識外れな要求とは？」といった質問が効果的であろう。

　このようなストラテジーをうまく使いこなすことは、対象者を知るということでもある。これは、学習者がもっと知りたいのは何か、彼らの生活や興味と関連することは何か、またそうした情報を利用するにはどうすればよいのか、といった知識を得ることと強く結びついている。ストラテジーとしては、内容をパーソナルなものにする、有名人やゴシップへの関心とつなげる、誇張・疑問・強い感情表現（驚くべき、ひどい、衝撃的、突拍子もない、など）を用いる、独占的な感覚やここだけの秘密を引き出す、リストを使って作業する、衝撃を与え議論を巻き起こすような事実や発言を用いる、などが挙げられる。このようなきっかけ作りの言葉は、短くて、ポイントを押さえたものが最も効果的だ。以下のリフレクション・タスクで、例をいくつか見てみよう。

リフレクション・タスク11
あなたが10代の学習者を教えているとしたら、あるいはあなたに10代の子どもがいるとしたら、次の見出しが彼らの注意を引きつけるかどうか、また、これらの見出しはどのようなクリックベイト・ストラテジーを利用しているかを考えてみよう。
- クールじゃない！――それらはもう時代遅れだ。
- 史上最高の冒険旅行になること、間違いなし！
- インターネットが知っている君のこと。
- 知らなかったでしょう、BTS／ベビー・アリエル（その他、人気バンドや俳優や人気ユーチューバーの名前を入れる）のコレ！

- なぜ人はあくびをするのか？
- この夏休みにやらなきゃいけない5つのこと。
- 16歳未満の方は、1日1時間のみオンライン利用が可能に。
- 単語学習の秘策——もう単語テストで失敗しない！
- あなたとクルス・ベッカム[*35]の共通点。知りたい方は、こちらをクリック！

　数値を用いるトリックも、ゼイガルニク効果から生じる満たされない感覚を利用した簡単な手法としてよく用いられる。したがって、これも典型的なクリックベイト・ストラテジーであると言える。まずプログレスバー（タスクの完了度合いを示すバー）について触れておこう。あなたは普段、ソーシャルメディア上でプログレスバーや円グラフを見ると、100％完了となるのを見たい気持ちにかられるのではないだろうか。90％完了という表示を目にしたら、タスクを最後までやり遂げようという気になるはずだ。本書で言えば、あなたはすでに全6章のうち第5章まで読み進めてきたのだから、最後まで読み続けたいと思うのではないだろうか。タスクを始める際にプログレスバーや数値を埋めるサブタスクなどを組み込むと、魚をおびき寄せるルアーの働きをする。特に、はじめのタスクをスピーディーに終え、比較的容易に進捗を実感できるようにすると、より効果的だ（行動5も参照）。たとえば、最初のステップが完了したら、即座に「5分の1完了」「20％完了」などと示すのだ。これをプログレスバーやチャート上で表示しておけば、すべての作業を完了するための継続力を引き出す強力なモチベーターとなり、学習者の心を引きつける有用な道具となるだろう。

　2点目として、数値をベースとしたクリフハンガーを作ることができる。何かをやるための秘訣トップ3について話すと言った後、最後の話をしばらく保留する。すると、聞いている側には次を知りたいという気持ちが生じ、彼らの脳は謎を解くのに必要な最後の話を待ちわびるようになる。少なくとも一定の時間は、その状態が続く。さらに、私たちは物事をリストアップすることを好む性質があるため、多くのウェブ上のライターやプレゼンターは、話の内容に番号を振り、一覧にしてまとめている——こうした項目リストのことを「リスティクルズ」（listicles）という。たとえば、「エンゲージメントについて知るべき3つのこと」

「私のお気に入りの小説教材トップ10」「エッセーを完璧に書くための5つのシンプル・ステップ」「モチベーションを引き出す10のストラテジー（!）」などだ。また、これと同じ理由から、学習者もリストを作ることを好み、すべてを作り終えないと満たされない気持ちになる。リストを作る際には、10から1へと遡る形で作るとさらに効果が高い。なぜなら、人は1位にくるものが何かが特に気になるからだ。一般的に、1位の座には議論を呼ぶような項目を置き、人々がコメントやリストをシェアしたくなるように仕掛けるとより効果的だ。

> ゼイガルニク効果は、取り組んできた目標が未完のままになっているとき、それに対して人は緊張や侵入思考[*36]を経験する傾向があることを明らかにした。始めたことが終わっていないときにはいつでも、私たちは悩ましい気持ちになる。一部の心理学者は、これを「結末の欠如」と呼んでいる。それに対して、タスクの完了は、安堵感と喜びをもたらす。つまり、未完の仕事は内的緊張を高め、タスクの完了は緊張を解く。それゆえに心地が良いのだ。　　　　　　　（Rigby and Ryan 2011: 109）

行動5　好奇心を引き出す問いを使う

　ギリシャの哲学者ソクラテスは、問い続ける手法によって、弟子や同志の考えを引き出した。この「ソクラテス・メソッド」は、弁護士たちの間では、いまなお支持されているものだが、最近では教育の場でも批判的思考を促す手法として用いられるようになっている。発問は、問うにせよ問われるにせよ、学習者をエンゲージさせるのに非常に効果的な方法であり、教師の道具箱に入れておくべき貴重なストラテジーだ。学習者に問いを作らせたり、答えさせたりすると、彼らは題材について積極的に考え、関与を深めるようになる。これは、学習者のエンゲージメントを促進するだけでなく、記憶の定着や学習の転移も起こりやすくなるため、学習方法として、より効果的だと言える。

「ソクラテス・メソッド」の質問例
- あなたはどう思うか。
- なぜそう思うか。

---

*36　侵入思考 (intensive thoughts)：望んでもいないのに脳裏に入り込んでくる思考。

- いつでもそうなのか。
- 例を出せるか。
- 例外はないか。
- 結果はどうなるのか。
- これはあなたや他者や他の事柄にどのような影響を与えるか。
- これは良い質問だったと思うか。
- あなたなら何を問うか。
- あなたなら何と答えるか。

　残念なことに、多くの場合、教師の発問は、単に知識を思い出させるためのものが大部分を占める。しかし、深い学びを引き出すのにより効果的なのは、批判的思考、分析、解釈、評価、統合、応用といったより高次の思考を促す問いである（Walsh and Sattes 2011）。つまり、効果的な発問の仕方とは、暗記した答えを「テストする」のではなく、学習者が自ら思考し、既有知識や個人的経験と結びつけ、自分自身の理解に至らせるように問うことだ。たとえば、ある出来事の事実ばかりを尋ねるのではなく、なぜある人物がそのような行動をとってしまったのか、彼らはそのとき何を感じていたのか、彼らの行動にはどのような意味があるのか、といったことを学習者に考えさせてみるといいだろう。このような発問が、好奇心や創造性を掻き立てる重要な引き金となる（Berger 2014）。

　　質の高い発問は、学習者と教師のインタラクションや、学習者と題材、教師と題材の間の関わり合いを活性化し、持続させ、学習者のエンゲージメントと学びの成果を向上させる。
　　　　　　　　　　　　　　　　　　　　　　　　　　（Walsh and Sattes 2011: 11）

　最後に、問いを投げるのはいつも教師でなければいけないのだろうか。これまでに何度も述べてきたことだが、たいていのタスクは学習者自身の手で準備し、実施することが可能だ——それ自体、学習者にとってはエンゲージングな課題だと言える。したがって、ここでも学習者に、題材の理解を深めさせ、問いを作らせればよいのである。リーディングやリスニングのエクササイズに取り組んでいるときであれば、教科書が答えてくれる内容について問いを考えさせ、実際にそれがあるかどうかを探すように促してみる。そうすれば、教師の答案用紙を埋めるのではなく、学習者が理解の証として質問を用意することができる。これは、

各班が他の班のために質問を作る小グループ・タスクにすることもできる。リスニングやリーディング活動の後には、学習者がテキストや登場人物や内容について疑問を残している点を尋ねてみるといい。適切だと思われる場合には、さらにそこから、オンラインで答えを探す調査活動につなげることもできるし、自分たちが立てた追加発問に対して自ら答えるクリエイティブ・ライティングの活動へと発展させることもできる。

リフレクション・タスク12

教師は、授業中の発問をどのように利用しているか意識していない場合が多い。しかも研究によると、教師の多くは、あまり効果的な発問の仕方をしていないようだ。したがって、その点を点検するために、自分の授業を録音するか、同僚に授業を見てもらい、発問の仕方を記録してもらうとよい。発問例をすべて書き出せたら、今度はそれらを機能別に分類してみるのだ。たとえば、学習者の思考やエンゲージメントを本当に促すものとなっているか、あるいは、より「パフォーマンス」を刺激する発問であったか、それとも単なる知識確認であったか、といった形で仕分けるのである。これらのタイプの発問も必要だが、より多様な種類や形式の問いを駆使することで、学習者のエンゲージメントをさらに強化することができるだろう。

まとめ

　教師は、エンゲージングで有意義な学習経験のデザイナーである。本章では、学習者のエンゲージメント、とりわけ授業や活動の開始時における積極的参加意欲の向上を意識したタスク・デザインの方法についていくつかのアイデアを提示した。タスク・デザインの指針として5つの原則がある。1つ目は、タスクに取り組む目の前の学習者のことを具体的に考えることである。こうした配慮によって、タスクの適切性と関連性を最大限に高めることができる。2つ目は、すべての学習者が学習内容と彼ら自身との関連性を見出し、感情移入してタスクに取り組めるように仕向けることだ。3つ目の好奇心を高めるという原則は、おそらくタスクや授業の開始時に欠かせない要素であろう。教師は学習者がかきむしらず

にはいられなくなる好奇心の痒みを生み出す必要がある。さらに、4つ目の原則
として、授業やタスクをどのように始めるか（セットアップするか）についても
注意深く考える必要がある。最初の活動は、学習者のエンゲージメントを引き出
し、維持していくために、少なくともその勢いを失わないようにするためにも、
極めて重要だ。これは、最初に行うタスク・タイプや指示出しの仕方にも影響を
与える。最後の原則は、学習者を行動の担い手にするという、おそらく最も理解
しやすい原則。学習者エンゲージメントを発生させるためには、学習者がアク
ティブに学ぶ必要がある。手や体を動かしたり、課題に取り組ませて考えさせて
もいいだろう。とにかくすぐに学習者が何かに取り組み、活動をしている状態を
作るのが望ましい。これらの原則を実現するために、教師が実践すべき5つの重
要な行動を以下に提案する。

- タスクや授業の最初のステップでは、学習者の心を揺さぶり、引きつけ、学習
  に取り組むのに望ましい心理状態を整える。
- 「驚き」の要素を盛り込む。驚きを与える活動や新しさのある活動を通じて、
  学習者の注意を引きつけ、好奇心に火をつける。
- 困惑、謎、混乱、曖昧さ、知識差・情報差を引き出すストラテジーを用いて、
  好奇心を刺激する。
- 次に何が起こるのか、あるいは未完の事柄がどのように完結するのかを知りた
  いと思わせるクリフハンガーの手法を用いて、エンゲージメントを引き出す。
- 発問によって、学習者の思考を促し、よりアクティブにする。また、学習者自
  身に問いを作らせることによって、学習をよりエンゲージングなものにする。

　しかし、学習者のエンゲージメントを喚起する作業は、全体の一部にすぎない。
エンゲージメントをいかに維持するか、その方法を知りたければ、次章へ！

 本章のポイント

教師には、学習者をアクティブにし、好奇心を目覚めさせ、「もっと知
りたい」「もっとやりたい」という気持ちを引き出すタスクをデザイン
することができる。

さらに理解を深めるために

Cowley, S. (2018). *The Ultimate Guide to Differentiation: Achieving Excellence for All*. London: Bloomsbury.（あらゆる教科の教師が、学習者の個別のニーズに合わせて授業を工夫するための現実的で持続可能な方法を紹介する非常に実用的な一冊）

Dirksen. J. (2016). *Design for How People Learn* (2nd ed). San Francisco, CA: New Riders.（本書と同様に、教師を学習経験のデザイナーと位置づけている本。鮮やかなイラストで役に立つ原則をわかりやすく紹介している）

Leslie, I. (2014). *Curious: The Desire to Know and Why your Future Depends on it*. New York, NY: Basic Books.（好奇心に関するさまざまな理論を非常にわかりやすく解説し、私たちの中にある好奇心を高めることの重要性を説く良書）

Rigby, S. and Ryan, R. M. (2011). *Glued to Games: How Video Games Draw us in and Hold us Spellbound*. Santa Barbara, CA: Praeger.（ゲームがポジティブな現象であるかどうかについて立場を明らかにするのではなく、なぜゲームが人を夢中にさせ、人の心をわしづかみにするのかを心理学的に説明している。そこには夢中になって取り組める学習タスクを考案するための重要な教訓が――ゲームや技術ベースの事柄に限らず――含まれている）

第**6**章

タスク・エンゲージメントの維持

Contents

第
6
章

06
タスク・エンゲージメントの維持

リフレクション・タスク1

粘り強さというものを、あなたはどのように理解しているだろうか。それが健全だと言えるのはどのようなときで、そうでないのはどのようなときだろうか。これまでに、努力と時間を要する困難に直面し、粘り強くやり抜かねばならなかったときのことを一つ思い起こしてみよう。そのとき、あなたの行動を維持させるのに役立ったのはどのようなことだっただろうか。

　本書では、エンゲージメントを喚起することと維持する取り組みを区別した（いささか人為的にではあるが）。というのも、学習者の関心を高め、タスク導入時に一気に学習者をエンゲージさせるには、最初の勢いを引き出すのとは多少異なるストラテジーを用いて、そのエネルギーをポジティブな粘り強さに変換し、学習者がタスクに取り組み続けられるようにする必要があるからだ。実際には、この２つのタイプ（喚起・維持）の指導技術は互いに影響し合い、両者が一体となってエンゲージメントの維持を生み出す。また、本章を始めるにあたって、私たちのゴールは、単に学習者を忙しいままにしておくことではないことを、改めて確認しておきたい。私たちが望むのは、真の学びにつながる有意義なエンゲージメントである。したがって、本章では、学習者をただアクティブにさせておくだけに留まらない活動とは何かということについて焦点を当てていく。

> 大切なのは、真のエンゲージメントと、単に「タスクに取り組んでいる」だけの振る舞いとの違いを考えることだ。学習者をただ活動に取り組ませればそれで終わりというわけではない。真の目的は、学習者が学びに至る有意義な活動にエンゲージすることだ。
>
> (Harris and Bradshaw 2018: xiv)

理論的根拠

　私たちの教室では、学習者が自らエンゲージしたい、あるいはエンゲージできると感じるための基本的条件設定がすでに整っていると仮定しよう。その結果、学習者の注意を引きつけ、学習タスクにうまく巻き込むことができたとする。すると、次に必要となるのは、この状態を維持すること、すなわち、注意をそらすさまざまな要素に打ち負かされることなく、学習者が注意を保ち続けられるようにすることだ。これを成し得る最善の方策を考えるとき、テレビゲームの心理学が有益なアイデアを提供してくれる。テレビゲームが中毒症を引き起こすほどエンゲージングなものであるとするならば、恐らくそこから健全な意味で「やみつきになる」タスクをデザインするためのヒントを引き出すことができるはずだ。

リフレクション・タスク2

あなたは、途中でやめられなくなるほどテレビゲームやゲームアプリにのめり込み、時が経つのも忘れてしまうような経験をしたことがあるだろうか。あるとすれば、それはあなたも世界中の多くの人々と同じ経験を味わったことがあるということだ。人々がゲームに夢中になる理由はさまざまだが、あなた自身の経験を振り返ってみた場合、それはどのような理由からだといえるだろうか。

　ゲームとは、現実の世界から逃れ、自らが主人公となり、運命の担い手となる世界へ入り込んでいく営みにほかならない。単に物語を聞かされるのではなく、自分がストーリーそのものとなる。ゲームの世界では、プレーヤーはわが身に生じるあらゆる出来事をコントロールし、進むべき道とその方向を絶えず主体的に作り出していく。いつ失敗してもおかしくない状況にあっても、アクティブな姿勢を維持しながら、成功体験と進歩の感覚を手に入れる。一つのレベルに習熟し、次のレベルに進むまでに、何度でもやり直しをしたり、練習をしたり、実力を伸ばしたりする（つまり、学習する）チャンスがある。その点では、たとえ失敗したとしても、それが即結果になるわけではないというのがゲームの世界の特質だ。ゲームから得られる感情は、リアルで強力である。また、ゲームの文脈は魅力的で刺激に富み、人の心を引きつけるものが多い。最近では、課題の克服に至るた

第6章

めのリソースやアイデアを分かち合い、協力を要する他者との関わりや、インタラクティブな要素を含むゲームも増えている。そのような体験が、いかにエンゲージメントを引き出し、やる気を高め、人をとりこにさせるかは、想像に難くない。

　確かに、ゲームは、大部分を高度なデジタル技術に負っている。教育の現場では、そうしたテクノロジーを利用できる教師もいれば、そうでない教師もいる。したがって本書では、多様な状況下にあるより多くの教師をサポートしたいと考え、テクノロジーの利用機会に恵まれた環境に限らず、設備が十分に整っていない環境でも十分に取り入れることができる原則を重視することにした。21世紀に入ってから、テクノロジーは多くの人々の間で一般化し、教育に豊かな可能性を提供してくれている。しかし、それは私たちの教育のあらゆるニーズを解決する究極的な正解ではなく、新しい学習ツールの一つにすぎない。他のあらゆるツールと同様に、明確な学習意図がないまま、このツールを取り入れたとしても、珍しい小道具と化してしまうだけだ。とはいえ、ゲーム心理学は、本章の中核を成す貴重な示唆を与えてくれるのは間違いない。そこで、ここでは単なるゲーム的アプローチの応用ではなく、心理学的経験の核心に至るゲームの原理と行動について掘り下げてみたい。

> ゲーム・デザイナーは、さまざまなストラテジーを駆使して、プレーヤーを「プレイ」に引き込んでいる。これらのストラテジーは、指導計画を立てる教師にも、学習者をエンゲージさせるための新しい方法を考えるヒントを与えてくれるだろう。
>
> (Dickey 2005: 67)

学習者エンゲージメントを維持する原則

　タスク・エンゲージメント（task engagement）*37 について語る場合、学習者の行動が鍵となる。したがって、どのようなタスクも、学習者の行動を最大限に引き出し、学びに向かわせるものでなければならない。だからといって、エンゲージングなクラスでは教師主導のインプットが不要だと言っているわけではない。

---

*37　タスク・エンゲージメント (task engagement)：タスクがもつ魅力によって引き出される学習者の積極的行動・没入状態のこと。第5章参照。

逆に、教師は、学習者の心を引きつけるような話をしたり、問いを巧みに用いたり、学習者が授業についてこられるように足場かけをうまく準備することで、彼らの行動をより効果的に後押しすることができる。ポイントは、タスクをデザインする際に、授業の各段階で学習者に何を求めるかを考えることである。私たちは、学習者が、心理的にも、行動的にも、アクティブになれる機会をどれだけ多く生み出すことができているだろうか。「タスク」とは、特定の学習機会を示す名称にすぎないが、「優れたタスク」は学習者の行動（learner action）を決定的な尺度として、学びの可能性を最大限に引き出すようにデザインされている。

原則 1　認知的負荷を与える

　学習の中で困難を経験させることは、これまであまり良いことだとされてこなかった。学習を取り組みやすいものにしようとする努力の中で、困難は回避されるべきものだと誤解されるようになってしまったからだ。しかし、その困難が適度なもの——「望ましい困難」（desirable difficulty）（Bjork & Bjork 2011; Leslie 2014）として知られる認知的負荷——であれば、学習者のエンゲージメントに良い影響を及ぼし、深い学びの促進にもつながる。タスクが簡単すぎたり難しすぎたりすると、学習者は退屈になったり、苛立ちを覚えたりして、活動が鈍くなる。これは、教師であれば誰もが経験上、よく理解していることだろう。しかし、逆に、エンゲージメントの状態が高く維持されるのは、学習者が自分にも十分にやれると感じられ、それでいて努力しないと克服できない「望ましい困難」を含むタスクに取り組むときである。この種のタスクが学習に及ぼすもう一つの利点は、努力を要する学びの方が、そうでない学習と比べて、記憶の定着が高くなるということだ（Bjork and Bjork 2011; Tyler, Hertel, McCallum and Ellis 1979）。

> 物事を平易にすると、失われるものがある。難しさの中には隠れた価値があるからだ。この原則は、私たちの学び方にも当てはまる。理解や暗記が難しいほど、脳はますますその試練に立ち向かっていくものである。　　　　　　　　（Leslie 2014: 90）

　学習における「適度な困難」という概念は、決して新しいものではない。最近接発達領域と呼ばれるヴィゴツキーの古典的な概念は、まさにこれと関連している。学びの領域は、学習者が一人で解決できる領域（the inner zone）と、まだ

不可能だと思われる領域（the outer zone）とに分けられる。そして、その中間に位置する領域を最近接発達領域と呼ぶ。これは、支援や手引きが与えられれば解決し得る学びの領域を意味する。ここで重要なのは、各個人の能力に見合った困難の度合いと、学習者がポジティブに反応できる支援を得られるようにすることである。別の観点から（フロー理論[*38]の一部として）この問題にアプローチしているチクセントミハイ（Csikszentmihalyi 2002: 52）も、「能力と困難の黄金比」が存在すると指摘し、「困難の度合いとその人間の行動能力との間に程よいバランスが取れたとき、退屈と不安の境界線上に喜びが現れる」と述べている。

> 困難は「最適な」レベルに合わせる必要がある。学習者の現在のレベルを少しだけ上回る程度に難易度を調節するのがポイントだ。教師がこれをうまくやれた場合、学習者には困難が課されながらも、最善の学びが得られるステージを設けることができたことになる。
> (Hatti and Zierer 2018: 70)

この点に関して、ハッティ（Hattie 2003）は、熟練教師と経験の浅い教師との大きな違いは、学習者に、よりチャレンジングなタスクを課すことで、彼らをプッシュし、より活発に思考を促す力があるかどうかにあると指摘している。このことは注目に値する。ハッティが要約しているように、熟練教師は「単なる時間の無駄使いとならないチャレンジングな課題を設定し、ただ何かを真似るのではなく、学習者が課題に積極的に取り組むように導き、困難な目標の実現に向けて彼らを積極的に関与させる」（p. 9）ものである。このようなアプローチは、すべての学習者に大きな期待を寄せ、チャレンジングな問いを用いるのがいかに重要であるかを我々に思い出させてくれるだろう（第2章参照）。

しかし、プフタとウィリアムズ（Puchta and Williams 2011）は、言語教育に特有のある問題について指摘している。言語教育を行う場合、シンプルな言葉使いを心がけなくてはならないことが多いが、そうなると、認知的要素まで単純化してしまう危険性があるのではないか、という懸念である。ここで思い出されるのが、いまではすっかり評判が悪くなってしまったが、1960年代には広く用い

＊38　フロー理論：「フロー」とは夢中状態・没入状態を示す心理学用語で、取り組む対象に完全に集中し、のめり込んでいる状態のこと。ハンガリー出身の心理学者ミハエル・チクセントミハイによって提唱された理論。

られていたある指導法だ。教師がある物（ペンなど）を取り上げて、クラス全体に「このペンは何色か」と問う手法である。そこにいる学習者は皆、認知的に成熟しているにもかかわらず、「そのペンは青いです」と答えるように求められる。このような、明らかな事柄をただ発話させるだけといった知的レベルの低い活動は、学習者に退屈さと苛立ちをもたらす。彼らを言語の表現練習だけに押しとどめ、生き生きと思考する能力を封じ込めてしまうからだ。しかし、いまは教師が利用できる指導法やトピックが当時に比べて豊富である。そのことを考えれば、認知的刺激に富んだタスクや指導技術を言語の授業に組み込むことは可能だ。たとえば、３集合のベン図を使って、どの動物が飛び、泳ぎ、陸を移動するかを分類したり、あるいはその内の２つ、ないし３つの項目に該当する動物はどれかを仕分けたりする古典的な分類タスクについて考えてみよう。この場合、主に用いられる言語材料は動物を表す単語ということになるが、学習者は同時に一つひとつの動物をどのカテゴリーに当てはめるべきかを考えなくてはならない。このことによって、批判的でより複雑な認知的思考が促進される（Puchta and Williams 2011などを参照）。

> 第二言語学習者のために、言語的な配慮から活動を理解可能なものにしようと意図して、認知的負荷を弱めた活動をデザインしてしまうと、活動が平易になりすぎて、子どもたちが白けるということがよく起こる。学習者の言語レベルに見合うようタスクをデザインしたものの、それが彼らのもつ認知能力を下回るものとなり、結果として、負荷を与えられなくなってしまうのだ。認知的負荷をかける際には、学習者がその活動にエンゲージし続けられるよう狙いを定めることが重要だ。
> (Puchta and Williams 2011: 7)

では、認知的負荷がかかるタスクとは、どのような要素から成り立っているのであろうか。図１は、有名なブルームの思考力分類学（Bloom 1956）である。思考のタイプを、複雑さのレベルに合わせて６段階に分類したものだ。この図の中にある下位の３つは低次元の思考力（lower-order thinking skills: LOTS）を示し、上位３つが高次元の思考力（higher-order thinking skills: HOTS）を示す。なるべくLOTS（低次思考）の要素を減らし、HOTS（高次思考）の要素をより多く取り入れることで、機械的な学びや単なる暗記学習を少なくしていくのが理想的だ。また、教師は必ずしもこの図の最下位の段階から授業を始める必要はな

く、トップの「創造」段階からスタートし、最後に学習者が「その日に覚えたこと」を確認するイグジット・チケットを提出して授業を終える流れにすることも可能だ。この分類リストは、学習者の高次思考（独自のものを創造する、意見を形成し擁護する、複数の視点を比較・対照する）を促し、結果としてよりエンゲージングなものとなる可能性が高いアクティビティーやタスクを意識する上で有益である。

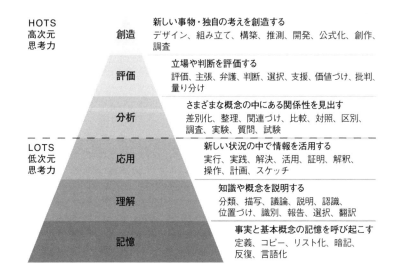

図1　ブルームの思考力分類学（Bloom 1956）

　認知的負荷をかけるためのもう一つの有意義な方法は、**収束的思考**（convergent thinking）と**拡散的思考**（divergent thinking）の区別について考えることだ（Guilford 1967）。収束的思考とは、一つの質問や問題に対して、一つの正解を求めていく思考である。一方、拡散的思考は、オープンで創造的な思考を意味し、考え得るさまざまな可能性を探っていく思考のことである。理論的には、収束思考型のタスクと拡散思考型のタスクのどちらも学習者のエンゲージメントを引き出す活動とはなり得るが、後者の方がより活発に学習者の高次思考を促進し、創造性を引き出す傾向がある。たとえば、学習者に日用品（例：クリップ、輪ゴム、フォーク、コイン）を渡して、その使い道を可能な限り考えさせるといった活動は、比較的シンプルではあるが、拡散的思考型タスクの好例と言える。よりチャレンジ

ングなタスクとしては、単語カードが入った帽子の中から学習者にいくつかのカードを引かせ、単語同士の関係性を見つけさせる活動などが挙げられる（例：太陽と車、水とテレビ、プラスチックと歯医者など）。とりわけ、言語を学ぶクラスでは、タスクや問いが拡散的な応答や思考を求めるものであればあるほど、議論やインタラクションが活発になると思われるが、一方で、拡散的思考型のブレーンストーミングからスタートし、議論をより限定された収束的な方向へと絞り込んでいくという、2つのタイプを組み合わせるやり方も有効だ。

> 創造力とは、遊び心をもった知性のことだ。　　　　（アルバート・アインシュタイン）

原則2　楽しさを最大化し、退屈さを最小化する

> 学習者の脳は、単に情報で満たされるのを待っているわけではない。それゆえ、ただ情報を与えるのではなく、学習が内発的に動機づけられ、その学びを現実世界の経験へと転化できるように、学習者の感情を揺り動かし、注意を引きつけ、記憶を後押しするような働きかけが必要だ。
> (Posey 2019: 4)

　学びに向かう感情、すなわち「我感じる、ゆえに我学ぶ」（Immordino-Yang and Damasio 2007）という情動が学習のあらゆる段階でいかに重要であるかについては、本書全体を通じて繰り返し強調してきた。そこで、ここからはタスクへのエンゲージメントを維持する感情というものに目を向けてみたい。ハイト（Haidt 2006）は、人間の心の中にある感情と合理的な認知の間の役割について、面白い比喩を用いて説明している。彼は人間の感情をゾウに例え、認知や論理をゾウの背中にまたがる乗り手に見立てた。彼が言わんとしたのは、どのような乗り手でも、6トンもある重たいゾウを無理やり引っ張り回して、ゾウが望まない方向へ歩かせるのは不可能だ、ということであった。しかし、たとえ乗り手が小柄な人間であったとしても、ゾウが乗り手の指示に従うことはある。それを最も効果的に実現できるのは、両者が心を一致させ、互いの意欲をポジティブに強化できるときである。これが、本節で取り上げる、タスク・エンゲージメントを維持する原則の核心だ。つまり、タスクには、ゾウに興味を抱かせ、道を歩き続けられるように促す「心の吸引力」（emotional pull）が必要なのだ。

第
6
章

感情というものは、古くから、肯定的な感情と否定的な感情のどちらかに分けられるものだと見られてきたが、そのような二分法は徐々に疑問視されるようになってきた。誰もが知っているように、ある程度、健全な意味での不安を抱えている状態というのは、最高のパフォーマンスを引き出す要因となり得る（とはいえ、わざわざ学習者の不安を煽りたがる教師はいないだろうが）。理想的には、すべての学習活動は楽しいものであるべきだという考えに、ほとんどの教師と学習者は同意するだろう。というのも、教師であれば大半が当然のことと思っているだろうが、楽しさと学習成果の間には正の相関があるからだ（Pekrun, Goetz, Titz and Perry 2002）。楽しさとは、嬉々として満足しながら活動に取り組んでいるポジティブな感情を意味する。まさに活動の最中に得られる、進行中の喜びにほかならない（Ainley and Hidi 2014）。しかし、これは、学習過程のすべての側面がどれも等しく楽しいものでなければならないという意味ではない。学習はいつでも楽しいものにはなり得るが、教育の場における楽しさは注意と学習の促進を重視して用いられるべきであって、気を散らすようなものであってはいけない（Schlechty 2011）。時々、教師は緊張をほぐして気分転換を図るために楽しいアクティビティーを取り入れることがあるが、それは明らかに授業運営のためであって、教師は絶えず学習者を喜ばせ、いつでも物事を楽しいものにするためにそこにいるわけではない。教師は学習者を意味ある学習活動にエンゲージさせるために存在している。きちんとデザインされた学習であれば、そのプロセスは楽しいものとなるはずだ。しかし、重要なのは、そのプロセスが、タスクに取り組む際に認知的エンゲージメントを高める流れとなっているかである。

　言語スキルの習得においても、他の技能訓練と同様に、基本的な表現形式の定着を意識したコントロールド・プラクティス（controlled practice）は欠かせない。確かにそのような形式練習は、その技能を創造的に用いる場合とは違って、「楽しさ」に欠けるかもしれない。しかし、多くの音楽家は、ピアノで拍を取ったり、難しい動きを繰り返したりする練習を厭わない。では、彼らはそのような「反復練習」（drilling）を行う際、どのようにして前向きな態度を維持するのだろうか。多くの場合、より優れたピアノ奏者になるという長期的な目標に向かって取り組んでいるため、そのような反復練習は、技術の習得過程の必要な一部だと認識されている。彼らは、自分の技術を有意義な形で生かせる将来の課題を「事前体験」していると考えているのだ（Dörnyei et al. 2016の第6章を参照）。これと同じ

ことが言語学習者にも当てはまる。このような地味な技能訓練は、一見無意味なものと思われるかもしれないが、言語学習におけるより大きなイメージと関わる大切な取り組みでもある。

 リフレクション・タスク3

言語教師の仕事の中で、あなたが楽しいと思える活動を思い浮かべてみてほしい。何がそれを楽しいと思わせるのだろうか。その活動のどのような側面が、あなたに喜びをもたらすのか。興味は、どのような役割を果たすか。そのタスクを楽しむ上で、有能感や自律性はどの程度重要であるか。学習者が楽しさを感じられるようにするために、あなた自身の経験からどのような教訓を引き出せるだろうか。

　次に、**退屈**という感情に目を向けてみたい。これは、学習者の活動を鈍らせる、回避したい感情だ。ペクランら（Pekrun et al. 2010: 532）は、退屈という感情を「愉しさを欠いた感情、刺激の欠如、心理的覚醒作用の低さからなる心の状態」と定義している。マン（Mann 2016: 16）は、注意の払い方の問題、つまり「エンゲージメントとは正反対の状態」だと述べている。マンはさらに、退屈には、無意識の思考、緊張の緩和、創造性、過度な刺激からの保護といった利点があることも簡潔に指摘してはいる。しかし、一般的に教室という文脈で私たちが求めているのは、いかに学習者の退屈状態を減らし、エンゲージメントを高められるかにある。にもかかわらず、ペクランら（Pekrun et al. 2010）の報告によれば、学習者が学校で最も頻繁に経験する感情の一つが退屈であるという。これは驚くべきことだ。2016年の「高校生エンゲージメント調査」（The High School Survey of Student Engagement: HSSSE）では、学校で時々、あるいは頻繁に退屈になると答えた学習者は83パーセントにものぼると報告されている。この衝撃的な数値の主な理由として、教材が面白味に欠けることが挙げられている（NAIS 2017）。

> 私たちは皆、自分とは関係がなく、無意味で、興味のわかない状況に捕われることがある。残念なことに、学校での体験を語る多くの学習者も同じだ。彼らは自分にとって意味がないと感じる状況に閉じ込められているのだ。したがって、退屈やエンゲージメントといった概念を理解しようとする際には、個人の認識が一つの重要な視点となる。
> （Harris and Bradshaw 2018: xii–xiii）

教師たちは、たいてい、自分の授業が退屈になる原因を理解しているようだが、ダシュマン、ゲッツ、スタプニツキー（Daschmann, Goetz and Stupnisky 2014）によれば、その原因の一つが自分自身にあるとはあまり考えないようだ。ダシュマンらの研究の中で91パーセントの学習者が共通して示した理由は、**教え方**の性質であった。つまり、その教科がどのように教えられているかという問題である。とりわけ、そこから感じられる単調さの度合いが問題視されていたのである。しかし、このことは、教師にとって良い知らせとも言える。なぜなら、学習経験のデザイナーである教師自身の手で、退屈の主要因である事柄の一つを解決することができるからだ。この問題に対処する際に心がけておきたいのは、さまざまな指導ストラテジーを用いることと、学習者がアクティブに学べる状況を生み出すこと、この2つのアプローチである。しかし、これはより大きなイメージの一部にすぎない。退屈とは、もう一つの有益な視点として、注意力の維持と心の徘徊を制御できなくなった現象と捉えることができる（Carriere, Cheyne and Smilek 2008）。このことについて、少し考えてみよう。

　すでに本書の至る所で、注意という概念がエンゲージメントを理解する上でいかに重要であるかを指摘してきた。研究者の中には、注意に関する問題が退屈の原因となり得ることを示唆する者もいる。言い換えると、タスクに注意を向けるのが困難な学習者は、すぐに退屈してしまう可能性があるということだ。しかし、これらの関係は、変動的な性質を帯びている。学習者がタスクに面白味を感じなければ、彼らが集中力を保つのが難しくなるのは当然だ（Macklem 2015）。いずれにせよ、退屈さに対抗するための一つの重要な方策は、学習者の注意を引き続ける学習活動をデザインすることだ。このことから、マックレム（Macklem 2015）は、認知的刺激を伴い、学習者の興味と結びつくタスクをデザインすることが重要であると示唆している。たとえば、ディスカッションやプロジェクト、作品作り、ゲーム、ロールプレイなど、インタラクションや協働の機会を豊富に提供できるようなタスクをデザインするようにするといい。ラーソンとリチャーズ（Larson and Richards 1991）による退屈と刺激の不足に関する研究は、この点でさらに価値ある洞察を与えてくれる。学習者は、「体験的な学び」が得られる教科や、他者とのやり取りを必要とする活動が最も退屈さが少なく、アクティブに取り組める学習形態であると評価していることを明らかにした。これは、インタラクティブでコミュニカティブにデザインされることが多い語学の教室に光を与える示唆である。

> 学習に取り組んでいる最中、私たちがどのような感じ方をしているかによって、学習への向かい方や、学習時に得た情報の蓄え方、あるいはのちに情報を取り出す力を高めもすれば、弱めもする。好奇心のように、それらを高める感情もあれば、退屈さのように、それらを減退させる感情もあるのだ。 (Smith 2018: 7)

　学習者の立場から見て、退屈をもたらすと考えられる原因の一つに教科書の存在が挙げられる（McGrath 2006）。ともすれば、教科書は、文化的な面で面白味に欠け、制約的で、不安を引き出す要素もあり、有用さに欠けるものと思われるかもしれない。しかし、教科書は、有益な学習の手引きとして機能し得るものであり、先に進むにつれて学習者に進歩を実感させることもできる。また、幸いなことに、すべての教科書が最初から退屈なわけではない！　テキストがヒューマニスティックな内容であったり、状況に合わせてうまく適用されたりする場合には、深い学びを引き出す大きな影響力ともなり得る（Tomlinson 2012）。となると、教師にとっての課題は、特定の学習者集団に見合ったやり方で、彼らがエンゲージできるように教科書を扱い、授業に取り入れていくことになるだろう。実際には、学習者自身にクイズやプロジェクトを考案させたり、もっと創作的な表現形式やタスクの創出などに取り組ませたりすることによって、自分たちや自分たちのグループに見合うように、教科書の内容をパーソナライズしたり、ローカライズしたりすることができる（McDonough, Shaw and Masuhara 2013）。

 教科書の料理法

- 部分的に削除する。
- 教材・絵・他の素材を加える。
- 1つの活動を短くする。
- 活動を広げる、さらなる例を加える。
- テキストや活動を修正する、リライトする。
- テキストを置き換える。
- 活動の順序を入れ替える。
- 指示を変える。
- 学習者のためにオプションを組み込む。

（Maley 2011より抜粋）

原則 3　注意と関心を引きつける

 リフレクション・タスク 4

時が経つのも忘れて何かに夢中になる経験を最後にしたのはいつだろうか。何をしていたときか。その活動はどのようにあなたの注意を引き続けたか。注意を高める力は、タスクによって、あるいは私たちとそのタスクとの関係性によって変化する。

　先の退屈さへの対処法に関する議論の中でも、学習者の注意がいかに重要であるかを強調した。より一般的な言い方をするならば、学習者が注意を払っていなければ、彼らが活動にエンゲージすることはないということだ。つまり、注意と関心を引きつける方法については、さらに議論を深める必要がある。前章では、学習者の注意を喚起するのに有用ないくつかのストラテジーについて議論したが、注意を維持することについて考える際には、さらにいくつかのポイントを頭に入れておく必要がある。はじめに、外発的な報酬で注意を「釣る」のも可能だが、これは深い学びを保証するものではない。真に注意が向けられている状態とは、そのタスクに取り組みたいという感情の投入と、学習者自身の積極的関与が同時進行している状態を言う。

> 注意は、恐怖や罰に対する恐れによってその強度を増すことがある。しかし、これらによって気を張っている人は、対象に真にエンゲージしているわけではない。また、その活動に付随する外発的報酬に引かれて、注意を払い、粘り強さを発揮している場合も同様だ。「いま学習者はエンゲージしている」と断言できるようにするには、関与・注意・持続性といった要素が見られなくてはならない。
>
> (Smith 2018: 7)

　どんなに深くそのタスクに関与していたとしても、もっと魅力的な事柄が現れて気をそがれてしまうことは誰にでもあるだろう。心の中に生じる雑念の場合もあれば、外的な妨害要素の場合もある。つまり、注意を維持するためにすべき第一の事柄は、学習者がタスクに集中しやすくなるように、外的な阻害要因を減らすことだ。実際に、ダベンポートとベック（Davenport and Beck 2001: 58）は、「注意がもつ最も重要な機能は、情報を取り入れることではなく、それを選別する点

にある」と述べている。「ゴリラ実験」（Simons and Chabris 1999）については読者の多くがすでにご存じだろう。この有名な研究は、白いTシャツを着た人々と黒いTシャツを着た人々がバスケットボールをパスし合う場面を被験者に見せて、パスの回数を数えることに集中するように求めるものだった。そのパス回しの最中に、ゴリラの着ぐるみを着た人物がプレーヤーたちの間に姿を現し、カメラに向かって胸叩きをして立ち去っていくのだが、驚くべきことに、50パーセント以上もの被験者が、ゴリラの存在に気づかなかった（ゴリラ実験のビデオは、インターネットで自由に閲覧可能。www.theinvisiblegorilla.com/gorilla_experiment.html）。この実験は、行動中に人が払う注意には選別的な性質があることを明らかにした見事な例だ。これは、**非注意性盲目**（inattentional blindness）として知られる現象である。つまり、人が一つのことに集中しているときに、もう一つの事柄へ同時に注意を向けるのは非常に困難であるということだ。第5章でも述べた通り、人が注意を払える量は限られているため、複数の事柄を同時にこなしたり、同時に注意を向けたりするのは難しい。ここから得られる明確な教育的示唆は、学習者を目の前のタスクに集中させたければ、授業とは無関係な阻害要因に、学習者が注意を削がれないように配慮すべきだということである。少なくとも、そうした外的阻害要因の数を減らす努力は必要だ。私たちの学習課題が、学習者に気づきもされないゴリラとならないように注意したい。

リフレクション・タスク5

非注意性盲目は、パイロット・運転手・銀行員・事件の証言者といったさまざまな人々に顕著に見られる現象である（Hattie and Yates 2014）。学校ではどのような例が思い浮かぶだろうか。学習者が認知的に過大な負荷をかけられたり、注意を削がれたり、ストレスをかけられたりして、言われていることや書かれていることに非注意性盲目になる場面はあるだろうか。

　タスクに集中し続けるための鍵は、**持続力**（persistence）という性質にある。持続力とは、困難や気を散らす要素に直面しても、学習者がタスクへの取り組みを継続し、努力を続ける力のことをいう。学習者の決意とやり抜く意志を強化するには、第2章で議論した資質・能力の多くを高めるとよい。グリットがその一例だ。有能感や成長マインドセットをもつ学習者は、それがない学習者と比べて、

タスクをやり抜く可能性がはるかに高い。持続力を高めるもう一つの技術として、メタ認知スキル（metacognitive skills）がある。メタ認知とは、自分自身の思考を意識する、あるいはそれについて考える能力のことである。ウィリアムズらによれば（Williams et al. 2015: 133）、「学び方について考えたり理解したりするのに加えて、自分の学習方法を調整したり、コントロールしたりする力」を意味する。もし学習者に自分の学習過程に対する成熟した「メタ認知能力」が備わっていれば、つまり学習対象を理解し、自分の学習を評価したり、時間管理やゴール設定をしたり、いま自分が取り組んでいる事柄を理解する力が備わっていれば、自己調整能力を発揮して、タスクを継続し、完遂することができるだろう。そうしたメタ認知能力を支えるためには、学習記録をつけたり、一緒に目標を設定する仲間を作って互いの目標や進歩を見比べてみたり、あるいは個人の進歩記録を取り続けたりするといったアイデアが挙げられる。

　学習者の注意を維持する最も簡単な方法は、**関心を引く**ことである。すでに第5章でも言及したように、関心とは、個人的な性質のもの（個人特性としての興味）もあれば、状況的な性質のもの（状況によって引き出されるもの）もある。学習者がはじめから、あるトピックに個人として関心を抱いている場合には、状況的関心を喚起し維持するのは比較的容易だ。課題となるのは、個人的関心が低い者に対して十分な状況的関心を生み出すことである。状況的関心は、過去の経験を含む学習者個人の関心と、活動中の学習者の体験や行動に影響を与える状況的要因との相互作用によって生まれる（Knogler 2017）。そのような状況的要因の相互作用を促すものの例に、体験的な課題、協働の機会、探究と発見の可能性があるタスク、刺激的で魅力的なインプット、学習者の実生活や興味・関心との関連性、適度な困難、有意義な選択の機会などが挙げられる（Abbott 2017; Chen, Ennis, Martin and Sun 2005; Schraw, Flowerday and Lehman 2001）。これらの要因については、本書のさまざまな場面で触れてきたため、ほとんど新しさを感じられないかもしれないが、実のところ、これらはタスク・エンゲージメントを生み出すあらゆるレシピに不可欠な要素である。

　まだ研究はわずかであるが、とりわけ言語学習においては、「関心」というコンセプトや関心を高める方法について注目が集まっている（Tin 2016参照、この話題に関して本1冊分の長さの考察を行っている）。言語教育の中で、この複雑な

概念に影響を与えると考えられる要素には、ティーチャー・トーク（Tin 2016）、トピックの選定（Cabot 2012、Renninger and Hidi 2016より抜粋）、運動感覚的ドラマ・アプローチ（kinaesthetic drama approach）のようなアクティビティー・タイプの選択（Rothwell 2011）、テクノロジーを用いた学習（Stepp-Greany 2002; Wang and Vasquez 2012）、レイアウト・言語・内容といったテキストベースの要因（Eidswick 2010; Hidi 2001）などがある。

関心を高めるストラテジー

ケラー（Keller 1983）は、関心というカテゴリーを含めた授業におけるモチベーション・モデルを考案し、関心を高める5つのストラテジーを提案している。

1. 新奇性や矛盾を含む事柄を取り入れ、関心を引き出す。
2. 逸話や物語を用いる。
3. なじみのある事柄と不慣れな事柄を織り交ぜ、適度なチャレンジを生み出す。
4. なじみのないものをなじみのあるものにし、なじみのあるものをなじみのないものにする例を用いる。
5. 学習者の疑問や質問をサポートする。

原則4　予測不能という力を利用する

　人間がもつ一般的な特性の一つに、なじみのある事柄に引きつけられ、決まった手順や儀式的なこと、一貫性を伴う事柄に安心感を覚えるという性質がある。しかし、面白いことに、私たちは新奇性に富んだことにも心を引かれる。この2つの性質が理想的な形で組み合わさるときに、エンゲージメントは生じる。語学の教室に限って言えば、一貫性があって予想可能な事柄は、認知的負荷を減らし安心感を高めるという点では良いが、課題内容が予測可能なものばかりになると、学習者はどれも分かりきったことだと感じ、タスクのいくつかの側面を無視するようになってしまう。要するに、注意が散漫になってしまうのだ。逆に、**予測不能**な事柄が含まれている場合には、私たちの注意がそがれることはなくなる。テクノロジーやギャンブルの場面に至っては中毒的な行動が促進されてしまうこと

さえある（Rigby and Ryan 2011）。これは、Eメールやスマートフォンに新しいメッセージが届いていないかと絶えず確認したくなってしまう理由を考えてみれば明らかだ。たいていの人の受信ボックスは、多くがチェックするに値しない退屈なものばかりだろうが、ごくまれにワクワクするようなメッセージが混ざっていることがある。だが、そのようなメールがいつ来るのか、あるいはそのようなものが届くのかどうかはわからない。それゆえに、私たちはメールをチェックし続けてしまうのだ。

リフレクション・タスク6

予測可能な性質は、関心の命を奪う。そのため、どれほど見事な活動も、この上なく魅力的なテクノロジーも、使いすぎると、輝きを失ってしまう。あなたが頻繁に用いるタスクを思い浮かべていただきたい。それらの活動は、ありきたりの形式やいつもの手順となってはいないだろうか。そこに難しさを加えたり、予想を裏切る展開を工夫してみたり、あるいは学習者が予期している事柄に変化を加えてみたりする手立てはないだろうか。なじみのあるタスクに意外性を加えることはできないだろうか。

とりわけゲームの世界では、予想不能な報酬を用いるというストラテジーが、プレーヤーの心を引き続ける核心的方法となっている（Rigby and Ryan 2011）。これは、神経生物学の基本のように聞こえるかもしれない。よく引用されるバーンズら（Berns et al. 2001）の興味深い研究では、予測不能なやり方で報酬を与えられるときが、脳に及ぼす効果が最も大きく現れることを明らかにしている。報酬が予想外の形で与えられるときには、予期している場合と比べて、快楽や喜びの感情につながるドーパミンの放出量が多い。これは、意外性や予測不能な性質が、私たちの注意を持続させ、積極的関与状態を維持するのに有効だということを示唆している。つまり、変化の度合いが、一度喚起されたエンゲージメントに再び火をつけるのだ（第5章で言及）。

リフレクション・タスク7

あなた自身の指導環境と最近行った授業の一つを思い浮かべてほしい。授業中、次の要素のいずれかを変えていたとしたら、さらに効果的な授業となっていただろうか。

・座席のアレンジ　　・タイミング、ペース
・班分け　　　　　　・活動形式
・身振り　　　　　　・教材

　高次思考（「原則1」を参照）を生み出し、学習者のエンゲージメントを高め
るのにとりわけ効果的なアプローチに、問題解決学習（problem-based learning：
PBL）がある（後述の「行動5」も参照）。問題解決学習は、複雑な実生活上の
問題に取り組ませることを中心に据えたアプローチだ。問題提示は教師によって
行われるものの、基本的には、学習者の選択・判断を重視する（Amador, Miles
and Peters 2006）。このアプローチの主な狙いは、学習者に、小グループ内で協
力して考え得る問題解決の方法を探求させる点にある。さまざまな考えを出し、
適切な知識や概念を見出し、決定事項を提案する。さらに、その判断を擁護し、
正当化しながら、自分たちの発見を他者に説明する。PBLは、対象とする事柄
を徹底して掘り下げるのに有用なだけでなく、協働性や、批判的思考力、リーズ
ニング能力、問題解決能力といった他分野への応用が利く21世紀型スキルも強
化する。さらに、実際の意思疎通を目的としたオーセンティックな言語使用の力
を向上させることも可能だ。ここでの教師の役割は、問題解決のための材料と手
引きを与えることと、学習プロセスを促進することだけである。なぜなら、PBL
デザインにおける学びのプロセスは、大部分が学習者によって主導されるもので
あるからだ。

> 問題解決学習は、学習者エンゲージメントに関連するさまざまなメソッド（現実的
> な問題と評価に焦点を当てたアクティブ・ラーニング、協働学習、学習者中心学習、
> 自己主導型学習など）を組み合わせて用いるため、学習者エンゲージメントの向上
> が期待できる。　　　　　　　　　　　　　（Allen, Donham and Bernhardt 2011: 26）

原則5　達成目標を階層化する

リフレクション・タスク8

オールター（Alter 2017: 97）は、マラソンランナーの完走タイムにつ
いて報告している。彼は、2:59、3:29、3:59、4:29といった具合にゴー
ルするランナーが集中する時間があることに気づいた。なぜこのような

ことが起こるのだろう。また、こうした現象がエンゲージメントを維持するのに、どう関連するのだろうか。

　マラソンに挑む人々は、目標タイムを達成できるよう、自らに鞭を打つ。ゴール付近では、3時間とか3時間半といった目標時間内に走り切ろうと最後の余力を振り絞る。それはなぜか。ここには**目標設定**（goal setting）という概念が深く関連している。目標とは、強力な意欲の発信源であり、人が全力を尽くして課題を完遂するのを強く後押しする。より大きな長期的目標を達成可能な単位に分割した短期間ごとの小目標を段階的目標（incremental goals）と呼ぶ。つまり、「遠位ゴール」（distal/distant goals）[39]を目指す旅の指標となるように、「近接ゴール」（proximal goals）[40]を用いるのだ。このような段階的な目標値を設定すると、学習者は自分自身の進捗を評価できるようになり、旅を続けやすくなる。彼らが小さなゴールを達成するごとに、成功感覚が増幅し、有能感が強化されるため、最終ゴールの達成に向けて前進し続けることができる。ドルニェイら（Dörnyei et al. 2016）は、そのようなモチベーションの増幅現象をハイブリッドカーに例えている。ハイブリッドカーは普通車と違って、走行中、燃料を消費するだけでなく、絶えず自ら動力を生み出すため、走行距離を大きく伸ばす。これと同じく、段階的目標は、最終ゴールの達成だけを意識して取り組む場合と比べて、学習者の行動にさらなる勢いを与え、タスク・エンゲージメントをより長く維持する。

　すべてのレッスンやタスクが、これと同じように、詳細な目標を設定しているわけではないだろうが、段階的目標や通過指標といった考えは、さまざまな場面で有益だ。教師にとっては、リフレクションを促す良い材料ともなる。たとえば、学習者に何が求められているのか、どのようなものがチェックポイントとしてあり得るのか、どのような通過目標ならクリアできるのか、といった観点で自分の実践を振り返ることを可能にする。学習者は、タスクのチェックポイントに到達する度に進歩を実感し、モチベーションを高めていくことができる。諺にもあるように、まさに「成功は成功を生む」のである。適度なレベルの困難を伴う明確な目標をもつことは、学習者のパフォーマンスを向上させるだけでなく、自信の強化にもつながる（Hattie 2009）。

＊39　「遠位ゴール」（distal/distant goals）：距離の離れたゴール、長期的目標。
＊40　「近接ゴール」（proximal goals）：少し努力すれば手が届く近さを感じられるゴール。

> 進歩の原則：内面の生活（インナーワークライフ）に影響を及ぼすポジティブな出来事のうちで、最も強力なものは、やりがいのある仕事で進歩を得ることである。
>
> (Amabile and Kramer 2011: 76-77)

　段階的目標を設定し、進歩を可視化するには、さまざまな方法がある。ゲームでは、1つの冒険をクリアするごとに、進捗を示すバー（プログレス・バー）が現れ、自分が現在どの程度まで進んできたのかを示してくれる。オンラインでプロフィールを入力するときなども、多くの場合、何パーセントほど作業が完了しているかを教えてくれる。このようにゴールまでのプロセスをいくつかの塊に分割すると、本題から逸脱せずに課題を続け、最終的に作業完了度100パーセントに到達することができる。各ステージを完遂するごとに、パズルのピースを1つずつ学習者に渡すといった方法も、進歩を示すクリエイティブなやり方の一つである。ただし、これはすべての段階を完遂するまで、大きな絵や文字や手がかりがはっきりとはわからない仕組みとなっている。学習者に「プログレス・カード」という小冊子を持たせ、スタンプを集めて完成させる案もある。第2章（「行動2」）ですでに指摘したポイントと一致することだが、重要なのは、学習者の進歩を（成功や達成するごとに）**可視化**するのを助け、学習者がエネルギーを得られるようにすると同時に、教師も学習者の進捗を確認できるようにすることである。

目標設定

効果的な目標設定の方法を記憶するために広く用いられているものとして、SMARTという便利な覚え方がある。

- Specific：具体的（明確に定め、曖昧さがないようにする）
- Measurable：測定可能（達成度合いを測れるようにする）
- Achievable：達成可能（現実的な内容にする）
- Relevant：関連性（最終的に達成したい事柄と関連づける）
- Time-bound：時間制限（開始時点と終了時点の明確な時間枠を定める）

　進歩を実感できるようにするには、学習者が自分自身の進歩を**自己評価**する方法を知っておくことが最も重要だ。この原則は、スポーツやレクリエーション、ダイエットなどの場面でよく見られる。スポーツやレクリエーションの際には多くの人が万歩計を用いて自分の歩数を計測し、ダイエットの場面ではスマートフォ

ンで消費カロリーをグラフ化する。学習者にとっては、さまざまな測定基準や進歩の明確な尺度があることで、自分の成長をより実感のわく確かなものにすることができる。また、教師からのフィードバックも、学習者が方向を間違えず、進歩の実感と達成感を味わいながら前進し続けるのに極めて重要な役割を果たす。フィードバックは、学習に最も強力な影響を及ぼし得るため、思慮深く、確かな情報に基づいてコメントを返さなければならない（言語教育における有用なガイドについては、Nassaji and Kartchava 2017を参照）。重要なのは、そのフィードバックが、自信を与えるような表現であるだけでなく、現実的、かつ正直なコメントであることだ。フィードバックが最も建設的な威力を発揮するのは、パフォーマンスと能力の両面から、どのようにすれば現状と理想のギャップを埋められるか、ゴールへ到達するのに必要なステップはどのようなものであるかを学習者がつかむための具体的な情報を与えるときである。

 効果的なフィードバック

ハッティとティンパーリー（Hattie and Timperley 2007: 86）は、効果的なフィードバックは以下の３つの問いに答えるものでなくてはならないと示唆している。

1．私はどこへ向かっているのか？（ゴールは何か？）
2．私の現状はどうなのか？（ゴールに向かってどの程度近づいているのか？）
3．次はどこへ進むべきか？（さらなる進歩のために、どのような取り組みが必要か？）

教師の行動

　本章の後半で注目したいのは、学習者のエンゲージメントを維持するのに役立つ行動である。エンゲージメントの維持には、彼らを学習の軌道に乗せ、課題に取り組む意志と努力を持続させる働きかけが必要だ。はじめに強調しておくが、ここで提案するすべてのアクションポイントがあらゆるタスクに適用されるわけではない。同様に、すべての行動があらゆる学習活動の目的やタイプに見合うわけでもない。そのため、読者一人ひとりが、自身にとって重要だと思われるアイ

デアを見いだし、他の章で示した行動基準の中から適切なものを選び、それらとここでの提案をうまく組み合わせてみるといいだろう。

行動1　物語の力を利用する

リフレクション・タスク9

今日は、どのような1日だっただろうか。どこで過ごしたか。はじめに何が起き、その後に何が起きたか。今日のヒーローと敵は誰だったか。どのような感情を抱いたか。事の発端は何だったか、また、どのような気持ちになったか。これはあなたの物語である。今日は他の物語を聞いたり読んだりしただろうか。あなたは自分の周りのどれくらいの物語を心に留めることがあっただろうか。

　物語とは、人間の本質の一部であり、私たちが世界をどのように認識しているかを示す手段である（McAdams 1993）。物語は、意味を紡ぎ出すアクティブなプロセスに私たちを引き込む。私たちの人生の大部分は、自分自身について、また自分の身の回りの世界について、語り、語られる物語を中心に成り立っている。物語には信じられないくらい人の感情を引き出す力があり、共感や人間への関心といった形で私たちの好奇心を覚醒させる。私たちは、経験したことに一貫性をもたせ、聞いたり読んだりするものに物語の形式を求める傾向がある。ゆえに、登場人物の身に何が起きるのか、話はどう展開するのかといった興味やスリルによって、私たちは物語の世界に引き込まれていくのである。ゴシップに惹かれる私たちの性質が示すように、人間に関する物語は、とりわけ強く人の心を引きつける（Davies 2014）。その点で、私たち教師も、作家と似たような目的をもっていると言っていいかもしれない。私たちも、授業の中で、物語がどのような結末を迎えるかという不確定な要素を利用して、面白さを生み出し、学習者の興味と注意を引きつけ、好奇心を目覚めさせたいと願っているはずだ。実際、作家と同様に、教師も、物語を使って学習をエンゲージングなものにすることが可能だ。

> 物語は、学習者が想像力を働かせて知識に触れるための最も強力な認知ツールと言える。私たちに感情を伴う内容理解をもたらし、架空の事柄だけでなく、現実世界のストーリーを紡ぎ出すこともできる。指導上、最も大きな価値を担うのは、まさに現実世界のストーリーメーキングである。
>
> (Egan 2005: 2)

　教育の場で物語を用いる重要な利点は、物語の形式で情報を提示した場合、その情報の記憶がより効果的であることだ。というのも、物語の構造は、私たちになじみ深く、関連づけがしやすいからである（Graesser, Singer and Trabasso 1994などを参照）。また、情報がつながっていくというのも記憶効果を促進する要因の一つと言える。以前読んだ小説について思い出してみると、そこで描かれている複雑な人間関係や出来事の多くをいまでもよく覚えているだろう。それは、物語の展開と一つにまとまっているからだ。また、私たちには、ストーリー化された情報を処理する方が楽である。なぜなら、物語の中のさまざまな要素をつなぐ相互作用や因果関係をより明確に理解できるからだ。年少の学習者を指導する際、物語や物語のフォーマットを用いた方法が長く支持されてきたのは、まさにそのためである（Wright 2008などを参照）。もっとも、これは年少者の指導に限らず、大学レベルやそれ以上のレベルに至るまで、あらゆる学力層、あらゆる年齢層の学習者にも使える有効な手段である（McDrury and Alterio 2003）。要するに、物語は、私たちにとって、理解しやすく、魅力的で、頭から離れにくいものなのだ。これは、年齢がいくつになっても、変わらない真実である。

　物語の使用は、どの学問分野においても有効だ。イーガン（Egan 2005）は、どのような内容でも物語を用いた指導は可能であるが、学習者同士、あるいは教師と学習者が協働してストーリーを作ればなお良いと述べている。学習者に、さまざまなトピックで自分たち自身の物語を作らせ、思考力・想像力を働かせるように促せば、創造的スキルと認知的柔軟性を強化することができる。言語教育の場面では、教師が文字で書かれたストーリーや口承の物語（最近では、視覚的に示したり、演じてみせたりするストーリーも増えている）をインプット材料として用いるだけでなく、学習者に自分たちの物語を作るよう指示することもよくある。口頭・筆記、長いもの・短いものなど、形式はさまざまだが、このような取り組みを通じて、彼らをストーリーテラーにしていくのだ。ストーリーテリングのためのデジタルツールが登場してからは、インタラクティブなフォーマットや

心を引きつける映像を組み込むことによって、ストーリーメーキングの活動はより一層魅力を増している（Storybird、StoryboardThat、Mystoryappといったツールやアプリなどを参照）。イーガンは、学習者に言語そのものに関するストーリーを作らせれば、学習内容の説明と理解の強化を図ることができると提案している。たとえば、学習者に、3人の子どもがいる新しい家族が隣に引っ越してきたと想像させ、その子どもたちの名をTheir、There、They'reとする。その後、班分けをし、各班が3つの名前のいずれかを担当し、その名前からその子どもの性質にまつわるストーリーを作らせるのである。「Theirはとてもわがままな子どもです。それは、彼の名前に刻まれた強いエゴ（'I'）のせいなのです」といった具合だ。このように、スペルや名前の意味を反映した性質に関して、学習者同士が共にストーリーを作り上げていく。時制の使い方や接続語といった項目を意識したストーリーメーキングに取り組むこともできる。

 物語やストーリー・フォーマットの情報源

以下の例は、物語のフォーマットを探すための例であるが、インプットの材料やアウトプットの形式として、物語を使用する観点から、指導に有益なヒントを与えてくれるかもしれない。

• 小説、短編、伝記（自伝）
• 新聞記事
• 詩
• 歌
• 朗読
• 絵や漫画
• ドラマ（ロールプレイを含む）
• テレビ、映画、YouTube
• ゲーム
• ダンス
• パントマイム

ドルニェイら（Dörnyei et al. 2016）は、ストーリーラインに関するタスクやプロジェクト（物語中の異なる場面を、徐々に、あるいは段階的に提示したり創作したりすることによって、学習に緊張感を生み出し、関心を維持する活動など）

を中心とした取り組みは、エンゲージングな時間を生み出す無理のない方法であり、学習者の積極的関与を維持するのに有効だと述べている。このようなアプローチでタスクをデザインする際には、中心となる物語が、学習者の興味を高め、新しい展開へ入るごとに何が起こるのか早く知りたい、考えたいと思わせるような魅力的なものでなくてはならない。映画や連続テレビ番組、学習者のパフォーマンスなど、映像を交えた物語を中心に据えてもいいだろう。教師は、1つのトピックやコンテンツから引き出されるストーリーラインをさまざまな用途で柔軟に使うことができる。導入のきっかけやインプット形式として用いることもできるし、物語を創作し興味深く提示するタスクのフレームワークとして利用することも可能だ。最終的に物語をどのような形で用いるかは、学習者の言語レベルや興味・関心、私たちの指導目的、あるいはトピックによっても変わるだろう。

ストーリーテリング・プロジェクトの成功事例

ツォウ、ワン、ツェン（Tsou, Wang and Tzeng 2006）は、台湾の小学校の英語教師が生徒たちと共に行ったプロジェクトについて報告している。彼らは、2つのグループに分かれてストーリーテリングの活動に取り組んだ。1つのグループは従来の形式で行い、もう1つのグループはストーリーテリング用のウェブサイトを使った実践を行った。このウェブサイトは、教師に代わって、ストーリーテリングのプロセスを管理してくれるものだ。学習者は、オンライン上で自分たちのストーリーを作ることができる。また、やり直しも可能、後で作品をシェアすることもできる。ツォウらは、すでにカリキュラムの負担過多を訴えたり、ストーリーテリングを取り入れるには経験が足りないといった教師の懸念についても触れている。ところが、実験群の学習者たち（ウェブサイトを使ったグループの学習者たち）は、結果として言語能力と自信を伸ばした。また、それだけでなく、教師自身もその成長ぶりに感銘を受け、次のように語っている。「あのウェブサイトは、私にとっても、クラスにとっても、本当に魅力的です」と。予想される制約はあるものの、この教師は、ストーリーテリングと言語学習とマルチメディアの使用の統合は価値ある試みだと感じている。

行動 2　学習者をタスクの主人公にする

> 簡単に言うと、テレビゲームは、単にストーリーを提示するだけでなく、私たちが
> その世界を主体的に生きることを可能にする。その結果、私たちが勇敢に振る舞い、
> 英雄となり、感謝される機会を特別なものではなく、スタンダードなものに変えて
> しまう。それが、ゲームのもつ強力な力だ。　　　　　　　(Rigby and Ryan 2011: 2)

　第5章でも議論したように、ゲームがこれほど支持を集めている理由は、プレー
ヤーが主人公となれる点にある。つまり、そのストーリーは、彼らが自ら監督し、
自らの行動と判断を反映した世界なのだ。そのため、ゲームの世界は、現実世界
で得られる経験と同じくらいリアルな成功感覚や、所有感覚、自律感覚を生み出
すのである。私たちが授業で物語を用いる際にも、学習者がストーリーの主人公
となれば、よりエンゲージングな取り組みができるだろう。学習者を主人公にし
てエンゲージメントの状態をより長く維持するためには、主に2つのアプローチ
が考えられる。(a) **学習者参加型の授業デザイン**、(b) タスク遂行中の**個別化学習**
の導入である。

　(a) **学習者参加型の授業デザイン**（participatory planning and design）という発
想は、自己決定理論の原理に基づいている（Deci and Ryan 2002、第3章参照）。
教師は通常、明確な教育的効果を意識してタスクをデザインしているものだが、
そうしたプランニングやデザインのプロセスに学習者を巻き込むこともできる。
タスク・デザインだけでなく、授業全体のデザイン、あるいはシラバス作りに関
わってもらうことも可能だ。なぜなら、学習者にも、目標言語の練習方法や授業
の目標を達成するためのストラテジーについて議論する力は十分にあるからだ。
すべてのアイデアが実行可能であるわけではないだろうが、思慮深く議論すれば、
学習者は言語学習のプロセスやさまざまなタスクの目的をより客観的に（メタ認
知的に）理解できるようになる。そして、徐々に、自分たちの学習タスク作りに
貢献する能力を高めていく。そうした取り組みを通じて、学習者は自分たちの自
律感覚を強化するだけでなく、最終的には彼ら自身の意思決定能力や、高次元思
考能力、自己調整能力なども高めていくことができる。しかし、多くの民主主義
国家がそうであるように、何でも自由にというわけにはいかない。さまざまな規
則や枠組みは、合意形成の上で決定される。だからこそ、合意事項に異議を唱え
たり、議論を闘わせたりすることが許され、投票によって民意を反映した決定に

至る。これと同じく、学習者も、年齢や経験に応じて、タスク・デザインのあらゆる段階に、さまざまなレベルで関与することができるのである。

> 民主主義とは、単なる統治形態を意味するだけのものではない。すなわち、それは、まず第一に、共同生活の一様式、連帯的共同経験の一様式にほかならない。
>
> (Dewey 1922: 101)

(b) **個別化学習**(personalized learning)は、教師が個々の学習者のニーズや経歴に応じて教え方を変える個別対応アプローチに端を発する。これまでは主に、才能に恵まれた能力の高い学習者や特別な支援を必要とするいわゆる教育弱者への対応という視点で議論されてきた。また、実際に学習の個別化を容易にするバーチャル・ラーニングの環境で、この個別化学習アプローチを取り入れることもよく議論されている(McLoughlin and Lee 2010; Russell and Riley 2011)。だが、このセクションで提案したいのは、タスクを用いた個別化学習の一形態についてである。では、個別化学習とはどのようなものだろうか。最近よく用いられる手法の一つに、「選択ボード」(あるいは、「学習メニュー」)を用いたやり方がある(Cox n.d.を参照)。選択ボードとは、1つのユニット全体や大きなプロジェクト、あるいは1つの授業、1つのタスクに対して、教師が学習者に選択肢を与えるためのプラットフォームのことである。選択肢を、縦横各3列に3つずつ(計9つ)配置したスタイル・ボード(○×ゲームの表)のような形式で学習者に提示する(理論的には、選択肢の数はもっと多くてもいい)。学習者は通常、各列からタスクを1つ選ぶわけだが、もし彼らが望めば、選択肢の数を増やしてもいいし、2つ以上のタスクに取り組んでもいい。時々、表の中心に「私の提案」という項目を設置し、学習者自身がそのユニットやタスクに関連する内容で取り組んでみたいと思う事柄を提案する形にもできる。もっと簡単な言い方をするならば、教師は前菜・主菜・デザートのような選択肢の「メニュー」を示し、学習者がそこから選ぶようにすればよいのである。また、任意の追加課題として、難易度の異なる多くの副菜も取り揃えておけるといいだろう。教師は事前に用意しておいたアクティビティーを計画通りに進めるのもよいが、時には順序や内容にとらわれず、学習者の選択に任せるやり方で提示してもいいかもしれない。

> 授業中、学習者は毎回ベストの選択をするとは限らないが、選択の権利を与えることは、エンゲージメントを促進し、学習者自身の学習上の強みや、問題点、成長のためのニーズについて理解を深めることにもつながる。　(Posey 2019: 88)

　最後に、学習者参加型学習と個別化学習に関する３つの補足事項について触れておく。１つ目は、これらの学習方法は、テクノロジーを利用したアプローチと相性が良いということだ。というのも、以前行った活動や評価・学習目的がデジタル管理されていれば、それらの情報からヒントを得て、学習者は与えられた選択肢に基づく自分専用の「タスク・プレイリスト」を作ることができるからだ。２つ目に、学習者の関与が最も良い形で機能するのは、彼らが得た具体的な学びやそこで用いたストラテジーを振り返り、それらをクラス全体でシェアするときである。このようなやり方をすれば、学習者は互いに学び合うことができるし、教師もどのタスクが学習者につまずきを与え、より多くの足場かけが必要となるのかを把握することができる。３つ目として、学習者に何らかの他者貢献を促すことである。これによって、彼らは意欲と興味の萌芽を宿すことにもなる (Renninger and Hidi 2016)。仮にいま、あなたが、CEFR B1レベルのクラスを担当しているとする。命令文を用いて何かの説明書を書けというタスクに取り組ませようとしているとしたら、クラスメートにとって重要なものを紹介するために説明書を作ってあげようと指示を出すとよい。たとえば、飛行機模型の作り方や、森の中でキツツキを見つける方法、あるいは流行りのダンスの踊り方などについてである。あるレッスンの重点項目が料理の表現の習得である場合には、学習者は自分の好きな食べ物や料理を選んでもいいだろう。

 サラの体験：学習者中心アプローチで行った授業の話

20年前、教壇に立って間もないころの私は、学習者中心のアプローチにすっかり心を奪われていて、学習者には可能な限り自律性を発揮して積極的に意思決定課題に取り組んでほしいと望んでいた。しかし、無情にも、私の当初の試みはうまくいかなかった。それは、私が根本的なミスを犯していたためだ。学習者中心の指導は私の中では当然のことのように思えたが、学習者にはそうではなかった。そこを見落としていたのだ。つまり、私は、学習者の経験に基づく彼らの現在地点からスタートするのではなく、自分の経験に基づく教師としての現在地点から出発し

てしまっていたのである。学習者は、いわば、「指導スタイルに対する
カルチャーショック」に苦しめられていたわけだ。しばらく指導上の災
難に数多く見舞われた後、私は見直しをはかり、より民主的で、学習者
の自律性（選択）を重視した、学習者中心の教室作りを目指す取り組み
を、ゆっくりと、スモールステップで、再開した。すると、まず何より
も学習者たちについてより深く考えるようになり、彼らが取り組めそう
な事柄からスタートするようになった。また、私のティーチング・スタ
イルも徐々に変わっていった。その過程で、私はチャレンジを続け、物
事を一つずつ解決していき、学習者の声に丁寧に耳を傾ける勇気を身に
つけられるようになってきた。まだ、その旅の途中だが。

行動3 「レベルアップ」「リプレイ」「個別化報酬」を許容する

　コンピューターゲームには、プレーヤーの心を釘付けにし、教育的にも重要な
示唆を与える特質が3つある。(a) **レベルアップ**：目標の段階が上がり、常に最
適なレベルの課題に取り組めること、(b) **リプレイ**：失敗しても、そのレベルを
クリアできるまで何度でも再チャレンジを認めること、(c) **個別化報酬**：タスク
やプレーヤーに見合った個別の報酬が与えられることである。学習者のエンゲー
ジメントを維持するために、タスクの中でこれらの要素を活用する方法について
考えてみたい。

　(a) **レベルアップ**。エンゲージングなタスクがもつ重要な特徴の一つは、徐々に
難易度を上げることによって、学習者の能力に見合った適切なレベルの困難を与え、
達成感を味わわせることである（本章の「原則1」、「原則5」を参照）。ゲームの
世界では、「レベルアップ」と呼ばれるものだ。あるレベルの課題に取り組み、そ
れを完遂するか、あるいはそれに相当する十分なポイントを獲得すると、次のレベ
ルに進むことができ、自分が操るキャラクターに新しいツールや能力が与えられる
仕組みのことである。次のレベルに到達し、次のタスクに取り組むことは、罰や追
加義務からではなく、プレーヤー自身がまさに興味と好奇心をもって挑戦したいこ
となのだ。重要なのは、何らかの形でレベルが上がったことを学習者に示すこと
である。そうすれば、次のレベルに進むたびに、彼らは自分の進歩や達成感を味
わうことができる。このアプローチは、学習者が自分の進歩を実感しながら、さら

に次のレベルに進みたいという意欲を強化し、徐々に課題のレベルを高める形で展開する。そのため、学習者の課題を常に上向きの最適な水準で保つことができる。

　レベルアップを組み込んだタスク・デザインとは、1つのレベルをクリアできたら、次のレベルへ進み、新しいタスクに取り組むことができるよう、「明確に」学習のゴールをレベル別に分けて配列する試みを意味する。最もシンプルな方法は、1つのゴールに照らして、基本となる3つのレベル（初級・中級・上級）を設定することだ（Kapp 2012）。これは、実際、タスクが提示する困難を克服するための足場かけのプロセスそのものであるとも言える。しかし、ここで重要なのは、このプロセスをはっきりとゲーム化することである。つまり、レベルという概念を軸にして進歩の過程を明確にするのである。プレーヤーの進歩を明示するもう一つの手法として、「経験値」を用いたやり方がある。プレーヤーがタスクを完遂し、ある特定の経験を得るごとに、彼らは「経験値」と呼ばれるゲームポイントを獲得する（通常、ゲーム内での経験量と能力の向上を意味する）。ある一定の経験値に達すると、彼らは次のレベルに進めるようになる（大学での授業実践例に興味があれば、Sheldon 2012を参照）。

> プレーヤーが経験を重ね、さまざまな課題を完遂していくごとに、定期的に中間的な目標地点に到達し、より大きな能力や特権やオプションが与えられる。こうしたシステムがゲームの中でうまく機能するのは、明確なゴール（進歩の基準値など）を提示し、さらにその先のアクティビティーに挑戦してさらなる成長と満足を得られるよう、プレーヤーの努力に報いているからである。　(Rigby and Ryan 2011: 148)

　(b) **リプレイ**。学習デザインにレベルを組み込む場合、まだ次のレベルに進むことができない学習者のために、「リプレイ」というオプションを与えるとよい。カップ（Kapp 2012: 48）が述べているように、「リプレイ・ボタンややり直し機能は、プレーヤーに失敗を許容する」。失敗がいくらでも許されれば、学習者は、好奇心を維持し、恐れることなく、挑戦し続けることができる。つまり、ネガティブな結果があり得るとしても、心配せず、最後までやり抜こうと努力を続けることができるのだ。言語学習における失敗の許容は、言語実験（linguistic experimentation）[41]

---

* 41　言語実験（linguistic experimentation）：子どもや学習者が、学習した表現を、実際の対話場面で使ってみようと試みること。

やリスクを厭わない姿勢を促すことにつながる。そうしたムードを作り出せば、学習者に新しく学んだ言葉を積極的に使わせ、言語的安全地帯から抜け出すように後押しすることができる。言語の実験的使用に対してフィードバックを与えれば、彼らの言語能力の自己認識と成長を促すことにもなる。学習者は能力の限界まで自分を押し出して、実力を高めていこうとするのである。言語学習の中では、学習者に意識的に新しい言葉を使わせて言語実験を促してみるといいだろう。書かせる場合には、新しい表現を異なる色で示すよう仕向けるのも有効だ（テキストごとに新しい表現を最低1つは使う、などとするのもいいだろう）。通常は青を使って書くが、実験的に使用する表現は緑にし、それについては間違い扱いをしないといった具合に行う。もしその表現を誤った形で用いていた場合には、次に使う際に、より適切な使い方ができるようにするためのフィードバックを与え、再度緑で書いてみるように促す。やがて、学習者はその表現を緑から通常の色で書いてもいいだろうと思えるようになっていく。言語教師である私たちは、誤りは学習のプロセスにおける不可欠な一部だと学習者に繰り返し強調しているにもかかわらず、私たちのフィードバックや評価体系はそれとは異なる内容となっていることがある。典型的な学校のテストや定期考査などは、誤りから学びをポジティブに深めていこうとする態度を許容する余地を残さないことが多い。ここで重要なのは、学習者が「リプレイ」を必要とする場合、彼らはより多くのサポートを必要としている可能性が高いということだ。別の課題を求めている場合もあるだろう。したがって、学習者が恐れも不安も抱かずに、リプレイの必要性を認識し、教師からの足場かけによる支援を得られるようにするのが理想的だ。つまり、リプレイは、決して失敗の繰り返しを意味するのではなく、より多くを学ぶことを認めるためのオプションなのである。

> ゲームは、他の多くの活動とは異なり、失敗が意味することを掘り下げていくところに価値がある。ゲームの中で、プレーヤーたちは失敗を楽しみ、少なくともその失敗を基にして進歩を遂げる。失敗という概念は、ゲームにおいては欠かすことのできない価値の一部なのである。初めてプレイするゲームを一発でクリアすることを期待している者など誰もいない。実のところ、ゲームのプレーヤーたちは失敗を期待している。失敗の中で得られる教訓を待ち望んでいるのである。
>
> (Kapp 2012: 48)

(c) **個別化報酬**。教育の場における報酬は（特に成績という形で与えられる報酬は）、これまでさまざまな問題や混乱を招いてきた。コーン（Kohn 1999）は、彼の有名な著作である『報酬主義を超えて』（*Punished by Rewards*）の中で、報酬を与えることによって生じ得るさまざまな問題に注目し、実際に報酬がどのように用いられているか、いかに誤った用いられ方がなされているのか、その実態を明らかにしている。メタ分析を行ったデシ、ケストナー、ライアン（Deci, Koestner and Ryan 2001）は、ある条件下で与えられる外発的報酬は、内発的動機を弱めてしまうことを明らかにした。その報酬が、予期されたものであったり、有形の報酬（例：金賞、金銭、景品、最優秀賞）であったり、あるいは条件付きの報酬であったりする場合には、学習経験そのものに内在する喜びを破壊してしまう危険性がある。なぜなら、タスクに取り組む学習者の関心が、技能の向上やタスクそのものから得られる喜びにではなく、報酬を得ることにばかり向けられてしまうからだ。言い換えれば、タスクに付随する報酬は、タスクそのものへ向けられる注意ではなく、学習者の「報酬狙い」、「成績狙い」の態度を助長する阻害要因として機能してしまうのである。また、活動を強化するために報酬を利用しようとすると、学習者は単にコントロールされているだけの状態に陥る危険性があり、実際には、望ましい行動を学んでいるわけではなく、エサに釣られているだけの状態に陥ってしまうのだ。

では、学習者にとって健全な報酬とは、どのようなものだろうか。そもそも、そのようなものは存在するのだろうか。重要なのは、賄賂のような古い考え方を捨て、新しい形で「報いる」ように考えることだ。学習者の努力に報いる害のないやり方は、励ましである。もちろん誰もが人から褒められれば力を得るわけだが、時々学習者は課題遂行中にエンゲージメントを強く維持し、最後まで課題に取り組む姿勢を支えるために、励ましを必要とするときがある。また、私たちは常に進歩や成長に報いることもできる。進歩や成長は、レベルアップや経験値を獲得するのと同じことであるため、事実上、進歩そのものが報酬であるとも言える。ただし、テストの点数や結果に対して報酬を与えたりしないように気をつけなければならない。最も重視すべきことは、学びのプロセス（process）であって、成果（product）ではない。したがって、能力的に優れた者に対してだけでなく、すべての学習者に報いを得られるチャンスがあるようにしておきたい。もう一つのアプローチは、タスク完遂後の結果を言語化することである。タスク後に何が

できるようになっているのかという視点から言語化して、それを一つの動因として働くように仕向けるのだ。「よくあるブログの形式を用いて、自分の趣味に関するブログ記事を書けるようにする」といった具合にである。また、カウリー（Cowley 2018）は、どのような報酬が欲しいかを学習者自身に尋ね、選択権を与えることを提案している。彼女の同僚の報告によれば、学習者が、班活動を早く終えることができたら、授業の最後にその教科と関連するYouTubeビデオを視聴することを選んだという。単なる特典として認識されるものではあるが、それでもなお学習者にとって有意義だと感じられる特典が何かを提案できるベストな存在は、まぎれもなく学習者自身である。

リフレクション・タスク10

あなたが最近教えた授業について思い出してほしい。もし今後それと同じ授業を行うことがあるとしたら、レベルアップやリプレイや報酬システムを取り入れることができるだろうか。その方法について考えてみよう。

- タスクに３つのレベルを設定するのは可能か。
- 次のレベルに進むべきタイミングをどのように評価したらよいか。
- 共通のゴールを目指す練習課題として、補足課題を加えたり、学習者がリプレイを選択したりすることができるようにするのは可能か。
- 学習者の進歩を支援するために、経験値のシステムを取り入れることは可能か。
- タスクの遂行中に、どのような肯定的励ましが可能か。
- どのようにしたら、学習者のやる気を鼓舞し、彼らが達成したいと思えるような学習目標を設定できるか。

行動４ 授業やタスクをチャンク化する

　一つのレッスンを小単位で区切る手法（chunking）は、すでに優れた教師の多くが実践しているテクニックである。一つの学期の教育目標を扱う際、教師は通常それらの目標をチャンク（かたまり）ごとに切り分け、さらにそれらを一つの授業の小さな単位・配列部位として分解する。このように、チャンク化は大きなタスクを扱いやすいものにするための手立てである。大きな目標を段階的に切り分けたり、難易度を徐々に高めたりしていくことで、タスクに足場かけをするの

によく用いられる（「原則5」を参照）。一度に一つのチャンクを示し、練習時間を与えて次の段階へと進んでいけるようにするのだが、このやり方は、シンプルながら、学習をより消化しやすくする上で効果的だ。

　学習者のエンゲージメントを高めるチャンク化の方法は他にもいくつかある。これは、授業全体のレベルでも、タスクのみのレベルでも、適用が可能だ。いずれの場合においても、チャンクを基準にして考えるということは、休憩を挟んだり、ペースや行動を変えてみたり、次の段階へ進むための新しい仕掛けを取り入れてみたりする際に、間を設けることを意味する。ペースや注意を保つための新たなきっかけをいくつか差し挟むのに似ている。だが同時に、長めのタスクであったとしても、それがエンゲージングな活動である場合には、集中力を乱したり途切らせたりしない方がいいケースもあるので注意したい。チャンク化するという発想は必ずしも新しいものではないが、これも、エンゲージメントの強化を意識して授業をデザインするための一つの手段である。

集中力に関するキーポイント

ペティー（Petty 2014: 416-417）は、「学習者の活動が多彩であることが、集中力を維持するのに極めて重要だ」と述べている。彼は、1時間の授業に関するキーポイントを以下のように示している。

・学習者の集中力が落ちるのは、ティーチャー・トークの最中が多い。
・活動の変化が、集中力を増幅させる。
・学習者がアクティブであるとき、集中力はより長く維持される。

　レッスン全体のレベルでチャンク化を行う際によく用いられる方法として、学習内容をいくつかの駅や島（learning stations or learning islands）に切り分けて構成するという手法がある。駅は通常、「物理的に」作られる。教室内の机を並び替え、通常20〜25人からなるクラスであれば4〜5つほどの駅を作り、各駅に異なるアクティビティーやタスクを当てがうのだ（テクノロジーの使用なども含まれる）。タスクは、協働的なものもあれば、個人で取り組むものもある。1つくらいは教師主導のものがあってもいいだろう。活動の流れは、主に2つのやり方がある。1つは、各タスクの実施時間をほぼ均等になるように設定し、学習者を班分けした後、班に各駅を順番に回らせ、ある一定の時間、そこで提示され

るタスクに取り組ませるようにする方法だ。もう1つは、学習者が自分のペースで好きな順番に各駅を訪ねてよいとするやり方である。ここでポイントとなるのは、一連の活動の各パーツは相互に関連し合ってはいるが、必ずしも時系列で進まなくてもよいように分割することだ。時には教師が、各駅から引き出される情報をカバーするようなワークシートを配布して、学習者に完成させる形をとってもいい。このような実践的でアクティブな授業デザインは、ペースを区切り、多様な学びを保証するだけでなく、学習の個別化をも可能にする。こうした学習方式を初めて取り入れるときには、教室にこのスタイルを確立するのにやや時間がかかるかもしれないが、学習者はすぐに慣れてしまうものだ。

 駅活動（station work）を効果的に行う7つのヒント

1. 1つのトピックから少なくとも4〜5つのアクティビティーを用意する。全体の統一性を維持する。
2. タスク・タイプを変化させる。異なる言語スキルやさまざまなタスク・タイプをカバーする。
3. 教室内の机やテーブルを駅に作り変える時間を与える。
4. タイミングを注意深く計画し、管理する。たとえば、カウントダウン時計を使って、プロジェクターに時間を映し出し、皆から見えるようにするなど。
5. 特定の始発駅・終着駅を作らないように、タスクの連続性を排除する。
6. 教師がいなくても学習者が活動を始められるように、各駅での指示を明確にしておく。
7. 学習者が集中力を維持してすべての駅を訪ね、すべての課題に取り組めるように、アウトプットのタイプを考える（例：すべての駅を訪ねて1枚のワークシートを完成させる）。

　タスクレベルのチャンク化を行う際に教師が利用するとよいのは、**エネルギー活性化活動**（energisers）だ。これは、まさにその名が示す通り長いタスクを分割し、学習者やクラスにエネルギーを注入するためにデザインされたショート・アクティビティーのことである。その理由からも明らかなように、「脳休め」（brain breaks）と呼ばれることもある。これが最善の形で機能するのは、タスクとの関連性が保たれているときだ（年少の学習者には、"Simon says"や皆で歌を歌う

といった楽しい息抜き活動も有効だ）。また、エネルギー活性化活動は、楽しく、比較的短いものであることに加えて、脳に酸素を届けられるような動作を伴うものである方がいい。以下に、中学・高校なら、うまく機能するだろうと思われるエネルギー活性化活動の例を３つ紹介する。

- **パントマイム・ブレーク**（mime break）。学習者に活動中の作業を中断させて、パートナーの方へ向かせ、学習してきたテキストの中の単語やセンテンスの一つをパントマイムで表現させる。相手は、答えを推測しなくてはならない。ペアの１人が質問をし、もう１人がパントマイムで答えるというやり方もある。学習者が取り組みやすくするために、いくつか質問を提示してやるといいだろう（例：「お昼に何を食べる？」、「今日は夜に何をする？」）。

- **フィジカル・フィードバック**（physical feedback）。教室の隅にトピックごとに分かれたスペースを設定し、学習者を各コーナーへ行かせて、自分たちのタスクの進捗状況やタスク完遂に必要な時間を尋ねたり、質問や意見に対する自分の考えにフィードバックを求めたりさせる（部屋の隅々にラベルを貼るか、どの隅が何を話す場所なのかを黒板に示しておくといいだろう）。

- **ポジティブ・ピア・パワー**（positive peer power）。学習者は、教室内の別グループから自分と共通点をもつパートナーを探す。物理的に目に見えるものでも（２人ともメガネをかけているなど）、知っていることでも（２人とも犬を飼っているなど）、自分たちは同じクラスにいるといった単純な事実であってもよい。いずれにせよ、すべての学習者が何らかの理由でパートナーになれるようにする。それからパートナーのところへ行き、相手が自分との共通点を何だと思っていたかを推測しあう。相手のところに行って互いに褒め言葉を伝え合うというのもいいだろう。

> 運動は、学習の質を３つのレベルで向上させる。１つ目は、マインドセットを最適化し、緊張感や注意や意欲を高めてくれる。２つ目に、神経細胞同士の結合を促進し、新しい情報を記録するための細胞基盤ができる。３つ目に、海馬の中の幹細胞から新しい神経細胞が発達するのを加速させる。　（Ratey and Hagerman 2009: 53）

第6章

行動 5　CLARAアプローチを取り入れる

　最後の行動ポイントは、本書全体の内容にも当てはまる内容だ。すでにいくつかの章で触れてきたことではあるのだが（第4、5章参照）、その価値を改めて強調しておくために、あえて最後の提案とした。教授法の中には、非常にエンゲージングな手法として知られるものが数多く存在する。プロジェクトワーク、問題解決学習、探究型学習、ジーニアスアワー（一定の時間で個人のプロジェクトに取り組ませる指導法）、パッション・プロジェクトなどがその好例だ。これらがエンゲージングである理由は、共通するデザイン上の特徴に関係がある。これらは異なる起源をもち、それぞれ独自の要素をもっているが、核となる特徴は共通している。それは、探究・発見・調査を促進することを目的とし、学習者が非常に積極的な役割を果たす点である。これらの教授法の中心的役割を果たす5つの特徴を、「CLARA」という頭字語でまとめてみた。

CLARAアプローチ
- Challenging：チャレンジング
- Learner-centred：学習者中心
- Active：アクティブ
- Real-world relevant：実生活との関連
- Autonomy-rich：自己選択の幅

　これらの教育デザインでは、学習者は、教師が提示した、あるいは学習者自身が作成した特定のトピック・疑問・課題について、長期間取り組むことになる（数回の授業から学期全体に及ぶ場合もある）（Muir 2020などを参照）。学習者は、オーディエンスの目に見える形で（オンラインか対面式のいずれかで）、何らかのアウトプットを求められる。課題は1人で取り組むこともできるが、他者と協働して行う場合が多い。課題はたいていチャレンジングだが、興味深いものでもあるため、学習者は注意を傾け、自分の興味や情熱に従って取り組むことができる。そのため、彼らはアクティブになり、実際的なコミュニケーションを重視した方法で言語スキルを磨くだけでなく、批判的思考力や創造的思考力を強化することにもなる。一方、教師は、プロジェクトの構成や枠組みを作りはするが、その後は主にファシリテーターや情報の提供源としてガイド役に徹する。こうした課題解決型アプローチは、通常デジタル・リテラシー・スキルに強く依存し、学習者

はテクノロジーを駆使して情報を手に入れ、他者とのやり取りを行い、学習の管理やアウトプットに取り組む。これらの教授法がもつ特徴の多くは、学習者エンゲージメントの強化と深く関連している（Ainley 2012; Assor, Kaplan and Roth 2002; Blumenfeld et al. 1991; Buchanan, Harlan, Bruce and Edwards 2016; Christenson et al. 2012; Reeve 2012などを参照）。

> 学習者の反応にはもちろん個人差はあるが、多くの学習者が興味と価値を高めることができる要素（多様性、挑戦、選択、協力、実生活上の問いへの納得［解］など）を含むプロジェクトを計画することは可能だ。また、計画を立てる際に、学習者の既有知識や思考能力を考慮すれば、彼らが成功感覚を得られるようにサポートすることもできる。 (Blumenfeld et al. 1991: 393)

　しかし、すべての教師や学習者が課題解決型アプローチの実施に前向きなわけではない。ブルーメンフェルトら（Blumenfeld at al. 1991）は、このアプローチでの学習を望んでいる人々が適切な構造的サポートを得られるようにすることが重要だと訴えている。サポートをするうえで、テクノロジーが果たす役割は重要だ。学習者にとっては情報源やツールとして、教師にとってはプロジェクトのプロセスをまとめ、管理する手段として、価値ある役割を果たすからだ。ブルーメンフェルトらは、学習者がきちんと調査のやり方やプロジェクトの効果的な取り組み方を教わる必要があるということも指摘している。同様に、教師自身にも、プロジェクトのための多様な問いの立て方や、プロジェクト遂行中の学び（プロセス）が常に重視されるように学習者を導く方法に関するガイドが必要かもしれない。この点に関しては、オンライン上に有益なリソースが多数存在する。他の教師がシェアしているプロジェクトワークのアイデアや経験からは、大きなインスピレーションと勇気を得ることができるだろう。

課題解決型マインドセットの育成

効果的な課題解決型学習の条件に関する議論の中で、ドルニェイら（Dörnyei et al. 2016: 168-172）は、課題解決型マインドの育成について、以下のようなポイントを示している。

- **教師の役割を変える覚悟**：プロジェクトを立ち上げる際、教師は一般的に想定される指導者としての役割を減らし、コーチ、コーディネー

ター、メンター、ファシリテーター（これが最も重要）といったものへと役割を変化させていく必要がある。

- **教師と学習者の関係を再考し、共創の精神を共にする**：課題解決型学習が成功するのは、学習者が課題解決型の学習環境を教師と共に作るときである。また、学習者がプロジェクトの最終ゴールを自分たちのもの（ownership）と感じているとき、彼らがエンゲージする可能性はより高くなる。
- **高揚感を刺激する**：課題解決型学習では、学習者がワクワクした気持ちで取り組める具体的なゴールを作り出せるとよい。学習者が意欲的になり、熱意が周囲に伝播する。
- **失敗を犯す覚悟**：避けられないことではあるが、必ずしもすべてのグループ・プロジェクトが成功するわけではない。学習者が（おそらく教師もだが）課題解決型学習にまだ慣れていない場合には特にそうだ。しかし、大切なのは、失敗から学び、次に取り組む時には別のやり方で臨むという心構えをもつことである。私たちは、学習者に求めたい成長マインドセットの手本を示すことができる。

いまの職場の制約下でプロジェクトをフルに実施するのは不可能だと感じている言語教師には、CLARAの原則（challenging ［チャレンジング］、learner-centred ［学習者中心］、active ［アクティブ］、real world relevant ［実生活関連］、autonomy-rich ［自己選択の幅］）が助けとなるはずだ。なぜなら、これらの原則は、普段行っているのと変わらないもっと小さなタスクにも適用できるからである。これがどのように機能するかを理解するために、あるトピックに関する典型的なディスカッション・タスクとその指導手順について、例を挙げてみよう。

- クラス全体でディスカッションのトピックを1つ選ぶ。学習者が一から決めたものでもいいし、教師があらかじめ用意しておいたリストから選ぶ形でもよい。【学習者中心】
- 学習者は誰と組むかを選び、グループの人数をどれくらいにしたいかを決める。【自己選択の幅】
- その話題に関して、議論を生みそうな極端な見方を示す発言を考えるよう各グループに求める。【チャレンジング】

- その話題や発言が、学習者の身近な世界と関連したものであるようにする。自分の意見を正当化したり弁護したりする活動も実生活スキルである。【実生活関連】
- すべての発言を黒板やスクリーンに集約し、一人ひとりがそれぞれの発言にどの程度同意できるかという観点でランク付けをする。もし発言の数が多すぎて時間内にすべてを扱いきれない場合には、学習者がフォーカスしたいものを選ぶようにする。【学習者中心】
- 少人数のグループでは、各人がグループ内の他のメンバーに自分の根拠を説明し、コンセンサスを取れるように努める。その後、教師は、各グループに自分たちのグループの考えとして1つの意見を選んでまとめさせ、別グループを説得し、納得を得られるように、エレベーターピッチ*42をさせる。最後に無記名で、それぞれのエレベーターピッチがどれくらい説得力のあるものだったかを投票させる。【アクティブ】

質の高い課題解決型学習のフレームワーク：6つの基準

1. 学習者が深く学び、批判的に思考し、質の高さを求めて努力している。
2. 学習者が、有意義で、自分たちの文化や生活や将来と関連性のあるプロジェクトに取り組んでいる。
3. 学習者の取り組みを公開し、議論し、批評する場がある。
4. 学習者が他の学習者と対面かオンラインで協働し、大人のメンターや専門家から助言を受けている。
5. 学習者がプロジェクトの開始から完了までを効果的に進められるように、プロジェクト・マネジメント・プロセス*43を適用している。
6. 学習者がプロジェクトを通じて自分たちの取り組みや学習を振り返る。

(出典：https://hqpbl.org/)

---

*42 エレベーターピッチ：エレベーターに乗っているのと同じくらい短い時間で、聞き手の心を引きつけるショート・プレゼンテーションのこと。
*43 プロジェクト・マネジメント・プロセス：Plan-Doを示した図やリストを用いて、取り組むべき事柄の順序を確認したり、実行内容を管理したりするプロセスのこと。

まとめ

　学習者が学習活動にエンゲージするためには、彼らがアクティブな状態でなければならない。同時に、学習者がその活動に興味と楽しさを覚え、難しさを感じながらも、自分には十分やりこなせると感じて取り組めると、学習者のエンゲージメントは大いに高まる。本章は、エンゲージメントの喚起について論じた前章の内容を踏まえて、タスクへのエンゲージメントを維持する方法に焦点を当て、その中心となる5つの原則について紹介した。「学習者に適切なレベルの困難を与える」「タスクにポジティブな感情を向けられるようにする」「注意と関心を維持する」「予測不能な要素を加える」「達成感や進歩をいまこの時点で感じられるようにする」ということである。これらをうまく実現するには、第2〜4章で述べたようにエンゲージメントの土台を構築し、タスクを開始する適切なコンディションを整えることが重要である。さらに、エンゲージメントを維持する原則を具現化する提案として、5つの行動ポイントを示した。

- 物語を用いて指導する。学習者の心を引きつけ、関心を維持しながら、学習内容を処理し記憶する能力を向上させる。
- 学習者を学習の主人公にする。タスク・デザインのプロセスに関与させ、学習の個別化を促す。
- ゲームデザインの要素を利用する。課題達成の中間指標を示す複数のレベルからなるタスクのレベルアップ・システムの導入、リプレイモードの許容、賢明な報酬システムを活用する。
- 授業やタスクをより小さな単位に分割する。駅活動（station work）やエネルギー活性化活動（energisers）、頭の小休止（brain breaks）といった短いインターバルを差し挟む。
- CLARAの原則を取り入れる。CLARAとは、チャレンジングな課題（challenge）、学習者中心の学習形態（learner centredness）、アクティブな学び（active learning）、実生活との関連性（real-world relevance）、自己選択の幅（autonomy-richness）を伴う課題解決型学習のアプローチから引き出された原則である。

本章のポイント

タスク・エンゲージメントの維持には、学習者が取り組む課題が最適な
レベルに設定されていることが重要だ。また、学習者エンゲージメント
が維持されている状態とは、ポジティブな感情と支持的な相互関係によっ
て特徴づけられる。

さらに理解を深めるために

Dörnyei, Z., Henry, A. and Muir, C. (2016). *Motivational Currents in
Language Learning: Frameworks for Focused Interventions*. New York, NY:
Routledge.（学習の維持を促す、強い長期的モチベーションに関する革
新的な理論を紹介している。また、さまざまなプロジェクトをデザイン
する際に教室でいかにその理論を応用できるかということについても言
及している）

Nunan, D. (2004). *Task-Based Language Teaching*. Cambridge: Cambridge
University Press.（タスク中心言語教授法に関連するさまざまな事象を
説明した有益な概説書。調査と理論に基づく実用的なアドバイスもある）

Posey, A. (2019). *Engage the Brain: How to Design for Learning that Taps
into the Power of Emotion*. Alexandria, VA: ASCD.（脳の感情的側面に焦
点を当てているが、学習者エンゲージメントや学習を促進するための実
践的な教室ストラテジーも紹介している）

Renninger, K. A. and Hidi, S. E. (2016). *The Power of Interest for Motivation
and Engagement*. New York, NY: Routledge.（関心・動機づけ・エンゲー
ジメントという相互に関連し合うこれら3つの概念について解き明かし
た研究書。即実践可能というわけではないが、興味・関心がもつ性質や
それが学習に果たす役割について理解するには極めて有益な1冊）

第6章

結論

主体的な学びを引き出す
英語授業を目指して

Contents

結論

主体的な学びを引き出す英語授業を目指して

> エンゲージメント行動は、教師や学校の働きかけによって刺激され、学習者の目標
> 達成度や成果を向上させる可能性がある。 (Finn and Zimmer 2012: 99)

　本書で述べてきた事柄の根本的前提は、学習一般における成功、とりわけ言語学習に関する成功の鍵はエンゲージメントにあるということであった。もし学習者が学習活動に関心を示さず、積極的に取り組むことがないとしたら、当然、学びは生じない。それゆえ、エンゲージメントは意識的に生み出すことができるという事実——つまり、教師の手で学習者のエンゲージメントにポジティブな影響を与えることができるという事実、そしてそのための具体的な方略（actions）が存在するという真実——を知ってもらうことで、教師の力になれればと考えた。

　本書は、教育、ビジネス・マネジメント、リーダーシップ研究、心理学、ゲーム理論など、多岐に渡る分野の研究に依拠している。参考文献リストからもわかるように、本書のテーマについてさまざまな角度から理解してもらうために、非常に多くの関連文献を利用した。ここに選んだ原則と行動は、幅広い分野の中から有意義だと思われるもので、なおかつ、この分野（とりわけ、動機づけ理論と心理学のさまざまな分野）に関する私たちの理解と、教育者である私たちの指導経験に合致するものを基本としている。省かざるを得ないものもあったが、それでも、本書で紹介した事柄が包括的な内容であったと読者に理解していただけたら嬉しく思う。とはいえ、これまで述べてきたことは決して義務的なものでも、ため息が出るほど手に余るようなものでもないことを、併せてご理解いただきたい。

　教師は、すべての授業で、本書のすべての行動を実践すべきだなどと言うつもりは毛頭ない。ここに挙げたものは、むしろ、色とりどりの絵の具が並んでいるパレットのようなものだと考えていただき、学習者の性質や状況に合わせて適切なものを選んで使ってもらえればと考えている。とはいえ、学習者のいまのレベ

ルや、彼らにとって無理のないところから始める必要はあるだろう。そのような
ことならば、現在の取り組みを多少調整する程度でよいのではないかと考える向
きもあるかもしれない（少なくとも始めの段階では）。しかし、私たちが心から
強化したいと思っているのは、学習者をエンゲージさせる方法を探究し考える意
識である。そのため、エンゲージメントや学習デザインに関するある特定の事項
についてさらに理解を深めたいと考える読者のために、各章末には注釈付きの簡
単な参考図書リストも準備した。

　本書は、エンゲージメントとは何か、また、なぜ言語教育においてエンゲージ
メントを理解することが重要なのか、その概要を示すことから始めた。第1章で
は、言語教育に携わる教師を取り巻く状況について概観した。教師が直接コント
ロールすることはできないが、教室における学習者のエンゲージメントを妨げた
り、高めたりする文脈的要因（contextual factors）というものが存在することを
明らかにした。第2〜4章では、エンゲージメントの基礎となる心理的土台の構
築について議論した。学習者の成長マインドセットや、教師・学習者間のポジティ
ブな信頼関係、良好な集団気質といった基本的要素が確立していなければ、教材
やタスクがどれほど優れていても、タスク・エンゲージメントを生み出すのはか
なり難しいだろう。第5・6章では、エンゲージメントを引き出し長時間維持す
るためのタスク作りの方法と、授業や課題に組み込むことができる要素について
焦点を当てた。感情や好奇心はもとより、明確な進歩の実感や、適切なレベルの
課題、努力目標といったものが果たす役割の大きさについて注目した。

　これほど広範囲にわたる内容を含んだ本をどのように締めくくるのが最善なの
かと考えた結果、ポイントを表にまとめるのが有益だろうという結論にいたった
（pp. 232-234）。もし各章で紹介した内容に共感してもらえたのであれば、表に
ある原則と行動提案にしばし目を通し、以下の3つの視点から振り返って頂けた
らと思う。

1. 本書で示した原則と行動のうち、すでに自分が実践しているものはどれか。
　フル活用しているものでも、部分的に用いているものでもよい（読者一人ひ
　とりが、すでに多くを実践していると確認することによって、自信をもつこ
　とができるだろうと思う）。

2. すでになじみのある原則や行動のうち、今後の実践を通じてさらに強化したいものはあるか。

3. 自分にとって新しい原則や行動ポイントはあるか。自分が教えるときに意識したことがなかったものはあるか。もしあるとしたら、それらは試してみる価値があるだろうか、またそれらは自分の指導環境に適していると思うだろうか（つまり、単純に使えるかどうかということ）について考えてみていただきたい。それを判断できるのはあなただけだからだ。

　再度伝えておきたいことが一つある。それは、第5章で参照したドルニェイの言葉だ。つまり、教師は「十分に意欲を高められる人」（good enough motivators）になることを目指すべきだという主張である（Dörnyei 2001: 136）。「動機づけの達人」（supermotivator）になろうなどとむやみに意気込んでしまうと、バーンアウトする可能性が高くなる。学習者をエンゲージさせるためのストラテジーにも、同じことが言えるように思う。表に示したメソッドのすべてを誰もが活用すべきだ（あるいは、できるはずだ）などとはまったく考えていない。重要なのは、量よりも質である。数は少なくても、あなたと学習者たちの双方にふさわしいストラテジーを適切に選ぶことできれば、学習者が安心して活動に没頭できる教室の雰囲気が生まれ、あなたは「十分にエンゲージメントを高められる人」（good enough engager）となるはずだ。意欲を引き出す教師（motivating teachers）に関する結論は、学習者を夢中にさせる教師（engaging teachers）にも当てはまる。つまり、最も優れた実践家たちは、ごくわずかな基本技術を適切に選んで用いていることが多いということだ。

学習者エンゲージメントを取り巻くもの

授業における学習者エンゲージメントは、学習者と教室の両方に影響を与える多くの文脈的要因に由来する感情や信念と関連している。

・原則1：言語には社会文化的地位と社会資本があることを認識する
・原則2：教室内での言語学習を教室外の生活に結びつける
・原則3：家庭は学習者エンゲージメントの貴重なリソースである
・原則4：学校での優先度、カリキュラムの内容と自己関連性、テストの方針がエンゲージメントに影響を与える
・原則5：学校全体の文化が学習者エンゲージメントに影響を与える

学習者の促進的マインドセット

学習者が自分の学習に対して有能感を抱き、自分の学習活動と成長に対して当事者意識とコントロール感覚を抱いているときには、言語学習にエンゲージする可能性が高くなる。

- ・原則1：有能感を高める
- ・原則2：成長マインドセットを育む
- ・原則3：学習者の当事者意識と自己統制感を高める
- ・原則4：積極性を育てる
- ・原則5：粘り強さを育てる

- ・行動1：コーチのように考え、行動する
- ・行動2：学習の進歩を可視化する
- ・行動3：信念について明示的に話し合う
- ・行動4：選択や意見を取り入れる
- ・行動5：学び方を教える

教師と学習者の信頼関係（ラ ポ ー ル）

学習者エンゲージメントを高めるためには、学習者との良好な関係構築に努め、学習者のために時間を作る取り組みや学習者とのインタラクションの方法について考える必要がある。

- ・原則1：近づきやすさ
- ・原則2：共感的な態度で応じる
- ・原則3：学習者の個性を尊重する
- ・原則4：すべての学習者を信じる
- ・原則5：学習者の自律性を支援する
- ・原則6：教師の情熱を示す

- ・行動1：話し方に気を配る
- ・行動2：フィードバックに気を配る
- ・行動3：学習者の声に耳を傾ける
- ・行動4：関与を高める発問をする
- ・行動5：関係性を通じて規律を保つ

ポジティブな教室力学（クラスルーム・ダイナミックス）と教室文化

学習者が授業に積極的に参加するようになるには、彼らがクラス・コミュニティーに安心感を抱き、また結束力のあるそのコミュニティーの中で、自分が自分自身と他の仲間の学びに特定の責任を負っている大切なメンバーとして受け入れられていると感じる必要がある。

- ・原則1：手本を示して集団を導く
- ・原則2：集団凝集性を高める
- ・原則3：学習者間のTEAを高める──信頼（trust）、共感（empathy）、受容（acceptance）
- ・原則4：協働と支え合いの文化を育む
- ・原則5：対立は敬意をもって建設的に解決する

- ・行動1：学習者同士をつなぐ
- ・行動2：「私たち（we/us）」という意識を高める
- ・行動3：グループワークや協力のマインドを育む
- ・行動4：3つのRを用いた集団作り──ルール（rules）、役割（roles）、ルーティン（routines）
- ・行動5：民主的な参加を促進する

教師には学習者をアクティブにし、好奇心を目覚めさせ、「もっと知りたい」「もっとやりたい」という気持ちを引き出すタスクをデザインすることができる。

・原則1：学習者に合わせてデザインする	・行動1：スモールステップで始める
・原則2：学習者を感情移入させる	・行動2：驚きの要素を組み込む
・原則3：好奇心を高める	・行動3：謎解きやパズルを組み込む
・原則4：タスクのセットアップに集中する	・行動4：続きが気になる仕掛けを作る
・原則5：学習者を行動の担い手にする	・行動5：好奇心を引き出す問いを使う

タスク・エンゲージメントの維持には、学習者が取り組む課題が最適なレベルに設定されていることが重要だ。また、学習者エンゲージメントが維持されている状態とは、ポジティブな感情と支持的な相互関係に特徴づけられる。

・原則1：認知的負荷を与える	・行動1：物語の力を利用する
・原則2：楽しさを最大化し、退屈さを最小化する	・行動2：学習者をタスクの主人公にする
	・行動3：「レベルアップ」「リプレイ」「個別化報酬」を許容する
・原則3：注意と関心を引きつける	・行動4：授業やタスクをチャンク化する
・原則4：予測不能という力を利用する	・行動5：CLARAアプローチを取り入れる
・原則5：達成目標を階層化する	

3つの中心テーマ

　原則と行動提案を振り返ってみると、ここには繰り返し登場する主題が3つあることがわかる。**ポジティブな感情がもつ力、教育上のパートナーとして学習者に権限を委譲すること、学習活動への積極的参加**である。これらに関して私たちが見いだした教訓について、簡単に要約しておこう。

・ **ポジティブな感情がもつ力**。原則の多くはテーマの違いを越えて、ある共通した重要事項に集約される。それは、学習者がミスを犯してしまうのではないかとか、周りに冷やかされたりするのではないかといった恐れを抱くことなく、信頼と敬意に基づく人間関係の中で、くつろいだ気持ちと、自信をもって、安心して言語学習に取り組めるということだ。感情は、エンゲージメントを生み出す土台を形成するものであると同時に、エンゲージする過程で醸成されるものでもある。学習者がある課題にエンゲージし、楽しんで取り組んでいると、次に出会う言語タスクへのポジティブな期待とともに、ポジティ

ブな感情が生まれる。つまり、成功が成功を生むのだ。教師である私たちは、第二言語とその学習によって生み出される感情に対して敏感でなくてはならない。ポジティブな感情は、楽しさ・好奇心・興味と結びついており、ネガティブな感情は、不安・恥ずかしさ・退屈さ・リスクと結びついている。本書で主に取り上げてきた感情をどのように活かすのが最善なのかについては、まだまとまった学問的見解を示すことは難しいが（初期の例外として、Arnold 1999を参照）、近年の感情研究の発展（Dewaele 2018など）や、ポジティブ心理学と第二言語習得理論を関連づけて考える研究の確立によって（MacIntyre, Gregersen and Mercer 2016）、状況は徐々に変わりつつある。

- **教育のパートナーとして学習者に権限を委譲すること**。エンゲージメントの強化には自律性が重要であることは、すでに十分証明されている。学習者が教育や学習のプロセスのあらゆる場面に民主的に参加し、意思決定や考えを表明する権利が与えられるとき、彼らをエンゲージメントに大きな変化が見られるのを、私たちは繰り返し目にしてきた。学習者自身が受ける教育を共にデザインするパートナーとして彼らを扱うことは、教師や学校が学習者に尊敬と信頼を示すことであるのと同時に、彼らに責任をもたせ、自分たちの学びを方向づける権利と機会を（許される範囲内で）与えることを意味する。エンゲージメントとは行動そのもののことであるため、学習者たちにとって実際的かつ有意義で明確な目的をもった行動を選択できることが重要なのだ。また、私たちは、学習者への権限の委譲が、関係性を基盤とすることを確認した。学習者主導のタスクには、他者との協働と協力、そしてファシリテーターである教師とのポジティブな信頼関係（ラポール）が必要だからである。

- **学習活動への積極的参加**。最後に、エンゲージメントの最も重要な側面は、学習者による積極的参加にある。これはまぎれもない事実である。エンゲージメントとは、行動そのものを意味する。しかし、「エンゲージしている」状態とは、単に忙しくしている状態と同義でないことも繰り返し強調した。真の学習者エンゲージメントとは、目的があり、意味があり、学びにつながるものである。エンゲージメントを意識して教えるということは、実際には、学習者の行動と参加を意識して教えることにほかならない。なぜなら、学びは決して観戦スポーツではないからだ。

リフレクション・タスク

自分の教室とこれからの授業について考えてみよう。上の3つのテーマのうち、どれがあなたの授業デザインに最も関連性があるだろうか。また、一番心に留めておきたい項目はどれか。選択したテーマに関して、試してみたい行動はあるだろうか。

結びの言葉

　すべての学習者から常に100パーセントのエンゲージメントを引き出すことは難しい。私たちが現実的に目指すことができる最善のゴールは、シュレクティー（Schlechty 2011: 32）が説明しているように、「学習者のほとんどが、その時間の大部分をエンゲージしている状態」である。学習者の中には、真面目に授業を受けてはいるものの学習にあまり夢中になっているわけではない者もいれば、課題への取り組みを完全に放棄している者や、反抗的な態度に終始している者もいる。こうした現実が、（言語）教師の日常的な試練の一部となっている。しかし、授業に対する学習者のエンゲージメントは、決して偶然の産物ではない。制御不能な要因から生じる不可解な現象でもない。第二言語の授業やタスクを、よりエンゲージングなものにデザインすることは可能である。そのためには、比較的シンプルないくつかの原則に従うことだ。また、学習者自身も、退屈したり受け身になりたいわけではないという事実を忘れずに、希望をもって授業に取り組むことが重要だ。学習者は通常、学習にエンゲージしている状態の方を好むものだ。したがって、私たちの仕事は、夢中になって取り組める言語学習経験をデザインすることによって、学習者を学びにエンゲージさせることにほかならない。本書が、そのための一助となることを切に願っている。

参考文献

Abbott, A. L. (2017). Fostering student interest development: An engagement intervention. *Middle School Journal*, 48(3), 34–45. doi.org/10.1080/00940771.2017.1297666

Ainley, M. (2012). Students' interest and engagement in classroom activities. In S. L. Christenson, A. L. Reschly, & C. Wylie (eds.), *Handbook of Research on Student Engagement* (283–302). Boston, MA: Springer US.

Ainley, M. & Hidi, S. E. (2014). Interest and enjoyment. In R. Pekrun & L. Linnenbrink-Garcia (eds.), *International Handbook of Emotions in Education* (205–227). New York, NY: Routledge.

Ajzen, I. (1988). *Attitudes, Personality, and Behavior*. Chicago, IL: Dorsey Press.

Ajzen, I. (2002). Perceived behavioral control, self-efficacy, locus of control, and the theory of planned behavior. *Journal of Applied Social Psychology*, 32(4), 665–683. doi.org/10.1111/j.1559-1816.2002.tb00236.x

Allen, D. E., Donham, R. S., & Bernhardt, S. A. (2011). Problem-based learning. *New Directions for Teaching and Learning*, 2011(128), 21–29. doi.org/10.1002/tl.465

Alter, A. (2017). *Irresistible: The Rise of Addictive Technology and the Business of Keeping us Hooked*. New York, NY: Penguin Press.

Amabile, T. & Kramer, S. (2011). *The Progress Principle: Using Small Wins to Ignite Joy, Engagement, and Creativity at Work*. Boston, MA: Harvard Business Review Press.〔『マネジャーの最も大切な仕事――95％の人が見過ごす「小さな進捗」の力』中竹竜二監訳、英治出版、2017年〕

Amador, J. A., Miles, L., & Peters, C. B. (2006). *The Practice of Problem-Based Learning: A Guide to Implementing PBL in the College Classroom*. Bolton, MA: Anker.

Antonetti, J. V. & Garver, J. R. (2015). *17,000 Classroom Visits Can't Be Wrong: Strategies that Engage Students, Promote Active Learning, and Boost Achievement*. Alexandria, VA: ASCD.

Arnold, J. (ed.) (1999). *Affect in Language Learning*. Cambridge: Cambridge University Press.

Arzubiaga, A., Rueda, R., & Monzó, L. (2002). Family matters related to the reading engagement of Latino children. *Journal of Latinos and Education*, 1(4), 231–243. doi.org/10.1207/S1532771XJLE0104_3

Assor, A., Kaplan, H. & Roth, G. (2002). Choice is good, but relevance is excellent: Autonomy-enhancing and suppressing teacher behaviours predicting students' engagement in schoolwork. *British Journal of Educational Psychology*, 72(2), 261–278. doi.org/10.1348/000709902158883

Au, W. (2007). High-stakes testing and curricular control: A qualitative metasynthesis. *Educational Researcher*, 36(5), 258–267. doi.org/10.3102/0013189X07306523

Bahman, S. & Maffini, H. (2008). *Developing Children's Emotional Intelligence*. London: Bloomsbury.

Bajorek, Z., Gulliford, J. & Taskila, T. (2014). *Healthy teachers, higher marks? Establishing a link between teacher health and wellbeing, and student outcomes*. London: The Work Foundation. Retrieved from: https://www.educationsupportpartnership.org.uk/sites/default/files/resources/healthy_teachers_higher_marks_report_0.pdf [Accessed 13th August 2019]

Bandura, A. (1977). Self-efficacy: Toward a unifying theory of behavioral change. *Psychological Review*, 84(2), 191–215. doi.org/10.1037/0033-295X.84.2.191

Bandura, A. (1997). *Self-Efficacy: The Exercise of Control*. New York, NY: W.H. Freeman.

Bandura, A. & Schunk, D. H. (1981). Cultivating competence, self-efficacy, and intrinsic interest through proximal self-motivation. *Journal of Personality and Social Psychology*, 41(3), 586–598. doi.org/10.1037/0022-3514.41.3.586

Barber, D. & Foord, D. (2014). *From English Teacher to Learner Coach* [*Kindle Version*]. The Round.

Barkley, E. F. (2010). *Student Engagement Techniques: A Handbook for College Faculty*. San Francisco, CA: Jossey-Bass.

Baumeister, R. F. & Leary, M. R. (1995). The need to belong: Desire for interpersonal attachments as a fundamental human motivation. *Psychological Bulletin*, 117(3), 497–529. doi.org/10.1037//0033-2909.117.3.497

Baumeister, R. F. & Tierney, J. (2011). *Willpower: Rediscovering the Greatest Human Strength*. New York, NY: Penguin Books.

Beere, J. & Broughton, T. (2013). *The Perfect Teacher Coach* [*Kindle Edition*]. Carmarthen: Independent Thinking Press.

Benson, P. (2001). *Teaching and Researching Autonomy in Language Learning*. Harlow: Pearson Education.

Benson, P. & Reinders, H. (eds.). (2011). *Beyond the Language Classroom*. Basingstoke: Palgrave Macmillan.

Bentley-Davies, C. (2010). *How to be an Amazing Teacher*. Glasgow: Crown House Publishing.

Berger, W. (2014). *The Book of Beautiful Questions: The Powerful Questions that Will Help You Decide, Create, Connect, and Lead*. New York, NY: Bloomsbury.

Berns, G. S., McClure, S. M., Pagnoni, G. & Montague, P. R. (2001). Predictability modulates human brain response to reward. *The Journal of Neuroscience*, 21(8), 2793–2798. doi.org/10.1523/JNEUROSCI.21-08-02793.2001

Birch, B. M. (2009). *The English Language Teacher in Global Civil Society*. New York, NY: Routledge.

Bjork, E. L. & Bjork, R. (2011). Making things hard on yourself, but in a good way: Creating desirable difficulties to enhance learning. In M.A. Gernsbacher, R. W. Pew, L. M. Hough & J. R. Pomerantz, (eds.), *Psychology and the Real World: Essays Illustrating Fundamental Contributions to Society* (56–64). New York, NY: Worth Publishers.

Blackwell, L. S., Trzesniewski, K. H. & Dweck, C. S. (2007). Implicit theories of intelligence predict achievement across an adolescent transition: A longitudinal study and an intervention. *Child Development*, 78(1), 246–263. doi.org/10.1111/j.1467-8624.2007.00995.x

Bloom, B. S. (ed.) (1956). *Taxonomy of Educational Objectives: Handbook 1, Cognitive Domain*. New York, NY: David McKay Co Inc.

Blumenfeld, P. C., Soloway, E., Marx, R. W., Krajcik, J. S., Guzdial, M. & Palincsar, A. (1991). Motivating project-based learning: Sustaining the doing, supporting the learning. *Educational Psychologist*, 26(3–4), 369–398. doi.org/10.1080/00461520.1991.9653139

Bonwell, C. C. & Eison, J. A. (1991). *Active Learning: Creating Excitement in the Classroom* (No. ASHE–ERIC Higher Education Report No. 1). Washington, D.C: The George Washington University, School of Education and Human Development.

Boo, Z., Dörnyei, Z. & Ryan, S. (2015). L2 motivation research 2005–2014: Understanding a publication surge and a changing landscape. *System*, 55, 145–157. doi.org/10.1016/j.system.2015.10.006

Bowlby, J. (1969). *Attachment and Loss, Vol. 1: Attachment*. New York, NY: Basic Books.

Bown, J. (2009). Self-regulatory strategies and agency in self-instructed language learning: A situated view. *The Modern Language Journal*, 93(4), 570–583. doi.org/10.1111/j.1540-4781.2009.00965.x

Brandes, D. & Ginnis, P. (1986). *A Guide to Student-Centred Learning* (Reprint). Oxford: Blackwell.

Bryk, A. & Schneider, B. (2002). *Trust in Schools: A Core Resource for Improvement*. New York, NY: Russell Sage Foundation.

Buchanan, S., Harlan, M. A., Bruce, C. S. & Edwards, S. L. (2016). Inquiry based learning models, information literacy, and student engagement: A literature review. *School Libraries Worldwide*, 22(2), 23–39. Retrieved from: https://eprints.qut.edu.au/102823/ [Accessed 13th August 2019]

Cacioppo, J. T. & Petty, R. E. (1982). The need for cognition. *Journal of Personality and Social Psychology*, 42(1), 116–131. doi.org/10.1037/0022-3514.42.1.116

Campbell, N. & Schumm-Fauster, J. (2013). Learner-centred feedback on writing: Feedback as dialogue. In M. Reitbauer, N. Campbell, S. Mercer, J. Schumm-Fauster, & R. Vaupetitsch (eds.), *Feedback Matters: Current Feedback Practices in the EFL Classroom* (55–68). Frankfurt: Peter Lang.

Carriere, J. S. A., Cheyne, J. A. & Smilek, D. (2008). Everyday attention lapses and memory failures: The affective consequences of mindlessness. *Consciousness and Cognition*, 17(3), 835–847. doi.org/10.1016/j.concog.2007.04.008

Castles, J. (2004). Persistence and the adult learner. *Active Learning in Higher Education*, 5(2), 166-179.

Cavanagh, S. R. (2016). *The Spark of Learning: Energizing the College Classroom with the Science of Emotion*. Morgantown, WV: West Virginia University Press.

Cayanus, J. L., Martin, M. M. & Goodboy, A. K. (2009). The relation between teacher self-disclosure and student motives to communicate. *Communication Research Reports*, 26(2), 105–113. doi.org/10.1080/08824090902861523

Cemalcilar, Z. (2010). Schools as socialisation contexts: Understanding the impact of school climate factors on students' sense of school belonging. *Applied Psychology*, 59(2), 243–272. doi.org/10.1111/j.1464-0597.2009.00389.x

Charney, R. (2015). *Teaching Children to Care: Classroom Management for Ethical and Academic Growth, K-8* (Rev. ed). Greenfield, MA: Northeast Foundation for Children.

Chen, A., Ennis, C. D., Martin, R. & Sun. H. (2005). Situational interest: A curriculum enhancing learning in physical education. *Research Quarterly for Exercise and Sport*, 76(1), 1–28. Retrieved from: https://www.researchgate.net/publication/296294352_Situational_interest_A_curriculum_component_enhancing_motivation_to_learn [Accessed 13th August 2019]

Christenson, S. L., Reschly, A. L. & Wylie, C. (eds.). (2012). *Handbook of Research on Student Engagement*. Boston, MA: Springer US.

Claxton, G. & Chambers, M. (2011). *The Learning Powered School: Pioneering 21st Century Education*. Bristol: TLO Limited.

Cleary, T. J. & Zimmerman, B. J. (2012). A cyclical self-regulatory account of student engagement: Theoretical foundations and applications. In S. L. Christenson, A. L. Reschly & C. Wylie (eds.), *Handbook of Research on Student Engagement* (237–257). Boston, MA: Springer US.

Cohen, A. D. (2011). *Strategies in Learning and Using a Second Language* (2nd ed). Harlow: Pearson.

Cohen, A. D. & Macaro, E. (eds.). (2007). *Language Learner Strategies: Thirty Years of Research and Practice*. Oxford: Oxford University Press.

Cohen, E. G. & Lotan, R. (2014). *Designing Groupwork: Strategies for the Heterogeneous Classroom* (3rd ed). New York, NY: Teachers College Press.

Cooper, B. (2011). *Empathy in Education: Engagement, Values and Achievement*. New York, NY: Continuum.

Cowley, S. (2009). *Teaching Skills for Dummies*. Chichester: John Wiley.

Cowley, S. (2013). *The Seven R's of Group Work*. Bristol: Sue Cowley Books.

Cowley, S. (2018). *The Ultimate Guide to Differentiation: Achieving Excellence for All*. London: Bloomsbury.

Cox, J. (n.d.). All about differentiated instruction with menus. *Teach Hub*. Retrieved from http://www.teachhub.com/classroom-management-differentiated-instruction-menus [Accessed February 7, 2019].

Coyle, D. (2018). *The Culture Code: The Secrets of Highly Successful Groups*. New York, NY: Bantam Books.〔『THE CULTURE CODE 最強チームをつくる方法』楠木建監訳・桜田直美訳、かんき出版、2018年〕

Crehan, L. (2016). *Cleverlands*. London: Unbound.

Csikszentmihalyi, M. (2002). *Flow: The Classic Work on How to Achieve Happiness* (Rev. ed). London: Rider.

Daschmann, E. C., Goetz, T. & Stupnisky, R. H. (2014). Exploring the antecedents of boredom: Do teachers know why students are bored? *Teaching and Teacher Education*, 39, 22–30. doi.org/10.1016/j.tate.2013.11.009

Davenport, T. H. & Beck, J. C. (2001). The attention economy. *Ubiquity* 2001 (May). Retrieved from: https://ubiquity.acm.org/article.cfm?id=376626 [Accessed 13th August 2019]

Davies, J. (2014). *Riveted: The Science of Why Jokes Make Us Laugh, Movies Make Us Cry, and Religion Makes Us Feel One with the Universe*. New York, NY: Palgrave Macmillan.

Davis, H. A., Summers, J. J. & Miller, L. M. (2012). *An Interpersonal Approach to Classroom Management: Strategies for Improving Student Engagement*. Thousand Oaks, CA: Corwin.

Day, C. & Gu, Q. (2009). Teacher emotions: Well being and effectiveness. In P. A. Schutz & M. Zemblyas (eds.), *Advances in Teacher Emotion Research* (15–31). Boston, MA: Springer.

Deci, E. L. & Flaste, R. (1995). *Why We Do What We Do: The Dynamics of Personal Autonomy*. New York, NY: Putnam's Sons.〔『人を伸ばす力——内発と自律のすすめ』桜井茂男監訳、新曜社、1999年〕

Deci, E. L., Koestner, R. & Ryan, R. M. (2001). Extrinsic rewards and intrinsic motivation in education:

Reconsidered once again. *Review of Educational Research*, 71(1), 1–27. doi.org/10.3102/00346543071001001

Deci, E. L. & Ryan, R. M. (1985). *Intrinsic Motivation and Self-Determination in Human Behavior*. New York, NY: Plenum Press.

Deci, E. L. & Ryan, R. M. (eds.). (2002). *Handbook of Self-Determination Research*. Rochester, NY: University of Rochester Press.

Deci, E. L., Schwartz, A. J., Sheinman, L. & Ryan, R. M. (1981). An instrument to assess adults' orientations toward control versus autonomy with children: Reflections on intrinsic motivation and perceived competence. *Journal of Educational Psychology*, 73(5), 642–650. doi.org/10.1037/0022-0663.73.5.642

Denton, P. (2007). *The Power of Our Words: Teacher Language that Helps Children Learn*. Turners Falls, MA: Northeast Foundation for Children.

DeSteno, D. (2018). *Emotional Success: The Motivational Power of Gratitude, Compassion and Pride*. London: Bluebird.

Dewaele, J.-M. (2018). Special issue: Emotions in second language learning and teaching. *Studies in Second Language Learning and Teaching*, 8(1). Retrieved from: https://pressto.amu.edu.pl/index.php/ssllt/issue/view/847 [Accessed 13th August 2019]

Dewaele, J.-M. & MacIntyre, P. D. (2016). Foreign language enjoyment and foreign language classroom anxiety: The right and left feet of the language learner. In P. D. MacIntyre, T. Gregersen & S. Mercer (eds.), *Positive Psychology in SLA* (215–236). Bristol: Multilingual Matters.

Dewey, J. (1922). *Democracy and Education: An Introduction to the Philosophy of Education*. New York, NY: The MacMillan Company.〔『民主主義と教育（上）』松野安男訳、岩波書店、1975年〕

Dickey, M. D. (2005). Engaging by design: How engagement strategies in popular computer and video games can inform instructional design. *Educational Technology Research and Development*, 53(2), 67–83. doi.org/10.1007/BF02504866

Dirksen, J. (2016). *Design for How People Learn* (2nd ed). San Francisco, CA: New Riders.

Dörnyei, Z. (2001). *Motivational Strategies in the Language Classroom*. Cambridge: Cambridge University Press.〔『動機づけを高める英語指導ストラテジー35』米山朝二・関昭典訳、大修館書店、2005年〕

Dörnyei, Z. (2009). Individual differences: Interplay of learner characteristics and learning environment. *Language Learning*, 59(s1), 230–248. doi.org/10.1111/j.1467-9922.2009.00542.x

Dörnyei, Z., Csizér, K. & Németh, N. (2006). *Motivation, Language Attitudes and Globalisation: a Hungarian Perspective*. Clevedon: Multilingual Matters.

Dörnyei, Z., Henry, A. & Muir, C. (2016). *Motivational Currents in Language Learning: Frameworks for Focused Interventions*. London: Routledge.

Dörnyei, Z. & Kubanyiova, M. (2014). *Motivating Learners, Motivating Teachers: Building Vision in Language Education*. Cambridge: Cambridge University Press.

Dörnyei, Z., MacIntyre, P. D. & Henry, A. (eds.). (2015). *Motivational Dynamics in Language Learning*. Bristol: Multilingual Matters.

Dörnyei, Z. & Muir, C. (2019). Creating a motivating classroom environment. In X. A. Gao (ed.), *Second Handbook of English Language Teaching*. New York, NY: Springer.

Dörnyei, Z. & Murphey, T. (2003). *Group Dynamics in the Language Classroom*. Cambridge: Cambridge University Press.

Dörnyei, Z. & Ryan, S. (2015). *The Psychology of the Language Learner Revisited*. London: Routledge.

Dörnyei, Z. & Ushioda, E. (eds.). (2011). *Teaching and Researching Motivation* (2nd ed). Harlow: Pearson.

Dotterer, A. M., McHale, S. M. & Crouter, A. C. (2007). Implications of out-of-school activities for school engagement in African American adolescents. *Journal of Youth and Adolescence*, 36(4), 391–401. doi.org/10.1007/s10964-006-9161-3

Downey, M. (2014). *Effective Modern Coaching: The Principles and Art of Successful Business Coaching*. London: LID Publishing Ltd.

Dresel, M. & Hall, N. (2013). Motivation. In N. C. Hall & T. Goetz (eds.), *Emotion, Motivation, and*

Self-Regulation: A Handbook for Teachers. Bigley: Emerald.

Duckworth, A. (2016). *Grit: The Power of Passion and Perseverance*. New York, NY: Scribner.〔『やり抜く力 GRIT——人生のあらゆる成功を決める「究極の能力」を身につける』神崎朗子訳、ダイヤモンド社、2016年〕

Dweck, C. S. (2006). *Mindset: The New Psychology of Success*. New York, NY: Ballantine Books.〔『マインドセット「やればできる!」の研究』今西康子訳、草思社、2016年〕

Edmondson, A. C. (2018). *The Fearless Organization: Creating Psychological Safety in the Workplace for Learning, Innovation, and Growth*. Hoboken, NJ: John Wiley & Sons.

Egan, K. (2005). *An Imaginative Approach to Teaching*. San Francisco, CA: Jossey-Bass.〔『想像力を触発する教育——認知的道具を活かした授業づくり』高屋景一・佐柳光代訳、北大路書房、2010年〕

Ehrman, M. E. & Dörnyei, Z. (1998). *Interpersonal Dynamics in Second Language Education: The Visible and Invisible Classroom*. Thousand Oaks, CA: SAGE Publications.

Eidswick, J. (2010). Interest and prior knowledge in second language reading comprehension. *JALT Journal*, 32(2), 149–168. Retrieved from: https://jalt-publications.org/jj/articles/116-article-interest-and-prior-knowledge-second-language-reading-comprehension [Accessed 14th August 2019]

Erling, E. J. (ed.). (2017). *English Across the Fracture Lines: The Contribution and Relevance of English to Security, Stability and Peace*. London: British Council.

Evans, K. R. & Lester, J. N. (2013). Restorative justice in education: What we know so far. *Middle School Journal*, 44(5), 57–63. doi.org/10.1080/00 940771.2013.11461873

Fan, W. & Williams, C. M. (2010). The effects of parental involvement on students' academic self-efficacy, engagement and intrinsic motivation. *Educational Psychology*, 30(1), 53–74. doi.org/10.1080/01443410903353302

Fan, X. & Chen, M. (2001). Parental involvement and students' academic achievement: A meta-analysis. *Educational Psychology Review*, 13(1), 1–22. doi.org/10.1023/A:1009048817385

Farmer, T. W., McAuliffe Lines, M. & Hamm, J. V. (2011). Revealing the invisible hand: The role of teachers in children's peer experiences. *Journal of Applied Developmental Psychology*, 32(5), 247–256. doi.org/10.1016/j.appdev.2011.04.006

Feldman, A. F. & Matjasko, J. L. (2005). The role of school-based extracurricular activities in adolescent development: A comprehensive review and future directions. *Review of Educational Research*, 75(2), 159–210. doi.org/10.3102/00346543075002159

Fenker, D. & Schütze, H. (2008, December). Learning by surprise. *Scientific American*. Retrieved from: https://www.scientificamerican.com/article/learning-by-surprise/ [Accessed 13th August 2019]

Finn, J. D. & Zimmer, K. S. (2012). Student engagement: What is it? Why does it matter? In S. L. Christenson, A. L. Reschly & C. Wylie (eds.), *Handbook of Research on Student Engagement* (97–131). Boston, MA: Springer US.

Fisher, A. V., Godwin, K. E. & Seltman, H. (2014). Visual environment, attention allocation, and learning in young children: When too much of a good thing may be bad. *Psychological Science*, 25(7), 1362–1370. doi.org/10.1177/0956797614533801

Flavell, J. H. (1979). Metacognition and cognitive monitoring: A new area of cognitive-developmental inquiry. *American Psychologist*, 34(10), 906–911. doi.org/10.1037/0003-066X.34.10.906

Flynn, C. J. & Harris, J. (2016) Motivational diversity among adult minority language learners: Are current theoretical constructs adequate? *Journal of Multilingual and Multicultural Development*, 37(4), 371–384. doi.org/10.1080/01434632.2015.1072204

Fontana, D. (1988). *Psychology for Teachers*. London: Macmillan Education UK.

Forsyth, D. R. (2019). *Group Dynamics* (7th ed). Boston, MA: Cengage.

Frank, C. & Rinvolucri, M. (1991). *Grammar in Action Again: Awareness Activities for Language Learning* (2nd ed.). London: Prentice Hall UK.

Fredricks, J. A. (2014). *Eight Myths of Student Disengagement: Creating Classrooms of Deep Learning*. Los Angeles, CA: Corwin.

Fredricks, J. A., Blumenfeld, P. C. & Paris, A. H. (2004). School engagement: Potential of the concept, state of the evidence. *Review of Educational Research*, 74(1), 59–109. doi.org/10.3102/00346543074001059

Frenzel, A. & Stephens, E. (2013). Emotions. In N. C. Hall & T. Goetz (eds.), *Emotion, Motivation, and Self-Regulation: A Handbook for Teachers*. Bigley: Emerald.

Fronius, T., Persson, H., Guckenburg, S., Hurley, N. & Petrosino, A. (2016). *Restorative Justice in U.S. Schools: A Research Review*. San Francisco, CA: WestEd.

Fuller, B. & Marler, L. E. (2009). Change driven by nature: A meta-analytic review of the proactive personality literature. *Journal of Vocational Behavior*, 75(3), 329–345. doi.org/10.1016/j.jvb.2009.05.008

Furrer, C. J., Skinner, E. A. & Pitzer, J. R. (2014). The influence of teacher and peer relationships on students' classroom engagement and everyday motivational resilience. *National Society for the Study of Education*, 113(1), 101–123. Retrieved from: https://www.researchgate.net/publication/248702173_The_Influence_of_Teacher_and_Peer_Relationships_on_Students%27_Classroom_Engagement_and_Everyday_Resilience [Accessed 13th August 2019]

Gagné, R. M., Briggs, L. J. & Wager, W. W. (1974). *Principles of Instructional Design*. New York, NY: Holt, Rinehart & Winston.

Gallup, Inc. (2015). *Gallup Student Poll: Engaged Today — Ready for Tomorrow*. Retrieved from: www.gallup.com/file/ services/189863/GSP_2015KeyFindings.pdf [Accessed 13th August 2019]

Gao, X. (2010). *Strategic Language Learning: The Roles of Agency and Context*. Buffalo, NY: Multilingual Matters.

Garrett, J. J. (2011). *The Elements of User Experience: User-Centered Design for the Web and Beyond* (2nd ed.). Berkeley, CA: New Riders.

Genesee, F. & Hamayan, E. (2016). *CLIL in Context: Practical Guidance for Educators*. Cambridge: Cambridge University Press.

Gershon, M. (2016). *How to Develop Growth Mindsets in the Classroom*. CreateSpace Independent Publishing Platform.

Gillies, R. M. (2002). The residual effects of cooperative-learning experiences: A two-year follow-up. *Journal of Educational Research*, 96(1), 15–20. doi.org/10.1080/00220670209598787

Gkonou, C. & Mercer, S. (2017). *Understanding Emotional and Social Intelligence Among English Language Teachers*. London: British Council.

Gollwitzer, P. M. & Oettingen, G. (2012). Goal Pursuit. In R. M. Ryan (ed.), *The Oxford Handbook of Human Motivation*. Oxford: Oxford University Press.

Gonzalez-DeHass, A. R., Willems, P. P. & Holbein, M. F. D. (2005). Examining the relationship between parental involvement and student motivation. *Educational Psychology Review*, 17(2), 99–123. doi.org/10.1007/s10648-005-3949-7

Goodall, J. & Montgomery, C. (2014). Parental involvement to parental engagement: A continuum. *Educational Review*, 66(4), 399–410. doi.org/ 10.1080/00131911.2013.781576

Gordon, M. (2009). *Roots of Empathy: Changing the World Child by Child*. New York, NY: The Experiment.

Graesser, A. C., Singer, M. & Trabasso, T. (1994). Constructing inferences during narrative text comprehension. *Psychological Review*, 101(3), 371–395. doi.org/10.1037/0033-295X.101.3.371

Gregersen, T. & MacIntyre, P. D. (2014). *Capitalizing on Language Learners' Individuality: From Premise to Practice*. Bristol: Multilingual Matters.

Griffiths, C. (2013). *The Strategy Factor in Successful Language Learning*. Bristol: Multilingual Matters.

Guilford, J. P. (1967). *The Nature of Human Intelligence*. New York, NY: McGraw-Hill.

Guskey, T. R. (2010). *Lessons of Mastery Learning. Educational, Leadership*. Retrieved from: http://www.ascd.org/publications/educational-leadership/oct10/vol68/num02/Lessons-of-Mastery-Learning.aspx [Accessed 13th August 2019]

Hadfield, J. (1992). *Classroom Dynamics*. Oxford: Oxford University Press.

Haidt, J. (2006). *The Happiness Hypothesis: Finding Modern Truth in Ancient Wisdom*. New York, NY: Basic Books.

Harp, S. F. & Mayer, R. E. (1998). How seductive details do their damage: A theory of cognitive interest in science learning. *Journal of Educational Psychology*, 90(3), 414–434. doi.org/10.1037/

0022-0663.90.3.414

Harris, B. & Bradshaw, L. (2018). *Battling Boredom Part 2: Even More Strategies to Spark Student Engagement*. New York, NY: Routledge.

Hart, S. & Hodson, V. K. (2004). *The Compassionate Classroom: Relationship- Based Teaching and Learning*. Encinitas, CA: Puddle Dancer Press.

Hattie, J. (2003). Teachers make a difference: What is the research evidence? Paper presented at the *Building Teacher Quality: What Does the Research Tell Us? ACER Research Conference*, Melbourne, Australia. Retrieved from: http://research.acer.edu.au/research_ conference_2003/4/ [Accessed 13th August 2019]

Hattie, J. (2009). *Visible Learning: A Synthesis of Over 800 Meta-Analyses Relating to Achievement*. London: Routledge.〔『教育の効果——メタ分析による学力に影響を与える要因の効果の可視化』山森光陽監訳、図書文化社、2018年〕

Hattie, J. & Timperley, H. (2007). The power of feedback. *Review of Educational Research*, 77(1), 81–112. doi.org/10.3102/003465430298487

Hattie, J. & Yates, G. (2014). *Visible Learning and the Science of How We Learn*. London: Routledge.

Hattie, J. & Zierer, K. (2018). *10 Mindframes for Visible Learning: Teaching for Success*. London: Routledge.

Haynes, T. L., Pertty, R. P., Stupinksy, R. H. & Daniels, L. M. (2009). A review of attributional retraining treatments: Fostering engagement and persistence in vulnerable college students. In J.C. Smart (ed.), *Higher Education: Handbook of Theory and Research Vol. 24*. (227-272). Dordrecht: Springer.

Hazan, C. & Shaver, P. R. (1994). Attachment as an organizational framework for research on close relationships. *Psychological Inquiry*, 5(1), 1–22. doi.org/10.1207/s15327965pli0501_15

Henry, A., Sundqvist, P. & Thorsen, C. (2019). *Motivational Practice: Insights from the Classroom*. Lund, Sweden: Studentliteratur.

Heron, J. (1999). *The Complete Facilitator's Handbook*. London: Kogan Page.

Hersey, P., Blanchard, K. H. & Johnson, D. E. (2008). *Management of Organizational Behavior: Leading Human Resources* (9th ed). Upper Saddle River, N.J: Pearson Prentice Hall.

Hidi, S. (2001). Interest, reading, and learning: Theoretical and practical considerations. *Educational Psychology Review*, 13(3), 191–209. doi.org/10.1023/A:1016667621114

High Quality Project Based Learning. (n.d.). *The HQPBL Framework*. Retrieved from: hqpbl.org/ [Accessed 7th February 2019]

Hill, N. E. & Tyson, D. F. (2009). Parental involvement in middle school: A meta-analytic assessment of the strategies that promote achievement. *Developmental Psychology*, 45(3), 740–763. doi.org/10.1037/a0015362

Hoskins, B., Janmaat, J. G. & Villalba, E. (2012). Learning citizenship through social participation outside and inside school: An international, multilevel study of young people's learning of citizenship. *British Educational Research Journal*, 38(3), 419–446. doi.org /10.1080/01411926.2010.550271

Howe, D. (2013). *Empathy: What It Is and Why It Matters*. Basingstoke: Palgrave Macmillan.

Hüttner, J., Dalton-Puffer, C. & Smit, U. (2013). The power of beliefs: Lay theories and their influence on the implementation of CLIL programmes. *International Journal of Bilingual Education and Bilingualism*, 16(3), 267–284. doi.org/10.1080/13670050.2013.777385

Hyland, K. & Hyland, F. (2006). *Feedback in Second Language Writing: Contexts and Issues*. Cambridge: Cambridge University Press.

Immordino-Yang, M. H. & Damasio, A. (2007). We feel, therefore we learn: The relevance of affective and social neuroscience to education. *Mind, Brain, and Education*, 1(1), 3–10. doi.org/10.1111/j.1751- 228X.2007.00004.x

Jang, H., Reeve, J. & Deci, E. L. (2010). Engaging students in learning activities: It is not autonomy support or structure but autonomy support and structure. *Journal of Educational Psychology*, 102(3), 588–600. doi.org/10.1037/a0019682

Jeynes, W. H. (2007). The relationship between parental involvement and urban secondary school student academic achievement: A meta-analysis. *Urban Education*, 42(1), 82–110. doi.org/10.1177/

参考文献と索引

Johnson, D., W. & Johnson, F. P. (2017). *Joining Together: Group Theory and Group Skills* (12th ed.). New York, NY: Pearson.

Juliani, A. J. (2015). *Inquiry and Innovation in the Classroom: Using 20% Time, Genius Hour, and PBL to Drive Student Success*. New York, NY: Routledge.

Juvonen, J., Espinoza, G. & Knifsend, C. (2012). The role of peer relationships in student academic and extracurricular engagement. In S. L. Christenson, A. L. Reschly & C. Wylie (eds.), *Handbook of Research on Student Engagement* (387–401). Boston, MA: Springer US.

Kalaja, P., Alanen, R., Palviainen, A. & Dufva, H. (2011). From milk cartons to English roommates: Context and agency in L2 learning beyond the classroom. In P. Benson & H. Reinders (eds.), *Beyond the Language Classroom* (47–58). Basingstoke: Palgrave Macmillan.

Kapp, K. M. (2012). *The Gamification of Learning and Instruction: Game-Based Methods and Strategies for Training and Education*. San Francisco, CA: Pfeiffer.

Kato, S. & Mynard, J. (2016). *Reflective Dialogue: Advising in Language Learning*. New York, NY: Routledge.

Keller, J. M. (2010). *Motivational Design for Learning and Performance: The ARCS Model Approach*. New York, NY: Springer.

Keller, J. M. (1983). Motivational design of instruction. In C. Reigeluth (ed.), *Instructional-design Theories and Models: An Overview of Their Current Status* (383–434). Hillsdale, NJ: Erlbaum.

Kessels, U., Heyder, A., Latsch, M. & Hannover, B. (2014). How gender differences in academic engagement relate to students' gender identity. *Educational Research*, 56(2), 220–229. doi.org/10.1080/00131881.2014.8 98916

King, H. & King, W. (2018). *The Wild Card: 7 Steps to an Educator's Creative Breakthrough*. San Francisco, CA: Dave Burgess Consulting, Inc.

Klusmann, U., Kunter, M., Trautwein, U., Lüdtke, O. & Baumert, J. (2008). Teachers' occupational well-being and quality of instruction: The important role of self-regulatory patterns. *Journal of Educational Psychology*, 100(3), 702–715. doi.org/10.1037/0022-0663.100.3.702

Knight, J. (2016). *Better Conversations: Coaching Ourselves and Each Other to be More Credible, Caring, and Connected*. Thousand Oaks, CA: Corwin.

Knogler, M. (2017). Situational interest: A proposal to enhance conceptual clarity. In P. A. O'Keefe & J. M. Harackiewicz (eds.), *The Science of Interest*. Cham: Springer.

Kohn, A. (1999). *Punished by Rewards: The Trouble with Gold Stars, Incentive Plans, A's, Praise, and Other Bribes*. Boston, MA: Houghton Mifflin Co.〔『報酬主義をこえて』田中英史訳、法政大学出版局、2011年〕

Kohn, A. (2006). *Beyond Discipline: From Compliance to Community*. Alexandria, VA: ASCD.

Kohn, A. (2013). The roots of grades-and-tests. In J. Bower & P. L. Thomas (eds.), *De-testing and De-grading schools: Authentic Alternatives to Accountability and Standardization* (1–4). New York, NY: Peter Lang.

Kort-Butler, L. A. & Hagewen, K. J. (2011). School-based extracurricular activity involvement and adolescent self-esteem: A growth-curve analysis. *Journal of Youth and Adolescence*, 40(5), 568–581. doi.org/10.1007/s10964-010-9551-4

Kouzes, J. M. & Posner, B. Z. (2004). The five practices of exemplary leadership. In J. M. Kouzes & B. Z. Posner (eds.), *Christian Reflections on the Leadership Challenge* (7–38). San Francisco, CA: Jossey-Bass.

Kraft, T. L. & Pressman, S. D. (2012). Grin and bear it: The influence of manipulated facial expression on the stress response. *Psychological Science*, 23(11), 1372–1378. doi.org/10.1177/0956797612445312

Ladd, G. W., Herald-Brown, S. L. & Kochel, K. (2009). Peers and motivation. In K. R. Wenzel & A. Wigfield (eds.), *Educational Psychology Handbook Series. Handbook of Motivation at School*. New York, NY: Routledge, Taylor & Francis Group.

Lannutti, P. & Strauman, E. (2006). Classroom communication: The influence of instructor self-disclosure on student evaluations. *Communication Quarterly*, 54(1), 89–99. doi.org/10.1080/

01463370500270496

Lanvers, U., Doughty, H. & Thompson, A. S. (2018). Brexit as linguistic symptom of Britain retreating into its shell? Brexit-induced politicization of language learning. *The Modern Language Journal*, 102(4), 775–796. doi.org/10.1111/modl.12515

Larmer, J., Mergendoller, J. R. & Boss, S. (2015). *Setting the Standard for Project-Based Learning: A Proven Approach to Rigorous Classroom Instruction*. Alexandria, VA: ASCD.

Larsen-Freeman, D. (2012). Complex, dynamic systems: A new transdisciplinary theme for applied linguistics? *Language Teaching*, 45(2), 202–214. doi.org/10.1017/S0261444811000061

Larson, R. W. & Richards, M. H. (1991). Boredom in the middle school years: Blaming schools versus blaming students. *American Journal of Education*, 99(4), 418–443. doi.org/10.1086/443992

Lasagabaster, D. (2011). English achievement and student motivation in CLIL and EFL settings. *Innovation in Language Learning and Teaching*, 5(1), 3–18. doi.org/10.1080/17501229.2010.519030

Lee, J. (2002). Racial and ethnic achievement gap trends: Reversing the progress toward equity? *Educational Researcher*, 31(1), 3–12. doi.org/10.3102/0013189X031001003

Lemov, D. (2015). *Teach Like a Champion 2.0: 62 Techniques that Put Students on the Path to College* (2nd ed). San Francisco, CA: Jossey-Bass.

Leslie, I. (2014). *Curious: The Desire to Know and Why your Future Depends on It*. London: Quercus. 〔『子どもは40000回質問する』須川綾子訳、光文社、2016年〕

Lewin, K. (1947). Frontiers in group dynamics: Concept, method and reality in social science; social equilibria and social change. *Human Relations*, 1(1), 5–41. doi.org/10.1177/001872674700100103

Lewin, K., Lippitt, R. & White, R. K. (1939). Patterns of aggressive behavior in experimentally created 'social climates.' *The Journal of Social Psychology*, 10(2), 269–299. doi.org/10.1080/00224545.1939. 9713366

Linley, A. (2008). *Average to A+: Realising Strengths in Yourself and Others*. Coventry: CAPP Press.

Linnenbrink, E. A. & Pintrich, P. R. (2003). The role of self-efficacy beliefs in student engagement and learning in the classroom. *Reading & Writing Quarterly*, 19(2), 119–137. doi.org/10.1080/10573560308223

Livio, M. (2017). *Why?: What Makes Us Curious*. New York, NY: Simon & Schuster.

Loewenstein, G. (1994). The psychology of curiosity: A review and reinterpretation. *Psychological Bulletin*, 116(1), 75–98. doi.org/10.1037/0033-2909.116.1.75

Lucas, B. & Claxton, G. (2010). *New Kinds of Smart: How the Science of Learnable Intelligence is Changing Education*. Maidenhead: Open University Press.

Luiselli, J. K., Putnam, R. F., Handler, M. W. & Feinberg, A. B. (2005). Whole‐school positive behaviour support: Effects on student discipline problems and academic performance. *Educational Psychology*, 25(2–3), 183–198. doi.org/10.1080/0144341042000301265

Luna, T. & Renninger, L. (2015). *Surprise: Embrace the Unpredictable and Engineer the Unexpected*. New York, NY: Perigee Trade.

Lynch, A. D., Lerner, R. M. & Leventhal, T. (2013). Adolescent academic achievement and school engagement: An examination of the role of school-wide peer culture. *Journal of Youth and Adolescence*, 42(1), 6–19. doi.org/10.1007/s10964-012-9833-0

MacIntyre, P. D., Gregersen, T. & Mercer, S. (eds.). (2016). *Positive Psychology in SLA*. Bristol: Multilingual Matters.

Macklem, G. L. (2015). *Boredom in the Classroom: Addressing Student Motivation, Self-Regulation, and Engagement in Learning*. Cham: Springer.

Maley, A. (2011). Squaring the circle – Reconciling materials as constraint with materials as empowerment. In B. Tomlinson (ed.), *Materials Development in Language Teaching* (379–402). Cambridge: Cambridge University Press.

Mann, S. (2016). *The Science of Boredom: The Upside (and Downside) of Downtime*. London: Robinson.

Marzano, R. J., Marzano, J. S. & Pickering, D. (2003). *Classroom Management that Works: Research-Based Strategies for Every Teacher*. Alexandria, VA: ASCD.

McAdams, D. P. (1997). *The Stories We Live By: Personal Myths and the Making of the Self*. New York,

NY: The Guildford Press.

McCombs, B. L. & Miller, L. (2007). *Learner-Centered Classroom Practices and Assessments: Maximizing Student Motivation, Learning, and Achievement*. Thousand Oaks, CA: Corwin.

McCombs, B. L. & Whisler, J. S. (1997). *The Learner-Centered Classroom and School: Strategies for Increasing Student Motivation and Achievement*. San Francisco, CA: Jossey-Bass.

Mccrea, P. (2017). *Memorable Teaching*. CreateSpace.

McDonough, J., Shaw, C. & Masuhara, H. (2013). *Materials and Methods in ELT: A Teacher's Guide*. Chichester: John Wiley & Sons.

McDrury, J. & Alterio, M. (2003). *Learning Through Storytelling in Higher Education: Using Reflection and Experience to Improve Learning*. London: Kogan Page.

McGrath, I. (2006). Teachers' and learners' images for coursebooks. *ELT Journal*, 60(2), 171–180. doi. org/10.1093/elt/cci104

McKay, S. L. & Rubdy, R. (2009). The social and sociolinguistic contexts of language learning and teaching. In M. H. Long & C. J. Doughty (eds.), *The Handbook of Language Teaching* (7–25). Oxford, UK: Wiley-Blackwell.

McLaughlin, C. & Clarke, B. (2010). Relational matters: A review of the impact of school experience on mental health in early adolescence. *Educational and Child Psychology*, 27(1), 91–103.

McLoughlin, C. & Lee, M. J. W. (2010). Personalised and self-regulated learning in the Web 2.0 era: International exemplars of innovative pedagogy using social software. *Australasian Journal of Educational Technology*, 26(1), 28–43. doi.org/10.14742/ajet.1100

Mercer, S. (2005). Vocabulary strategy work for advanced learners of English. *English Teaching Forum*, 43(2), 24–35.

Mercer, S. (2011). *Towards an Understanding of Language Learner Self-Concept*. Dordrecht: Springer.

Mercer, S. (2012). Dispelling the myth of the natural-born linguist. *ELT Journal*, 66(1), 22–29. doi.org/10.1093/elt/ccr022

Mercer, S. (2013). Working with language learner histories from three perspectives: Teachers, learners and researchers. *Studies in Second Language Learning and Teaching*, 3(2), 161–185. doi.org/10.14746/ssllt.2013.3.2.2

Mercer, S., Ryan, S. & Williams, M. (eds.). (2012). *Psychology for Language Learning*. London: Palgrave Macmillan UK.

Mercer, S. & Schumm, J. (2009). Learner-generated criteria for evaluating writing. In R. Vaupetitsch, N. Campbell, S. Mercer, M. Reitbauer & J. Schumm. (eds.), *The Materials Generator: Developing Innovative Materials for Advanced Language Production* (31–36). Frankfurt: Peter Lang.

Merrell, K. W. & Gueldner, B. A. (2010). *Social and Emotional Learning in the Classroom*. New York, NY: The Guildford Press.

Mifsud, M. (2011). *The Relationship of Teachers' and Students' Motivation in ELT in Malta: A Mixed Methods Study*. PhD. University of Nottingham. Retrieved from: http://eprints.nottingham.ac.uk/12983/1/555348.pdf [Accessed 13th August 2019]

Mischel, W. (2014). *The Marshmallow Test: Understanding Self-Control and How to Master It*. New York, NY: Little, Brown and Company.

Mo, Y. & Singh, K. (2008). Parents' relationships and involvement: Effects on students' school engagement and performance. *RMLE Online*, 31(10), 1–11. doi.org/10.1080/19404476.2008.11462053

Mora, R. (2011). 'School is so boring': High-stakes testing and boredom at an urban middle school. *PennGSE Perspectives on Urban Education*, 9(1), 1–9. Retrieved from: https://www.urbanedjournal.org/archive/volume-9-issue-1-fall-2011/school-so-boring-high-stakes-testing-and-boredom-urban-middle-sch [Accessed August 14th 2019]

Mueller, C. M. & Dweck, C. S. (1998). Praise for intelligence can undermine children's motivation and performance. *Journal of Personality and Social Psychology*, 75(1), 33–52. doi.org/10.1037/0022-3514.75.1.33

Muir, C. (2020). *Directed Motivational Currents and Language Education: Exploring Implications for*

Pedagogy. Bristol: Multilingual Matters.

Murphey, T. & Arao, H. (2001). Reported belief changes through near peer role modeling. *TESL-EJ*, 5(3), 1–15. Retrieved from: http://tesl-ej.org/ej19/a1.html [Accessed 13th August 2019]

Murray, G. (ed.). (2014). *Social Dimensions of Autonomy in Language Learning*. London: Palgrave Macmillan UK.

NAIS. (2017). *NAIS Report on the 2016 High School Survey of Student Engagement*. Washington, DC: NAIS. Retrieved from: https://www.fcis.org/uploaded/Data_Reports/2016-HSSSE_Final_1.pdf [Accessed: 13th August 2019]

Nakamura, S. (2016). *Willingness to Communicate in L2 Writing: An Exploratory Study of Japanese EFL learners' Writing Development*. Presented at the Psychology for Language Learning II (PLLT), Jyväskylä, Finland.

Nassaji, H. & Kartchava, E. (2017). *Corrective Feedback in Second Language Teaching and Learning: Research, Theory, Applications, Implications*. London: Routledge.

Nicol, D. (2010). From monologue to dialogue: Improving written feedback processes in mass higher education. *Assessment & Evaluation in Higher Education*, 35(5), 501–517. doi.org/10.1080/02602931003786559

Nunan, D. (1988). *The Learner-Centred Curriculum: A Study in Second Language Teaching*. Cambridge: Cambridge University Press.

Nunan, D. (2004). *Task-Based Language Teaching*. Cambridge: Cambridge University Press.

Nunan, D. (2014). Plenary presentation. *International Conference on Japanese Language Education*. Retrieved from: https://nsjle.org.au/nsjle/media/2014-NSJLE-05-DAVID-NUNAN.pdf [Accessed 13th August 2019]

Nunan, D. & Richards, J. C. (eds.). (2015). *Language Learning Beyond the Classroom*. London: Routledge.

Ofsted (2013). *Redhill Academy School Report*. Retrieved from: https://files. api.ofsted.gov.uk/v1/file/2206915 [Accessed 13th August 2019]

Olsen, R. E. W.-B. & Kagan, S. (1992). About cooperative learning. In C. Kessler (ed.), *Cooperative Language Learning: A Teacher's Resource Book* (1–30). Englewood Cliffs, NJ: Prentice Hall Regents.

Ortega, L., Lyubansky, M., Nettles, S. & Espelage, D. L. (2016). Outcomes of a restorative circles program in a high school setting. *Psychology of Violence*, 6(3), 459–468. doi.org/10.1037/vio0000048

Orthner, D. K., Jones-Sanpei, H., Akos, P. & Rose, R. A. (2013). Improving middle school student engagement through career-relevant instruction in the core curriculum. *The Journal of Educational Research*, 106(1), 27–38. doi.org/10.1080/00220671.2012.658454

Osterman, K. F. (2000). Students' need for belonging in the school community. *Review of Educational Research*, 70(3), 323–367. doi.org/10.3102/00346543070003323

Oxford, R. L. (2011). Strategies for learning a second or foreign language. *Language Teaching*, 44(02), 167–180. doi.org/10.1017/S0261444810000492

Oxford, R. L. (2017). *Teaching and Researching Language Learning Strategies: Self-Regulation in Context* (2nd ed). London: Routledge.

Park, J.-H. & Choi, H. J. (2009). Factors influencing adult learners' decision to drop out or persist in online learning. *Educational Technology & Society*, 12(4), 207–217. Retrieved from: https://www.learntechlib.org/p/74987/ [Accessed 13th August 2019]

Park, S. & Lim, J. (2007). Promoting positive emotion in multimedia learning using visual illustrations. *Journal of Educational Multimedia and Hypermedia*, 16(2), 141–162. Retrieved from: https://www.learntechlib.org/primary/p/21781/ [Accessed 13th August 2019]

Parker, S. K. & Wu, C. (2012). Leading for proactivity: How leaders cultivate staff who make things happen. In D. Day (ed.), *The Oxford Handbook of Leadership and Organizations* (380–406). Oxford: Oxford University Press.

Patrick, H., Knee, C. R., Canevello, A. & Lonsbary, C. (2007). The role of need fulfillment in relationship functioning and well-being: A self-determination theory perspective. *Journal of Personality and Social*

Psychology, 92(3), 434–457. doi.org/10.1037/0022-3514.92.3.434

Pekrun, R., Goetz, T., Daniels, L. M., Stupnisky, R. H. & Perry, R. P. (2010). Boredom in achievement settings: Exploring control-value antecedents and performance outcomes of a neglected emotion. *Journal of Educational Psychology*, 102(3), 531–549. doi.org/10.1037/a0019243

Pekrun, R., Goetz, T., Titz, W. & Perry, R. (2002). Academic emotions in students' self-regulated learning and achievement. A program of qualitative and quantitative research. *Educational Psychologist*, 37(2), 91–105. doi.org/10.1207/S15326985EP3702_4

Pennycook, A. (2017). *The Cultural Politics of English as an International Language*. London: Routledge.

Petty, G. (2014). *Teaching Today: A Practical Guide*. Oxford: Oxford University Press.

Pham, T. H. N. (2019). *The impact of English-for-teaching training in Vietnam*. Presentation at IATEFL 2019, Liverpool.

Philp, J. & Duchesne, S. (2016). Exploring engagement in tasks in the language classroom. *Annual Review of Applied Linguistics*, 36, 50–72. doi.org/10.1017/S0267190515000094

Pintrich, P. R. & De Groot, E. V. (1990). Motivational and self-regulated learning components of classroom academic performance. *Journal of Educational Psychology*, 82(1), 33–40. doi.org/10.1037/0022-0663.82.1.33

Pomerantz, E.M., Grolnick, W.S. & Price, C.E. (2007) The role of parents in how children approach achievement. In A.J. Elliot, A.J. & C.S. Dweck (eds.), *Handbook of Competence and Motivation* (259–278). New York: The Guilford Press.

Posey, A. (2019). *Engage the Brain: How to Design for Learning that Taps into the Power of Emotion*. Alexandria, VA: ASCD.

Puchta, H. & Williams, M. (2011). *Teaching Young Learners to Think*. Innsbruck: Helbling Languages.

Quigley, A. (2016). *The Confident Teacher: Developing Successful Habits of Mind, Body and Pedagogy*. London: Routledge.

Quint Oga-Baldwin, W.L. & Nakata, Y. (2017). Engagement, gender and motivation: A predictive model for Japanese young language learners. *System*, 65, 151–163. doi.org/10.1016/j.system.2017.01.011

Raffini, J. P. (1996). *150 Ways to Increase Intrinsic Motivation in the Classroom*. Boston, MA: Allyn and Bacon.

Ratey, J. J. & Hagerman, E. (2010). *Spark! The Revolutionary New Science of Exercise and the Brain*. London: Quercus.〔『脳を鍛えるには運動しかない！――最新科学でわかった脳細胞の増やし方』野中香方子訳、日本放送出版協会、2009 年〕

Redhill Academy (n.d.) *The Redhill Academy Pledge System*. Retrieved from: https://www.theredhillacademy.org.uk/mod/resource/view.php?id=13781 [Accessed: 13th August 2019]

Reeve, J. (2006). Teachers as facilitators: What autonomy-supportive teachers do and why their students benefit. *The Elementary School Journal*, 106(3), 225–236. doi.org/10.1086/501484

Reeve, J. (2012). A self-determination theory perspective on student engagement. In S. L. Christenson, A. L. Reschly & C. Wylie (eds.), *Handbook of Research on Student Engagement* (149–172). New York, NY: Springer.

Reeve, J. & Tseng, C.-M. (2011). Agency as a fourth aspect of students' engagement during learning activities. *Contemporary Educational Psychology*, 36(4), 257–267. doi.org/10.1016/j.cedpsych.2011.05.002

Renninger, K. A. & Hidi, S. (2016). *The Power of Interest for Motivation and Engagement*. New York, NY: Routledge.

Ricci, M. C. (2013). *Mindsets in the Classroom: Building a Culture of Success and Student Achievement in Schools*. Waco, TX: Prufrock Press.

Rigby, S. & Ryan, R. M. (2011). *Glued to Games: How Video Games Draw us in and Hold us Spellbound*. Santa Barbara, CA: Praeger.

Ripley, A. (2013). *The Smartest Kids in the World: And How They Got that Way*. New York, NY: Simon & Schuster.〔『世界教育戦争――優秀な子供をいかに生み出すか』北和丈訳、中央公論新社、2014 年〕

Robinson, K. (2014). How to escape education's Death Valley. *TED*. Retrieved from: https://www.ted.com/talks/ken_robinson_how_to_escape_education_s_death_valley?language=en [Accessed 13th

August 2019]

Roffey, S. (2011). *Changing Behaviour in Schools: Promoting Positive Relationships and Wellbeing.* London: SAGE.

Rogers, B. (2007). *Behaviour Management: A Whole-School Approach* (2nd ed). London: Paul Chapman.

Rogers, C. R. (1983). *Freedom to Learn for the 80's.* Columbus, OH: C.E. Merrill Pub. Co.

Rothwell, J. (2011). Bodies and language: Process drama and intercultural language learning in a beginner language classroom. *Research in Drama Education: The Journal of Applied Theatre and Performance*, 16(4), 575–594. doi.org/10.1080/13569783.2011.617106

Rubie-Davies, C. (2015). *Becoming a High Expectation Teacher: Raising the Bar* (1st ed). London: Routledge.

Russell, V. & Riley, T. (2011). Personalising learning in secondary schools: Gifted education leading the way. *APEX*, 16(1), 1–9. doi.org/10.21307/apex-2011-005

Ryan, R. M. & Deci, E. L. (2000). Self-determination theory and the facilitation of intrinsic motivation, social development, and well-being. *American Psychologist*, 55(1), 68–78. doi.org/10.1037//0003-066X.55.1.68

Ryan, R. M. & Deci, E. L. (2017). *Self-Determination Theory: Basic Psychological Needs in Motivation, Development, and Wellness.* New York, NY: Guilford Press.

Sahlberg, P. (2015). *Finnish Lessons 2.0.* New York, NY: Teachers' College Press.

Schlechty, P. C. (2011). *Engaging Students: The Next Level of Working on the Work.* San Francisco, CA: Jossey-Bass.

Schmuck, R. A. & Schmuck, P. A. (2001). *Group Processes in the Classroom* (8th ed). Boston, MA: McGraw Hill.

Schommer, M. (1990). Effects of beliefs about the nature of knowledge on comprehension. *Journal of Educational Psychology*, 82(3), 498–504. doi.org/10.1037/0022-0663.82.3.498

Schraw, G., Flowerday, T. & Lehman, S. (2001). Increasing situational interest in the classroom. *Educational Psychology Review*, 13(3), 211–224. doi.org/10.1023/A:1016619705184

Scrivener, J. (2012). *Classroom Management Techniques.* Cambridge: Cambridge University Press.

Sheldon, L. (2012). *The Multiplayer Classroom: Designing Coursework as a Game.* Boston, MA: Course Technology / Cengage Learning.

Shernoff, D. J. (2013). *Optimal Learning Environments to Promote Student Engagement.* New York, NY: Springer.

Shernoff, D. J., Csikszentmihalyi, M., Schneider, B. & Shernoff, E. S. (2003). Student engagement in high school classrooms from the perspective of flow theory. *School Psychology Quarterly*, 18(2), 158–176.

Shindler, J. (2010). *Transformative Classroom Management: Positive Strategies to Engage All Students and Promote a Psychology of Success.* San Francisco, CA: Jossey-Bass.

Shrum, J. (1984). Wait-time and student performance level in second language classrooms. *The Journal of Classroom Interaction*, 20(1), 29–35. Retrieved from: https://www.jstor.org/stable/43997866 [Accessed 13th August 2019]

Shrum, J. L. (1985). Wait-time and the use of target or native languages. *Foreign Language Annals*, 18(4), 305–314. doi.org/10.1111/j.1944-9720.1985.tb01808.x

Silvia, P. J. (2017). Curiosity. In P. A. O'Keefe & J. M. Harackiewicz (eds.), *The Science of Interest* (97–107). Cham: Springer.

Simons, D. J. & Chabris, C. F. (1999). Gorillas in our midst: Sustained inattentional blindness for dynamic events. *Perception*, 28(9), 1059–1074. doi.org/10.1068/p281059

Sinatra, G. M., Heddy, B. C. & Lombardi, D. (2015). The challenges of defining and measuring student engagement in science. *Educational Psychologist*, 50(1), 1–13. doi.org/10.1080/00461520.2014.1002924

Skinner, E. A. & Belmont, M. J. (1993). Motivation in the classroom: Reciprocal effects of teacher behavior and student engagement across the school year. *Journal of Educational Psychology*, 85(4), 571–581. doi.org/10.1037/0022-0663.85.4.571

Skinner, E., Furrer, C., Marchand, G. & Kindermann, T. (2008). Engagement and disaffection in the classroom: Part of a larger motivational dynamic? *Journal of Educational Psychology*, 100(4), 765–781. doi.org/10.1037/a0012840

Smith, M. (2018). *The Emotional Learner: Understanding Emotions, Learners and Achievement*. London: Routledge.

Smith, L. & King, J. (2017). A dynamic systems approach to wait time in the second language classroom. *System*, 68, 1–14. doi.org/10.1016/j.system.2017.05.005

Stambor, Z. (2006). *How Laughing Leads to Learning*. American Psychological Association. Retrieved from: https://www.apa.org/monitor/jun06/learning [Accessed 13th August 2019]

Steinwidder, S. (2016). EFL learners' post-sojourn perceptions of the effects of study abroad. *Comparative and International Education / Éducation Comparée et Internationale*, 45(2). Retrieved from ir.lib.uwo.ca/cie-eci/vol45/iss2/5 [Accessed 13th August 2019]

Stepp-Greany, J. (2002). Student perceptions on language learning in a technological environment: Implications for the new millennium. *Language Learning & Technology*, 6(1), 165–180.

Stroud, R. (2017). The impact of task performance scoring and tacking on second language engagement. *System*, 69, 121–132. doi.org/10.1016/j.system.2017.07.002

Subotnik, R. F., Olszewski-Kubilius, P. & Worrell, F. C. (2012). A proposed direction forward for gifted education based on psychological science. *Gifted Child Quarterly*, 56(4), 176–188. doi.org/10.1177/0016986212456079

Summerhill School (n.d.) Summerhill School homepage. Retrieved from: http://www.summerhillschool.co.uk/ [Accessed 13th August 2019]

Svalberg, A. M.-L. (2009). Engagement with language: Interrogating a construct. *Language Awareness*, 18(3–4), 242–258. doi.org/10.1080/ 09658410903197264

Svalberg, A. M.-L. (2018). Researching language engagement: Current trends and future directions. *Language Awareness*, 27(1–2), 21–39.

Snyder, B. & Alperer-Tatli, S. (2007). Classroom practice: Learner engagement. In J. Egbert & E. Hanson-Smith (eds.) *CALL Environments* (349–361). Alexandria, VA: TESOL.

Talbot, K., & Mercer, S. (2018). Exploring university ESL/EFL teachers' emotional well-being and emotional regulation in the United States, Japan and Austria. *Chinese Journal of Applied Linguistics*, 41(4), 410–432. doi.org/10.1515/cjal-2018-0031

Thalheimer, W. (2004). Bells, whistles, neon, and purple prose: When interesting words, sounds, and visuals hurt learning and performance—a review of the seductive-augmentation research. *Work Learning*. Retrieved from: https://www.worklearning.com/wp-content/ uploads/2017/10/Review_Seductive_Augmentations_2009.pdf [Accessed 13th August 2019]

Tin, T. B. (2016). *Stimulating Student Interest in Language Learning: Theory, Research and Practice*. London: Palgrave Macmillan UK.

Tinsley, T. & Board, K. (2017). *Languages for the Future*. London: British Council.

Tobin, K. (1987). The role of wait time in higher cognitive level learning. *Review of Educational Research*, 57(1), 69–95. doi.org/10.3102/00346543057001069

Tomlinson, B. (2012). Materials Development for Language Learning and Teaching. *Language Teaching*, 45(2), 143–179. doi.org/10.1017/S0261444811000528

Tomlinson, C. A. (2011). One to grow on/Respecting students. *Educational Leadership*, 69(1), 94–95. Retrieved from: http://www.ascd.org/publications/educational-leadership/sept11/vol69/num01/Respecting-Students.aspx [Accessed 13th August 2019]

Toward, G., Henley, C. & Cope, A. (2015). *The Art of Being a Brilliant Teacher*. Carmarthen: Crown House Publishing.

Tschannen-Moran, M. (2014). *Trust Matters: Leadership for Successful Schools* (2nd ed). San Francisco, CA: Jossey-Bass.

Tsou, W., Wang, W. & Tzeng, Y. (2006). Applying a multimedia storytelling website in foreign language learning. *Computers & Education*, 47(1), 17–28. doi.org/10.1016/j.compedu.2004.08.013

Tyler, S. W., Hertel, P. T., McCallum, M. C. & Ellis, H. C. (1979). Cognitive effort and memory. *Journal of Experimental Psychology: Human Learning & Memory*, 5(6), 607–617. doi.org/10.1037/

0278-7393.5.6.607

UNHCR, (n.d.). *Letters of Love*. Retrieved from: www.unhcr.org/ withrefugees/send-message-refugee-children-letters-love/ [Accessed 7th February 2019]

VanDeWeghe, R. (2009). *Engaged Learning*. Thousand Oaks, CA: Corwin.

Verspoor, M., de Bot, K. & Lowie, W. (2011). *A Dynamic Approach to Second Language Development: Methods and Techniques*. Amsterdam: John Benjamins Publishing.

Wallace, I. & Kirkman, L. (2014). *Talk-Less Teaching: Practice, Participation and Progress*. Carmarthen: Crown House Publishing.

Walsh, J. A. & Sattes, B. D. (2011). *Thinking Through Quality Questioning: Deepening Student Engagement*. Thousand Oaks, CA: Corwin.

Wang, S. & Vasquez, C. (2012). Web 2.0 and second language learning: What does the research tell us? *CALICO Journal*, 29(3), 412–430. doi.org/10.11139/cj.29.3.412-430

Wang, Z., Zhang, J., Thomas, C. L., Yu, J. & Spitzmueller, C. (2017). Explaining benefits of employee proactive personality: The role of engagement, team proactivity composition and perceived organizational support. *Journal of Vocational Behavior*, 101, 90–103. doi.org/10.1016/ j.jvb.2017.04.002

Wanzer, M. B., Frymier, A. B. & Irwin, J. (2010). An explanation of the relationship between instructor humor and student learning: Instructional humor processing theory. *Communication Education*, 59(1), 1–18. doi.org/10.1080/03634520903367238

Weiner, B. (1992). *Human Motivation: Metaphors, Theories, and Research*. London: SAGE.

Weinstein, R. (2002). *Reaching Higher: The Power of Expectations in Schooling*. Cambridge, MA: Harvard University Press.

Wentzel, K. R. (1997). Student motivation in middle school: The role of perceived pedagogical caring. *Journal of Educational Psychology*, 89(3), 411–419. doi.org/10.1037/0022-0663.89.3.411

Wentzel, K. R. (2009). Students' relationships with teachers as motivational contexts. In K. R. Wentzel & A. Wigfield (eds.), *Handbook of Motivation at School* (301–322). New York, NY: Routledge.

White, K. R. (1982). The relation between socioeconomic status and academic achievement. *Psychological Bulletin*, 91(3), 461–481. doi.org/10.1037/0033-2909.91.3.461

Whitmore, J. (2017). *Coaching for Performance: The Principles and Practice of Coaching and Leadership* (5th ed). London: Nicholas Brealey Publishing.

Wigfield, A. & Eccles, J. (2000). Expectancy-value theory of achievement motivation. *Contemporary Educational Psychology*, 25(1), 68–81. doi.org/10.1006/ceps.1999.1015

Wilden, S. (2017). *Mobile Learning*. Oxford: Oxford University Press.

Williams, M., Burden, R. & Lanvers, U. (2002). 'French is the language of love and stuff': Student perceptions of issues related to motivation in learning a foreign language. *British Educational Research Journal*, 28(4), 503-528. doi.org/10.1080/0141192022000005805

Williams, M., Mercer, S. & Ryan, S. (2015). *Exploring Psychology in Language Learning and Teaching*. Oxford: Oxford University Press.

Williams, M., Puchta, H. & Mercer, S. (in press). *Psychology in Practice*. Innsbruck: Helbling.

Willis, D. & Willis, J. R. (2007). *Doing Task-Based Teaching*. Oxford: Oxford University Press.

Wilson, G. L. (2002). *Groups in Context: Leadership and Participation in Small Groups*. Boston, MA: McGraw-Hill.

Winsborough, D. (2017). *Fusion: The Psychology of Teams*. Tulsa: Hogan Press.

Wright, A. (2009). *Storytelling with Children* (2nd ed). Oxford: Oxford University Press.

Wright, T. (2005). *Classroom Management in Language Education*. Basingstoke: Palgrave Macmillan.

Vygotsky, L. S. (1978). *Mind in Society: The Development of Higher Psychological Processes*. Cambridge, MA: Harvard University Press.

Xenikou, A. & Furnham, A. (2013). *Group Dynamics and Organizational Culture: Effective Work Groups and Organizations*. Basingstoke: Palgrave Macmillan.

Zahran, K. (2005). *Contact, Acculturation and Fluency: The Case of International Students in the University of Nottingham*. PhD. University of Nottingham.

Zimmerman, B. & Cleary, T. (2009). Motives to self-regulate learning: A social cognitive account. In K. R. Wentzel & A. Wigfield (eds.), *Handbook of Motivation at School* (247–264). London: Routledge.

Zimmerman, B. J. & Dibenedetto, M. K. (2008). Mastery learning and assessment: Implications for students and teachers in an era of high-stakes testing. *Psychology in the Schools*, 45(3), 206–216. doi.org/10.1002/pits.20291

索 引

参考文献と索引

参考文献と索引

訳者解説

和田 玲

なぜいまエンゲージメントが必要なのか

　21世紀に入り、学習者の日常を取り巻く風景は大きく変わった。SNS・YouTube・テレビゲームなど、学習者の心を強く引きつける外的な魅惑（注意や学習意欲の阻害要因）がさまざまな形で登場したことによって、今日の教育現場では、これまで以上に学習者の興味喚起や積極的学習行動の促進が困難になっている（本書序論・第1章を参照）。言語教育の世界では、近年、第二言語習得研究の成果を踏まえた新しい指導方法が数多く提案されているが、その一方で、教室からは「生徒が授業に乗ってこない」と頭を抱える教師たちの声が後を絶たない。実際に、文部科学省が実施している英語力調査（MEXT 2018）によれば、高校3年生・約6万人のうち、「英語の学習は好きでない」と答えた学習者が半数以上にも上っている。また、そのうちの約75％の学習者が有する英語実用能力は、CEFR A1（最初級者）レベルに留まっており（発信力に至っては85％以上がA1レベル）、家庭学習の時間も少ない。つまり、いま私たちの教育現場では、単に学習者の一時的なやる気を鼓舞するだけでなく、彼らの心を強く引きつけ、より多くの学習者が夢中になって課題に取り組み、ゴール達成したくなるような学習経験のデザインが求められているということを意味している。それは同時に、私たち教師の役割を、一方的な知識教授者（knowledge giver）から、学習者にとって有意義な学習経験のデザイナー（designer of learning experiences）に、さらには学習者の主体的な学習行動を促進するファシリテーター（facilitator）へと転換することが強く求められているということでもある。そうしたパラダイム・シフトの鍵となるのが、「学習者エンゲージメント」（student engagement）という概念である。

学習者エンゲージメントとは何か

　学習者エンゲージメントとは、「学習者が学習課題に対して主体的・能動的に関与している状態」を意味する。換言すれば、「夢中になって学習に取り組んでいる状態」と言っていい。エンゲージメントは、もともと、職業上の任務にポジティブな気持ちで積極的に取り組んでいる心理状態を表すワーク・エンゲージメント（work engagement）の研究から始まった（Kahn 1990）。それが2000年代に入ると、教育の分野でも欧米を中心に盛んに議論されるようになった（Fredricks et al. 2004; Trowler, 2010; Christenson, Reschly, & Wylie 2012）。この概念が、言語教育における研究トピックとして取り上げられるようになったのもごく最近のことである（Svalberg 2009; Hiver, Al-hoorie, & Mercer 2020 など）。学習者エンゲージメントの概念が注目を集めている理由として、学習成果・学業的達成との関連性が高いことが挙げられる。それに加えて、幸福度の高さ（Mercer and Gregersen 2020）、バーンアウトの防止（Wang and Holcombe 2010）、抑うつ予防、反社会的行動の抑制（犯罪・薬物使用など）といった身体的・精神的な面での効果が高いことも確認されている（Schaufeli & Bakker 2010）。

エンゲージメントの4つの下位区分

　エンゲージメントには、基本となる主な下位区分が3つある（Fredricks et al. 2004; Skinner et al. 2009）。行動的エンゲージメント（behavioral engagement）、感情的エンゲージメント（emotional engagement）、認知的エンゲージメント（cognitive engagement）である。これら3つのエンゲージメントのそれぞれの定義は、以下の通りである。

	行動的エンゲージメント	感情的エンゲージメント	認知的エンゲージメント
定義	学習活動に積極的に参加し、集中している状態	学習活動にポジティブな感情を抱いている状態	課題解決に向けて思考を働かせている状態

　スキナーら（Skinner, Kindermann, Connell, & Wellborn 2012）は、これら3つのエンゲージメントの特徴を、非エンゲージメント状態（行動・感情・認知の3要素が活性化されていない状態）のそれと対比して、以下のようなわかりやすいチャートにまとめている。この一覧は、3つのエンゲージメントの特質をより具体的にイメージする上でとても役に立つだろう。

	エンゲージメント	非エンゲージメント
行動的	行動の開始、努力・尽力、全力発揮、試み、持続的取り組み、専心、注意、集中、没頭、参加	先延ばし、諦め、落ち着きのなさ、中途半端、集中力の欠如、注意散漫、内向、燃え尽き・疲労、準備不足、不参加
感情的	熱意、興味、楽しさ、満足、誇り、活力、意欲	退屈、無関心、フラストレーション・怒り、悲しみ、心配・不安、恥ずかしさ、自責の念
認知的	目的意識、アプローチ、目標に向けた努力、方略の模索、意欲的参加、挑戦を求める志向、習得、補足、徹底	無目的、無力、思考停止、不本意さ、反対、回避、反感、無気力、絶望、圧迫

(Skinner, Kindermann, Connell, & Wellborn 2012, p. 25 を基に作成)

　上述の基本3タイプに加えて、言語教育者が強く意識しておかなくてはならない4つ目のエンゲージメントとして、「社会的エンゲージメント」（social engagement）がある。社会的エンゲージメントとは、人との関わりを積極的に求め、協力し、助け合う姿勢を活発に示している状態のことである（Svalberg, 2009; Sang and Hiver 2020）。特に、言語学習のような、仲間（ピ ア）とのコミュニケーションの質が学びの成果を規定し得る教科（Storch 2002）の場合には、この概念の重要性はより高くなる。仲間（ピ ア）との間に、安心で、明るく、支持的な関わり合いがなければ、コミュニケーションの発展は望めず、言語教育における効果的な学びは得られないからだ（Philp and Duchesne 2016）。社会的エンゲージメントは感情的エンゲージメントと密接な関連性があるため（特に中学生・高校生の

場合）、学習者間にポジティブな関係性があり、積極的に対話や協働を求めていくことができるクラスでは言語学習の成果も高くなることが、すでにいくつかの研究（Lambert et al. 2017; Phung 2017など）で明らかにされている（本書第2・3・4章で詳述）。

　これら4つの観点からポジティブな反応が多く見られるとき、学習者エンゲージメントが強く発生していると捉えることができる。結果として、私たちの教室は、学習を楽しみ（感情的）、課題の達成に向けて思考を巡らせ（認知的）、活動に没頭する（行動的）、学習者たちで溢れるだろう。さらに、建設的な意見を寄せ合い、仲間と協力して、はつらつと学習に取り組むことを通じて（社会的）、「自ら学びに向かう力」を発揮する学習者たちの、知的で情熱的なムードに包まれるはずだ。では、こうしたエンゲージングな学習空間を生み出すには、どのような条件が必要となるのだろうか。教室におけるモチベーションの生起プロセスの理解が、大きな助けとなるだろう。

教室における学習者エンゲージメント

　モチベーションやエンゲージメントという心理的現象は、決して安定したものでなく、時間や状況の変化と共に絶えず変動するものである。したがって、適切な場面で、適切な角度から意欲を刺激し続ける必要がある。ドルニェイら（Dörnyei & Ottó 1998）は、教室における動機づけには、【①喚起、②維持、③強化】の3つの段階があることを指摘している。これを教室の風景に照らして言い換えるならば、①学習者の注意を引きつけ（やる気に火をつけ）、②課題に没頭させ（楽しくアクティブに学ばせ）、③英語話者・英語学習者としてのポジティブな自己イメージを強化する（自信を高める）という3つの異なる段階を経るということになる。これをモチベーションの「プロセス・モデル」と呼ぶ（Dörnyei & Ottó 1998; Dörnyei 2001）。

しかし、教師が有用な指導技術を究めたとしても、それだけで、この
プロセスがスムーズに展開するわけではない。何よりも第一に、「意欲
を高める環境作り」（creating basic motivational conditions）が重要で
あることをドルニェイ（Dörnyei, 2001）は強調している。2001年に出版
された彼の世界的名著、*Motivational Strategies in the Language Classroom*
（Cambridge University Press）では、基本的環境設定の視点として、(a)
適切な教師の振る舞い、(b) 支持的な教室ムード、(c) 結束性の強い学習
者集団の重要性を説いた。一方、教育心理学やポジティブ心理学の最新
知見を取り入れたサラ・マーサー教授との手になる本書（2020年）では、
「エンゲージメントの土台」（the foundation of engagement）という表現
が用いられ、この基礎構築の重要性をより詳細に、かつ具体的に説明し
ている。本書では、その構成概念として、(a) 学習者のポジティブなマ
インドセットの形成（学習者要因）、(b) 教師と学習者の信頼関係の形成
（教師要因）、そして(c) ポジティブな学習者集団と教室文化の形成（環境
要因）といったきわめて現代的で実際的な3要素について詳述している。

プロセス・モデルの各段階に照らして、本書の構成をまとめてみると
以下のようになる。

プロセス・モデル	本書の構成	ポイント
--------------	第1章　エンゲージメントを取り巻くもの	文脈的要因
⓪モチベーションの 　環境作り	第2章　学習者の促進的マインドセット	学習者要因
	第3章　教師と学習者の信頼関係	教師要因
	第4章　ポジティブな学習者集団と教室文化	環境要因
①モチベーションの喚起	第5章　タスク・エンゲージメントの喚起	活動前
②モチベーションの維持	第6章　タスク・エンゲージメントの維持	活動中
③モチベーションの強化	各章で部分的に説明（フィードバックの方法）	活動後

上の図からもわかるように、学習者のエンゲージメントの活性化を求
めるに当たって、本書が最も重視しているのは、学習環境作りである。
これをエビデンスベースで体系的かつ実践的にまとめている点で、本書

は、従来の第二言語習得論や英語指導法に関連する書籍とは一線を画している。本書の主張を代弁して言うならば、「学習者エンゲージメントは決して技巧だけでは生まれない」ということである。したがって、教室の場で、学習者がはつらつと学ぶ姿を引き出したいと心から願うならば、ポジティブな力づけや信念の共有によって学習者の心を前向きにし（第2章）、同時に教師・学習者間の関係作り（第3章）や学習者間の関係調整・ポジティブなクラスルームカルチャーの醸成（第4章）に努めることが何よりも重視されなくてはならない。その土台作りが十分になされてはじめて、学習の実行段階におけるさまざまなタスクやストラテジーは生きてくるということである。

教師がもつ可能性と使命

　本書の結論部でも述べられているように、授業に対する学習者のエンゲージメントは、決して偶然の産物ではない。教師自身の手で「授業をよりエンゲージングなものにすることは可能」（本書 p. 234）なのだ。学習者一人ひとりとの関係構築や学習者間の関係調整など、日常の土台作りの手を緩めず、その上で学習の実行段階における効果的な指導法やタスク・デザインの視点をうまく取り入れることによって、われわれにも "good enough engager"（本書 p. 230）への道は開かれる。

　本書の原題でもある「現代の教室における外国語学習者エンゲージメントの促進」（*Engaging language learners in contemporary classrooms*）というこの課題は、まさに教師に委ねられた、教室にて果たすべき一つの使命である。本書は、その使命の実現に向けて、われわれ教師が進むべき道を照らす光となるはずだ。

参考文献

Christenson, S. L., Reschly, A. L., & Wylie, C. (2012). *Handbook of Research on Student Engagement*. Springer.

Dörnyei, Z. (2001). *Motivational Strategies in the Language Classroom*. Cambridge University Press.

Dörnyei, Z., & Ottó, I. (1998). Motivation in action: A process model of L2 motivation. *Applied Linguistics, 1*(4), 43–69.

Fredricks, J. A., Blumenfeld, P. C., & Paris, A. H. (2004). School engagement: Potential of the concept, state of the evidence. *Review of Educational Research, 74*(1), 59–109.

Hiver, P., Al-Hoorie, A. H., & Mercer, S. (2021). *Student Engagement in the Language Classroom*. Multilingual Matters.

Kahn, W. K. (1990). Psychological conditions of personal engagement and disengagement at work. *Academy of Management Journal, 33*, 692-724.

Lambert, C., Philp, J., & Nakamura, S. (2017). Learner-generated content and engagement in second language task performance. *Language Teaching Research, 21*, 665–680.

Mercer, S., & Gregarsen, T. (2020). *Teacher Wellbeing*. Oxford University Press.

MEXT. (2018). 高校生英語力調査（平成29年）[Report on English abilities of Japanese high school students, 2018]. http://www.mext.go.jp/a_menu/kokusai/gaikokugo/1377767.htm

Philp, J., & Duchesne, S. (2016). Exploring engagement in tasks in the language classroom. *Annual Review of Applied Linguistics, 36*, 50-72.

Phung, L. (2017). Task preference, affective response, and engagement in L2 use in a US university context. *Language Teaching Research, 21*, 751–766.

Sang, Y., & Hiver, P. (2020). Engagement and companion constructs in language learning: Conceptualizing learners' involvement in the L2 classroom. In P. Hiver, A. H. Al-Hoorie, & S. Mercer (Eds.), *Student Engagement in the Language Classroom* (pp. 17-37). Multilingual Matters.

Schaufeli, W. B., & Bakker, A. B. (2010). The conceptualization and measurement of work engagement. In A. B. Bakker & M. P. Leiter (Eds.), *Work Engagement: A handbook of essential theory and research* (pp.10-24). Psychology Press.

Skinner, E. A., Kindermann, T. A., & Furrer, C. J. (2009). A motivational perspective on engagement and disaffection: Conceptualization and assessment of children's behavioral and emotional participation in academic activities in the classroom. *Educational and Psychological Measurement, 69*, 493-525.

Skinner, E. A., & Pitzer, J. R. (2012). Developmental Dynamics of Student Engagement, Coping, and Everyday Resilience. In S. L. Christenson, A. L. Reschly, & C. Wylie (Eds.), *Handbook of Research on Student Engagement* (pp. 21-44). Springer.

Storch, N. (2002). Patterns of interaction in ESL pair work. *Language learning 52*(1), 119-158.

Svalberg, A. M. L. (2009). Engagement with language: Interrogating a construct. *Language Awareness, 18*(3–4), 242–258.

Trowler, V. (2010). *Student Engagement Literature Review*. The Higher Education Academy.

Wang, M. T., & Holcombe, R. (2010). Adolescents' perceptions of school environment, engagement, and academic achievement in middle school. *American Educational Research Journal, 47*(3), 633-662.

訳者あとがき

鈴木章能

　本書は、Sarah Mercer and Zoltán Dörnyei (2020) *Engaging Language Learning in Contemporary Classrooms* (Cambridge University Press)の全訳である。

　サラ・マーサーは言語学習者の心理に焦点を当てて英語教育を巡る知見を次々に発表しているオーストリアの気鋭の研究者である。共著者のゾルタン・ドルニェイは、周知の通り、教育的視点から外国語学習者の動機づけ理論を開拓していった草分け的存在である。そうした2人が「モチベーションだけでは何かが足りない」という思いから本書を書き下ろした。

　モチベーションに代えて彼らが注目したのはエンゲージメントである。学習の動機はあっても、学習の過程において、集中力が長続きしなかったり、頻繁に切れたりすれば、学習の成果はおのずと期待できない。スマートフォンやテレビゲームなど、集中力をそらす誘惑が身の回りに散在する現代では特に注意が必要である。したがって、学習の過程と結果までを視野に入れた概念とそれを実現させるためのアプローチが不可欠になる。それが、エンゲージメントである。エンゲージメントとは、「認知的・感情的関与といった内的側面と組み合わさった行動」であり、教育の場では、「学業や社会活動、あるいは課外活動への積極的関与を意味し、ポジティブな学業成果の達成にも、中途脱落の防止にも、極めて重要なものと考えられる」（序論より）。

　それでは、外国語教育の現場でエンゲージメントはいかに喚起され得るのか。本書はこのことに焦点を当てて、応用言語学や心理言語学、教育心理学などを用いた多面的な考察と教室での具体的な実践方法を示し

ている。加えて、リフレクション・タスクが度々挿入されていることから、読者は自分自身の授業を念頭に、本書と深く対話できるようになっている。本書で焦点が当てられている課題、ならびに精緻で親切な本の作りは学校種を問わず広く現場の教員に役立つであろう。訳者解説も併せて参照していただきたい。

　本書は共訳者の和田が「イギリスから持ち帰った」。彼がロンドン滞在中に研究助言を求めてドルニェイ氏を訪ねた際に、まだ校正中であった本書の原稿を読む機会に恵まれた。一読、日本の現場の教員に広く貢献できるだろうと思い、ドルニェイ氏に翻訳を直接申し出るとともに、日本にいる私のもとに共訳をしたいと連絡をしてきた。理論的なことも現場のことも人一倍知っている、私の信頼する若き畏友がそう言うのであれば間違いないとの思いから、二つ返事で共訳を快諾させていただいた。

　翻訳の担当箇所は、序論、5章、6章、結論を和田、その他のところを鈴木が担当した。その後、互いに訳文をチェックしあい、校正を進めた。訳にあたって重視したことが主に3点ある。まず、本書で述べられる原理や行動提案は学校種を問わない普遍的なものである。したがって、事例が具体的な学校種を挙げて説明される箇所以外、学校種を特化するような言葉、たとえば、児童・生徒・学生といった言葉は避け、単に「学習者」にするなど、普遍性に対応させた。2点目として、本書の翻訳は大学教員・研究者だけでなく、中学校や高等学校の現場の教員にも広く読んでいただきたいという思いから始まったため、訳語は中高の現場でいま普通に用いられているものを優先的に選ぶこととした。カタカナ言葉にするのか平仮名や漢字を用いた言葉にするのかといったことを含め、この作業については、中高の現場の教員である和田に一任した。3点目として、日々多忙を極める現場の教員にとってできる限り読みやすくとの思いから、場所によってはわかりやすさを優先させたところもある。たとえば、第4章に教師の行動の2として集団アイデンティティーのこ

とが論じられている「『私たち』という意識を高める」というセクションがある。著者はここで"we"and"us"と表記して「私たち」と読ませている。周知の通り、構築主義的立場に立てば、アイデンティティーは他者が認識した「私」に（me）ついて、他者から「私」に（me）付与され、その「私」を（me）「私」が（I）認識することによって確立する。集団であれば、meとIがそれぞれusとweになる。こうしたアイデンティティーのカラクリを踏まえれば「主格の私たち」や「目的格の私たち」を区別した訳語が適切なのだが、そうした日本語をふんだんに用いるとかえってこのセクションの意味がぼやけると考え、単に「私たち」とか「彼ら」と訳すにとどめた。他にも、意味を明瞭にするため、また現場ならびに術語として定着している言葉とはいえカタカナで本書が埋め尽くされてかえってわかりにくくならないようにするため、漢字や平仮名にカタカナのルビをふるなどした。また、既訳のあるものは、できる限り既訳を用い、文脈に合わせて適宜変更させていただいた。用いた訳書は引用文献に示してある。以上のように、訳語に気を配ったつもりではあるが、専門用語等は改めて造語できないこともあり、わかりやすさがどこまで実現できたのか、いささか判然としない。ご判断は読者の皆様に委ねたい。もちろん、誤訳を含めて、すべては訳者の責任にある。

　なお、本書の内容理解を深めたい方は、マーサー氏の研究領域であるポジティブ心理学や自己認識論、well-being論に関する書籍を一読することをお勧めする。また、本書の内容の根底に横たわる理論は、アメリカの心理学者であり教育者であるカール・ロジャーズの「学生中心教育」である。したがって、ロジャーズの書いた『学習する自由』の一読もお勧めする。

　本書の翻訳に当たって、さまざまな方々に大変お世話になった。紙数の関係ですべての方の氏名を挙げられないが、ここに心より御礼申し上げる。特に、本書の著者のマーサー氏とドルニェイ氏はとても気さくに

情報交換をしたり原文の英文を巡る質問に答えたりしてくれた。厚く御礼申し上げる。また本書の翻訳プロジェクトの立ち上げにあたり、株式会社アルク文教営業部の植元映直氏、株式会社学研プラスの飛田豊彦氏、株式会社桐原書店の高山洋一氏には多大なお力添えをいただいた。お三方のご尽力がなければ本書が日の目を見ることはなかったであろう。伏して御礼申し上げる。最後に、アルク出版編集部の鮒咲果氏には綿密な翻訳計画立案や訳語のチェックをはじめ、多岐に渡って強力なご支援をいただいた。心より御礼申し上げる。

訳者を代表して

サラ・マーサー (Sarah Mercer)

オーストリア・グラーツ大学教授。外国語教育学科英語教授法専攻主任。専門は外国語学習者心理、教育者心理。ポジティブ心理学や学習者エンゲージメントなど、心理学分野の最新知見をいち早く応用言語学に取り入れて新機軸を打ち出した気鋭の心理言語学者。同分野に関する書籍を多数執筆。主な著書に *Exploring Psychology for Language Teachers* (2016年、Oxford University Press)、*Teacher Wellbeing* (2020年、Oxford University Press) などがある。現在は、国際言語学習心理学会 (IAPLL) の副会長として、多くの国際的な言語教育研究プロジェクトの代表やコンサルタントを務めている。

ゾルタン・ドルニェイ (Zoltán Dörnyei)

英国ノッティンガム大学教授 (刊行当時)。専門は心理言語学、第二言語習得。言語学習者のモチベーション研究におけるパイオニア。モチベーションのプロセスモデル、動機づけ方略、L2学習におけるグループ・ダイナミックス、言語学習におけるビジョンと自己認知の役割など、モチベーション研究における新しい概念を数多く提唱した。関連論文多数 (個人HPより多くの論文が参照可能)。著書は25冊を越える (共著を含む)。主な著書に *Motivational Strategies in the Language Classroom* (2001年、Cambridge University Press)、*Teaching and Researching Motivation* (2021年、Routledge、第3版) などがある。2022年6月逝去。

鈴木章能 (Akiyoshi Suzuki)

長崎大学人文社会科学域教授 (大学院多文化社会学研究科/教育学部英語専攻主任)。博士 (英文学)。専門は米文学、世界文学、英語教育学。特に文学は East-West Studies、英語教育学はヒューマニスティック・ランゲージ・ティーチングを中心に研究。英語教育学関連の主な著書に『ウィズダム和英辞典第3版』(共編著、2019年、三省堂)、『高校英語授業を知的にしたい―内容理解・表面的会話中心の授業を超えて』(共著、2016年、研究社)、*The Future of English in Asia: Perspectives on Language and Literature* (共著、2015年、Routledge) などがある。

和田　玲 (Rei Wada)

順天中学高等学校教諭。英国ロンドン大学クイーンメアリー修士課程修了 (応用言語学・Distinction)。「日本の高校英語授業におけるモチベーショナル・ストラテジーの効果」に関する教室実証研究論文を執筆。著書に『5 Step アクティブリーディング』、『アクティブリーディング Super 世界を読み解く英語リーディング』(いずれもアルク) などがある。日本全国で教員研修講師を務める。元テコンドー全日本チャンピオン、世界大会メダリストでもある。

アルク選書シリーズ

外国語学習者エンゲージメント
—主体的学びを引き出す英語授業

発行日	2022 年 3 月 9 日 （初版）
	2023 年 4 月 24 日 （第 2 刷）
著者	サラ・マーサー、ゾルタン・ドルニェイ
翻訳	鈴木章能、和田 玲
編集	アルク出版編集部
編集協力	岡田雅子／株式会社トランネット
デザイン	松本君子
DTP	株式会社創樹
印刷・製本	萩原印刷株式会社
発行者	天野智之
発行所	株式会社アルク
	〒 102-0073　東京都千代田区九段北 4-2-6 市ヶ谷ビル
	Website：https://www.alc.co.jp/

地球人ネットワークを創る

アルクのシンボル
「地球人マーク」です。